AF063185

Bibliografische Information der Deutschen Nationalbibliothek:
Die Deutsche Nationalbibliothek verzeichnet diese Publikation in der Deutschen Nationalbibliografie.
Detaillierte bibliografische Daten sind im Internet über http://www.d-nb.de abrufbar.

Alle Rechte der Verbreitung, auch durch Film, Funk und Fernsehen, fotomechanische Wiedergabe, Tonträger, elektronische Datenträger und auszugsweisen Nachdruck, sind vorbehalten.

Für den Inhalt und die Korrektur zeichnet der Autor verantwortlich.

© 2012 united p. c. Verlag

Gedruckt in der Europäischen Union auf umweltfreundlichem, chlor- und säurefrei gebleichtem Papier.

www.united-pc.eu

Frederik Smolston

Ich spreche darüber!!!
-192111086976-

Innerhalb von Minuten veränderte die Depression mein Leben

Zu diesem Buch

Liebe Leserin, lieber Leser! Ich bedanke mich, dass Sie sich entschieden haben, mein Buch zu lesen und möchte mich kurz vorstellen: Ich schreibe unter dem Pseudonym Frederik Smolston, bin 35 Jahre alt und seit 26. April 2009 mit der medizinischen Diagnose der Depression konfrontiert. Die Erkrankung selbst trage ich meiner Meinung nach aber schon viel länger mit und in mir.

Das Buch, das Sie nun in Händen halten, erzählt meine Geschichte ab dem Tag, an dem ich von der Depression endgültig übermannt wurde, und ich habe geschrieben, bis ich der Meinung war, dass das, was gesagt werden musste, abgeschlossen ist.

Ich dachte oft daran, ein Buch zu schreiben, an der Umsetzung ist es jedoch gescheitert - bis zu dem Moment, an dem ich die Chance einer Selbsttherapie darin erkannte. Mein Buch ist ein Erstlingswerk, und ohne Erkrankung hätte ich vermutlich bis heute nicht die Muße gehabt, dieses „Lebenswerk" zu schreiben.

Vorwort bedeutet für mich, Ihnen vorweg wenige Informationen zukommen zu lassen, die mir wichtig erscheinen. Mein Buch ist vermutlich keine sehr leichte Kost, da ich ungeniert und ohne Schönfärberei diese subjektiv schweren Abschnitte meines Lebens wiedergebe. Da es sich dabei um meine unmittelbaren Erinnerungen handelt, kann es zu zeitlichen Abweichungen kommen, wobei ich versucht habe, die chronologische Reihenfolge einzuhalten, beziehungsweise die Erlebnisse in der Abfolge zu schildern, wie sie tatsächlich eingetroffen sind.

In meinem Leben genoss ich den Ruf als „Grabstein" in dem Sinne, dass viele Personen aus meinem Umfeld mit ihren Sorgen und Nöten zu mir kamen und mir ihr Herz ausschütteten. Ich habe dieses Vertrauen sehr geschätzt und stets ein offenes Ohr gehabt. An und für sich dachte ich immer, dass ich damit keine Probleme habe, doch vielleicht habe ich mich dadurch überfordert und auf mich vergessen.

Alle Namen, die in dem Buch vorkommen, sind frei erfunden und namentliche Ähnlichkeiten sind rein zufällig und nicht beabsichtigt. Die Persönlichkeiten existieren im realen Leben sehr wohl, und ich habe jede Sequenz selbst erlebt.

Ich machte aus meiner Erkrankung nie ein Geheimnis und hatte immer einen sehr offenen Umgang damit. Ich möchte aber ausdrücklich darauf hinweisen, dass ich weder Therapeut noch Facharzt bin, und somit kann das Buch nur bedingt als Ratgeber verstanden werden. Vielleicht trägt es aber dazu bei, dass es erkrankten Personen die Angst vor unangenehmen Entscheidungen und Schritten nimmt. Vielleicht spricht es Personen an, die selbst nicht krank sind, denn meine Erfahrungen haben mir gezeigt, dass es für einen gesunden Menschen, zum Beispiel einen Angehörigen, einfach nicht vorstellbar ist, was in einem depressiven Menschen vorgeht.

Während ich mein Buch geschrieben habe, hat ein deutscher Fußball-Torwart mit massiven Depressionen den Weg des Freitodes gesucht, und damals wurde für mich das Weiterschreiben sehr schwierig, weil ich jede kleinste Motivation, etwas Gutes und Klärendes tun zu wollen, mit diesem Selbstmord infrage gestellt habe.

Ich möchte die Gelegenheit hier nutzen, auf diesem Weg ganz herzlich meiner Mama, meinem Bruder und seiner Verlobten, vielen Verwandten, den Spezialisten, allen voran meiner Psychotherapeutin, dem Haus- und dem Facharzt, meinem „Engerl", meinem „phantastischen Auffangnetz", meinen Wegbegleitern, meinem Dienstgeber und meinen Arbeitskollegen und auch meiner Katze Fuzzie zu danken.

Es ist zwar subjektiv, aber ich behaupte zu wissen, was es heißt, durch tiefe, schwarze Lebensabschnitte zu gehen, und dass es nur mit der Unterstützung der genannten Personen möglich war. Sie sind hinter mir gestanden und haben mich nach ihren Möglichkeiten unterstützt und mir geholfen, Erfolg in meine Gesundung zu bringen. Ich kann wieder Sonnenschein in mein Leben lassen. Ich bin der Meinung, dass ich meine Krankheit soweit besiegen werde, um Lebensqualität zu erhalten und wieder lachen zu können. Dafür tragen die angesprochenen Personen nach wie vor in großem Maße bei!

Nun wünsche ich Ihnen viele interessante Lesestunden und uns, dass einige Dinge klarer werden und die Krankheit Depression ihren schlimmen Ruf verliert.

Frederik Smolston

Inhalt

Die ersten Tage 11
Die Bestätigung der Vermutung 23
Die schwierigsten „Outings" 31
Therapieformen und die „Richtigen" 45
Weiteres „G´rade machen" 64
Es geht so richtig los 78
Lebensliste 97
Zurück zum Start!!! 115
Eine weitere Meinung 122
„Warum lachst du nicht mehr?" 132
Alles bewilligt 134
01-06-2009 137
Meister der Sprüche 141
Frische Luft 149
Das andere Tun 154
Um eines weniger 169
Edi hat es geschafft 172
Belohnungen 173
Warum schon wieder? 179
Begegnungen 184
Immer wieder Herausforderungen 190
Ich bin nicht allein 198
Die erste Reihe 205
Stimme 207
Sie hatte wieder recht 210
Eine Zwischenbilanz - Die Rechnung, die kein Ergebnis hat! 216

Nachwort – Eine persönliche Bitte

Die ersten Tage!

Es ist Montag sehr zeitig in der Früh und ich befinde mich auf dem Weg von Wien Richtung Heimat.
24 Stunden zuvor war ein Tag für mich, der mir wieder einmal lauter neue Erkenntnisse gebracht hat. Durch diese habe ich die letzte Nacht kaum geschlafen, fühle ich mich, wie schon öfter in meinem jungen Leben, wie ausgespuckt. Der Unterschied zu früher: Heute kann ich kein Licht mehr am Ende des Tunnels erkennen. Ich kann mich kaum auf den Verkehr konzentrieren und frage mich des Öfteren, wie ich es bis auf den Gürtel oder nach Schönbrunn geschafft habe.
Das Einzige, das momentan in meinem Kopf ist: „Wie bringe ich es meinen Kollegen bei, dass ich heute nicht arbeiten gehe?"
Ist es die Blutwurst vom Tag davor, die noch immer in meinem Magen liegt, oder diese unbändige Müdigkeit, es treibt mich nur in meine Höhle.
Wie sich später herausstellt, ist dieser Ausdruck „Höhle" absichtlich gewählt. Es ist mein Refugium, sind meine vier Wände, in denen ich zukünftig entscheiden werde, wen ich hinein und wen ich vor der Tür stehen lasse.
Es ist nur kurz vor dreiviertel sieben und ich würde eigentlich gleich direkt ins Büro fahren. Fuzzie könnte ich, wie sonst, auch erst in der Mittagspause füttern. Sie ist das gewohnt. Aber plötzlich höre ich am anderen Ende der Leitung: „Kirveliavitius". Wie oft habe ich diese Begrüßung schon verflucht. Wie oft hat mich dieser Name aber auch schon in Verzückung gebracht. Heute sage ich nur: „Du, mir geht es nicht wirklich gut, ich werde heut nicht arbeiten kommen." Seine, wie immer, lapidare Antwort: „Na, dann hau dich hin und schau, dass es dir bald besser geht. Wenn was is, dann rufen wir schon an!". „Danke, kein Problem! Ich melde mich!".
Schau her, da steht das Auto auch schon vor meiner Wohnung und eine Minute später bin ich drinnen. Fuzzie begrüßt mich und freut sich, dass sie ihr Frühstück jetzt schon bekommt.
Nun ja, wenn es jemandem nicht gut geht, was macht er dann? Er kuriert sich aus. Das mache ich auch und drehe mir den Fernseher auf, lege mich auf die Couch. Hauptsache, der Fernseher rennt. Nachdem die Katze

nicht mehr die Jüngste ist, ist der Fernseher nun wirklich das Einzige, das in der Wohnung rennt.
Irgendwann bin ich wohl eingeschlafen, und als ich munter bin, habe ich ein paar neue Mails, die ich natürlich sofort lesen muss und beantworte. Besser geht es mir jedoch nicht.
Die Wuppel und die Kolek erkundigen sich nach meinem Befinden. Der Kötzl ist noch zu kurz dabei, der kennt mich noch nicht so gut, aber auch er will wissen, wie es mir geht. Ich versuche, es ihnen zu übermitteln. Wenn ich Atomphysik erklären müsste, wäre das genauso einfach. „Mir geht es halt nicht gut", ist die einfachste, aber auch die ehrliche Antwort.
Der Tag zieht so seine Stunden runter und ich erfange mich einfach nicht. Naja, die nächste Nacht kommt und ich bin eh so müde, wird schon wieder werden. Unkraut vergeht nicht, und nur zehn Prozent der Harten kommen durch. Also auf ins Bett.
Bis zu dem Zeitpunkt wusste ich noch gar nicht, wie lange so eine Nacht eigentlich sein kann-, wenn man schlafen möchte, es aber nicht geht. Man wünscht sich nichts sehnlicher, als dass dieses komische Bauchgefühl verschwindet und der Kopf endlich aufhört zu arbeiten. Irgendwann war dann der Akku auch für den Kopf aufgebraucht und ich bin eingeschlafen.
Guter Schlaf heißt für mich sieben Stunden tiefer, fester Schlaf. Wenn man sich vorstellt, dass ich um cirka drei in der Früh eingeschlafen bin, zumindest habe ich um drei das letzte Mal den Sleepmode am Fernseher verlängert und zum zehnten Mal Fuzzie von meinem Bauch geschoben, und wenn man um sechs Uhr in der Früh wieder aufsteht, dann braucht man kein Mathematiker zu sein, um zu wissen, dass ich nicht auf sieben Stunden gekommen bin. Aber nichtsdestotrotz, neuer Tag, neues Glück! Doch was ist das? Dieses Gehirn rennt schon wieder auf Volllast. Der Körper fleht mich an: „Alter, bist komisch??? Ich brauch noch Ruhe, bin noch nicht ausgerastet!". So etwas kenne ich eigentlich gar nicht. Ganz im Gegenteil, ich bleibe doch so gern im Bett liegen! Wie schon gesagt, ein neuer Tag- und vielleicht ist das eben auch etwas Neues.

Mir ist leicht übel und ich fühle mich bestärkt, dass ich weiterhin im Krankenstand bleibe. Informiere kurz den Kirveliavitius per SMS und schmeiße mich wieder auf die Couch.
Heute habe ich meine Bettdecke mit und es spielt auch um diese Herrgottsfrühe schon irgendeinen Blödsinn im Fernsehen. Der Schwachsinn hat auch einen Namen: Spongebob Schwammkopf! Wie ich dieses gelbe Etwas hasse, aber jetzt, der ist um so vieles dümmer als ich, so naiv, und trotzdem lacht er. Ich vergebe ihm seine Macken und wir werden für lange Zeit Freunde werden. Es ist eigentlich egal, aber sonst ist wirklich nur Mist im Fernsehen. Oder liegt es vielleicht doch daran, dass ich wieder schlecht geschlafen habe? Allerdings habe ich gestern noch meiner Mama und auch meinem Bruder – dem Georg, Spitzname Bub, erzählt, dass es mir nicht wirklich gut geht. Sie fragen in der Früh nach, ich kann aber wieder nur eine negative Antwort, beziehungsweise eine unbefriedigende Antwort geben. Ich weiß nicht, wie es mir geht. Gut jedenfalls nicht.
Den Kollegen im Büro habe ich keine weiteren Infos zukommen lassen. Wenn man so drauf ist, dann glaubt man normalerweise ja, dass der Tag ewig dauert. Das ist es jedoch nicht. Ganz im Gegenteil, die Zeit verfliegt wider Erwarten.
Innerlich stelle ich mich darauf ein, dass ich morgen eine Tagung besuchen muss. Diese findet auf einer Autobahnraststation in der Nähe statt, also ist es, zumindest vom Fahren her, nicht die große Herausforderung.
Die stellt sich allerdings mit dem Duschen und auch dem Zähneputzen. Offenbar habe ich eine Affinität gegen das Badezimmer bekommen. Ganz plötzlich.
Ich mache mit mir selber aus, dass ich am nächsten Tag in der Früh, vor der Tagung, duschen gehen werde. Sie beginnt um 10 Uhr, also hab ich etwas Zeit, weil ich nicht ins Büro fahren werde.
Ich möchte schlafen. Ich fühle mich so unendlich müde. Was ist jetzt los? Das ist der Bauch! Er knurrt ganz laut. Darf er ja auch, denn ich habe, abgesehen von gestern Abend eine Packung Popcorn, heute noch nichts gegessen.

Ich hatte ja schon früher massive Probleme mit Gastritis und kenne Ausnahmesituationen, diese ist allerdings neu.
Als alter Routinierer habe ich aber immer ein Laugenstangerl in Reserve, welches ich mir jetzt genehmige. Es ist auf alle Fälle ausreichend, dass das Magenknurren weg ist. Eine Gastritis ist es aber nicht, ich spüre kein „Bauchweh". Da ich aber zurzeit eh gut im Futter stehe, ist das für mich zu vernachlässigen. Ich trinke dafür viel, ja, ich fühle mich teilweise wie ausgetrocknet, obwohl ich wirklich wie eine Kuh Wasser schlabbere.
Heute werde ich sicher besser schlafen! Schmeck's ...
Ich hab wieder nicht gut geschlafen und auch kaum. Irgendetwas ist mit mir los. Ich kann es nicht deuten. Ich, der sich immer als ehrenamtlicher Gesundheitsminister geoutet hat, erkennt die Signale seines eigenen Ichs, seines eigenen Körpers nicht, und das ist komisch. Mir fällt auf, ich war auch seit Montag nicht mehr aus meiner Höhle draußen, aber heute ist ja die Tagung. Da wird alles anders. Schon beim Hinfahren merke ich, dass mir diese Veranstaltung großen Stress bereitet. Ich kann ihn aber nicht deuten.
Das Duschen davor war auch mehr eine Katzenwäsche. Ich funktioniere eben momentan nicht. Nicht so tragisch, das war ja schon öfter, denke ich mir. Mit dieser Einstellung beruhige ich mich wieder, und damit beantworte ich mir auch diese immer wiederkehrenden, unrealen und komischen Fragen. Ich versuche weiter, mich in eine Art Trancezustand zu versetzten. Das Meditieren habe ich zwischenzeitlich aufgegeben. Es geht nicht. Die Konzentration ist ganz wo anders, und das Loslassen der Gründe, die mich nicht in die Versenkung versetzen lassen, ist überhaupt unmöglich.
Was zu der positiven Einstellung des „Es wird schon wieder besser werden" noch dazu kommt, ist die Meinung, es ist alles nicht so wichtig. Kenne das alles ja eh! Es wird schon wieder. Ich bin nicht wichtig. Für Minuten hält wenigstens das. Lang dauert es jedoch nicht und ich merke wieder, dass ich noch immer kein Licht am Ende des Tunnels sehe. Mit solchen Gedanken rette ich mich auf die Raststation.
Wenn ich nun versuche, mich an die Tagung zurückzuerinnern, dann weiß ich im Augenblick nicht einmal,

wovon sie gehandelt hat. Doch- es fällt mir etwas ein! Sie war unheimlich wichtig und handelte von der elektronischen Fremdüberwachung externer, unbesetzter Außenstellen. Eigentlich ist das genau mein Fachgebiet, aber schon wie am Montag habe ich auch heute absolut keine Konzentration oder Motivation, bei dieser Sache aufzupassen. Mein Gehirn spielt nicht mit. Die Gedanken sind wieder irgendwo.
Ich kann das überhaupt nicht wiedergeben, was sich in meinem Kopf abspielt. Ich kann es nicht wiedergeben, weil ich es nicht erklären kann, aber auch, weil ich nicht weiß, was wirklich vorgeht.
Erkläre einem Blinden die Farben, in diesem Fall bin ich der Blinde und damit der, dem es erklärt werden sollte. Tja, es passiert irgendetwas mit mir. Schön langsam habe ich das Gefühl, ich bin eine Raupe, die sich gerade verpuppt, und es wird bald ein Schmetterling daraus entstehen. Der einzige Haken an der Sache, ich habe große Angst davor, welche Dinge auf mich warten. Bin ich bereit, mich zu verpuppen? Ist es überhaupt ein Verpuppen? Was passiert mit mir? Ich habe schon so viele Filme gesehen, wo es um übersinnliche Dinge geht, auch Filme, die die Psyche der Menschheit beleuchten. Ich habe schon so viele schlaue Bücher gelesen und ich war schon in einigen buddhistischen Seminaren, aber dieses Gefühl hat mir noch niemand geschildert oder beschrieben oder beleuchtet.
Dann werden wir einmal schauen, was hierbei herauskommen wird. Zurück zu der Tagung: Klug, wie ich bin und wie mir schon die Lehrer in der Schule beigebracht haben (dumm kann man sein, nur zu helfen muss man sich wissen), habe ich mir alle greifbaren Unterlagen mitgenommen. Wenn ich jetzt einen Blick in die Hefte werfe, dann kommt etwas Erinnerung zurück. Ja, es war wie eine Tupperwareparty, allerdings von einer Elektronikfirma.
Und ans Essen kann ich mich jetzt auch wieder erinnern. Es gab Fingerfood, und ich habe zwei kleine Schnitzerln und zwei Fleischlaibchen gegessen. Trotzdem der Tagungsort eigentlich nicht so weit weg von zu Hause ist, habe ich fürchterliches Heimweh. Ich will in meine Höhle. Niemanden hören, niemanden sehen.

Ich kann mich schon daran erinnern, dass es Zeiten in meinem Leben gegeben hat, da habe ich mich ein paar Tage zuhause versteckt. Ich habe auch vor dem Fernseher geweint, obwohl ein lustiger Film gelaufen ist.
Diese Erfahrungen, die ich nun mache, die sind mir allerdings vollkommen neu.
Als Kind hatte ich auf diversesten Kinder- und Jugendlagern sehr oft Heimweh. Nach meiner Mama, nach der Geborgenheit unserer kleinen, aber feinen Wohnung, nach meinem Lego. Gut, das Lego habe ich noch immer, meine Mama wohnt inzwischen wo anders, und ich lebe noch in dieser kleinen, feinen Wohnung.
Das Heimweh, das ich bei dieser Tagung habe, ist jedoch ganz ein anderes. Endlich habe ich es geschafft. Die Tagung ist vorbei! Gott sei Dank, denn der Akku des Handys ist vom vielen Solitärspielen schon fast leer.
Warum spiele ich plötzlich so viel Solitär? Warum beruhigt mich ein Spiel, das von zwanzig Partien nur zweimal aufgeht?
Tja, ich finde keine Antwort und so ist die nächste Beruhigung für meinen Kopf, meinen Geist und meinen Körper, dass ich endlich wieder den Schutz meiner Höhle genießen kann. Mein „neuer bester Freund" flimmert und verzapft wieder Blödsinn von der Mattscheibe. Ich habe zwar die Tagung geschafft, jetzt gerade aber trotzdem neuerlich eine Weinattacke.
Das Gefühl sagt mir zwar etwas anderes, dennoch werde ich wieder arbeiten gehen.
Erneut so eine Phase, wo ich alles infrage stellen muss. Das Licht ist so weit weg, ich kann es nicht sehen. Existiert es überhaupt? Dieses unbekannte Unwohlsein beunruhigt mich mittlerweile sehr. Doch man weiß es ja, ich bin der Kämpfer, was soll ihn schon aus der Bahn werfen?
Der Weg ist im Augenblick zwar steinig, bin aber offen für alles Neue. Ich fühle mich nicht mehr wie ausgespuckt, eigentlich fühle ich mich wie ausgespuckt und vom Zug überrollt. Dann denke ich so bei mir, ich werde alt. Da hast du einmal eine Nacht, wo du ein bisserl weniger schläfst, und schon ist der ganze Rhythmus durcheinander und du brauchst gleich eine Woche, bis du wieder am Damm bist. Dieses Durchleben der Phase ist jetzt das schon geschilderte Neue. Ich war doch im-

mer der Einstellung, die mir mein lieber Großvati so verinnerlicht hat: Wer lumpen gehen kann, der muss auch aufstehen können. Vielleicht kennt man diesen Ausspruch ja. Es ist eine Einstellung, die ich immer vertreten habe, und wenn ich wirklich einmal einen drauf gemacht habe, dann bin ich trotzdem aufgestanden und arbeiten gegangen. Manchmal war es nicht einfach und wie oft habe ich gelitten? Jetzt ist das anders? Ich schaff' das nicht mehr? Gut, soll es so sein. Was hilft es, drüber nachzudenken, ändern kann ich es nicht.
Überhaupt muss ich heute sehr oft an meinen Großvati denken, an meinen „Helden". Wie singen schon STS: „Von der Art, wie du dein Leben gelebt hast, habe ich eine Ahnung bekommen, wie man es vielleicht schafft." Mein „Held", er war so klug und weise!
Wie lange ist er jetzt eigentlich tot? Ich weiß es nicht. Mama kommt vorbei, ich werde sie fragen! Hoffentlich vergesse ich es nicht.
So lange kann es noch nicht her sein. Ich weiß noch, er ist gestorben an dem Tag, wo ich den letzten Tag in meinem alten Beruf gearbeitet habe, bevor ich zum Zivildienst eingerückt bin. Er hat mich bis „zum Erwachsenwerden" begleitet und dann hat er gemeint, es ist Zeit. Ich wäre jetzt „erwachsen", er könne gehen. Ob ich wirklich schon so erwachsen bin?
Ich war seit der Beerdigung noch nie an seinem Grab. Wenn ich jetzt so drüber nachdenke, ist es wohl doch schon etwas länger her...
Wie alt bin ich nun? Mein ewiges Problem, wie alt bin ich? Ein kurzer Blick auf die Jahreszahl im Handykalender verrät mir, wir schreiben das Jahr 2009, nachdem ich mein Geburtsjahr kenne, geht es nur mehr ums Rechnen. Des Rätsels Lösung: zweiunddreißig. Zivilalter wird so zwischen achtzehn und zwanzig gewesen sein.
Sein Tod ist schon länger her. Er fehlt mir.
Mama kommt und reißt mich aus diesem Gedankenstrom. Nun kann ich sie gleich fragen. Großvati ist vor 13 Jahren gestorben. Ist das nun lange oder doch nicht?
Mama verabschiedet sich wieder, und schön langsam kommt die Nacht und damit die Hoffnung, dass der

Schlaf heute erholsamer wird. Es wird Zeit, dass ich etwas für den Schlaf unternehme.

Mein Apothekerkisterl wird durchforstet, und ich werde wirklich fündig. Homöopathische Beruhigungstropfen. Hilft´s nix, wird es schon nix schaden.

Ich komme wieder zu mir, als ich schon im Büro sitze. Was mache ich hier? Geschlafen habe ich nicht besser. Irgendwie habe ich heute so ein Schuldigkeitsgefühl in mir. Wem bin ich etwas schuldig? Geht das schon wieder los? Woher kommt diese Unruhe, diese Panik im Kopf? Die Hoffnung, dass mir das Arbeiten gut tut, erfüllt sich leider nicht. Ganz im Gegenteil, der Tag wird stündlich mühsamer.

Nach der kurzen Auszeit werde ich sehr herzlich im Büro empfangen. Sie machen sich alle Sorgen um mich. Eigentlich sollte man sich doch über solche Zuneigung freuen, das kann ich aber nicht. Es ist ein emotionaler Stress. Ich frage mich, was mache ich hier? Sitze hier vollkommen unkonzentriert und schaue entweder beim Fenster ins Narrenkastel oder in die Weiten des blauen Windowsschirmes.

Plötzlich sehe ich die Erinnerungen an die Phase meines Lebens, wo ich versucht habe, mein Gehirn zu verkaufen. Auch damals ist es mir schon schlecht gegangen und ich wollte eine Veränderung in meinem Leben erreichen. Was wäre, wenn ich es damals geschafft hätte? Wie würde es mir jetzt ohne Gehirn gehen? Würde ich dann auch so grübeln und würde ich mich auch so verloren fühlen? Würde ich diese Angst und diese Bodenlosigkeit spüren? Ich weiß es nicht.

Damals konnte ich es nicht verkaufen. Ich fühle mich, als wäre mein Gehirn krank. Bin ich verrückt? Werde ich verrückt? Wie ist man, wenn man verrückt ist? Schon wieder so viele Fragen, und wer soll sie mir beantworten? Es gibt keine Lösungen.

„So ist es jetzt". Das ist wohl die einzig richtige Antwort. Ich wäre nicht ich, wenn ich damit leben könnte. Mir zeigt sich eine Spirale. Und: Wo fängt die an? Wo endet sie?

Es ist neun Uhr am Vormittag. Was? Es ist erst neun Uhr am Vormittag? Noch sieben Stunden.

Unter normalen Bedingungen sitzt man die Zeit doch auf einer Pobacke ab. Heute gelingt mir das nicht.

Es ist ja nicht so, dass mir die Arbeit etwas ausmacht. Sie macht mir großen Spaß, sie fordert mich und ich habe doch meine Freiheiten. Gegenüber den 10 Jahren im alten Beruf eine unbeschreibliche Verbesserung. Ich bin wirklich glücklich in meinem Job. Bald beginnt mein achtes Jahr in dem Betrieb. Wie die Zeit doch verrinnt.
Grundsätzlich bin ich eigentlich ein Quereinsteiger. Denke, das kann man so bezeichnen. Da ich die schulische Ausbildung zum Programmierer vor langer Zeit gemacht habe, bin ich heute, unter anderem, auch Systemadministrator. Gerade in dieser Sparte bin ich mein eigener Herr. Ich versuche, mir diese Dinge vor das innere Auge zu bringen, es gelingt mir heute aber überhaupt nicht.
Wuppel und Kolek und auch Kirveliavitius machen sich Sorgen, ziemlich große.
Sie versuchen mich zu unterstützen, wo sie können, aber auch sie merkten schon vor Längerem, dass der Tag gekommen war, wo etwas komisch geworden ist. Ich bin komisch geworden.
Harti Weirather (ehemaliger Skirennläufer) hat den legendären Ausspruch getätigt „Heit laft´s guad". Ich sage heute zum ersten Mal in meinem Leben im neuen Betrieb: „Heit laft´s oba goar net guad."
Wuppel kommt zu mir ins Büro und fragt mich ganz gerade heraus: „Was ist denn los?"
Ich kann ihr leider nur: „Ich weiß es nicht, es geht mir wirklich nicht gut!" sagen. Wuppel reagiert wie immer sehr souverän und akzeptiert meine Antwort. Sie hat mich mit der Frage noch mehr verunsichert. Und ich mich selber noch mehr mit meiner Antwort.
Ich weiß nicht, was ich tun soll. Weiter nur schauen? Oder doch schauen, ob es besser wird?
Meine Kollegen nehmen mir die Entscheidung ab. Sie schicken mich nach Hause.
Nichts Schöneres für mein inneres Ich.
Für das Ego ein Tiefschlag.
Doch auch ein Kämpfer muss einen solchen Schlag einstecken können. Ich packe mich zusammen und gehe. Mama und meinem Bruder schreibe ich noch schnell, um sie über diesen Schritt zu informieren. In

den letzten paar Tagen hat sich an dem Verhältnis zu den beiden auch etwas verändert.
Das ist jedoch sehr angenehm und bringt mich weiter. Das spüre ich jetzt schon. Eigentlich denke ich so bei mir, diese Entscheidung, der Wunsch nach Befriedigung des Heimwehs, war schon in der Früh da. Ich habe wohl gehört, aber nicht verstanden.
Jetzt kann ich es zuordnen und benennen. Mein Auto und ich, ein unschlagbares Team, fahren heim.
Das Erste, was ich mache, ich muss den Fernseher einschalten. Er „muss" einfach rennen. Egal, was es spielt. Ich zappe auch kaum. Egal, ob Werbung läuft oder eine Serie, ob es eine Tierdokumentation ist oder wieder eine gescheiterte Existenz interviewt wird.
Die Priorität hat schon der Schwammkopf, sonst ist mir alles nicht wichtig. Gott sei Dank, es läuft auch Bob!
Die Kollegen beim Turnverein haben den immer in der trainingsfreien Zeit geschaut, und ich habe es nicht verstanden, warum man sich so zumüllen kann.
Ich verstehe es jetzt noch immer nicht, doch jetzt lasse ich mich zuschütten. Es ist ok.
Es dauert nicht lange, ich schlafe ein und werde wieder munter, weil mein Bauch sehr laut knurrt.
Wann habe ich eigentlich das letzte Mal etwas gegessen? Muss wohl schon länger her sein. Aber ich habe keinen Appetit, zwinge mich zu einem ausgezeichneten Schinken-Käse-Toast.
Als ich meine Mails abrufe, muss ich auch der Internetsucht frönen. Wie so oft lese ich den Online-Kurier. Alle Artikel interessieren mich, und ich sauge alle Informationen auf, und eine von den vielen ganz besonders. Ich kann mich in den Zeilen wiederfinden. Georg ist noch im Büro, ich schicke ihm den Link und warte gespannt auf seine Antwort.
Diese lässt nicht lange auf sich warten. Meine gestellte Vermutung, dass ich diese im Artikel beschriebene Krankheit habe, beantwortet er mit der Aussage: Ich glaube, das hast du schon lange.
Ich muss gewaltig schlucken, andererseits habe ich mir gerade etwas eingestanden.
Etwas, das in unserer Gesellschaft verschwiegen wird. Sofort versuche ich mich wieder in die positive Einstellung zu verlieren, die Offensive zu starten. Meine Ge-

danken und mein Bauch bringen mich nun dazu, dass ich diese Informationen augenblicklich infrage stelle. Eh klar, ich kann nicht einfach etwas hinnehmen. Ein Zerpflücken ist unbedingt notwendig und muss gemacht werden. Klarheit werde ich wohl keine finden. Georg und ich schreiben weiter. Aus dieser Mailerei beschließe ich, morgen zum Arzt zu gehen.
Alles wollte ich von meinem Bruder hören, aber das sicher nicht. Wenn ich nicht so große Stücke auf seine Meinung hielte, wenn ich nicht wüsste, dass er einen anderen Blick auf die Dinge im Leben hat, dann hätte ich ihn ja auch nicht gefragt. Trotzdem verunsichert mich diese Aussage und macht mich sehr nervös. Und immer wieder muss ich den Artikel lesen. Plötzlich taucht der Absatz auf, in dem die Empfehlung ausgesprochen wird, bei ähnlichen Gefühlen und Empfindungen dringend den Hausarzt aufzusuchen.
Ich sollte nun Fußballspielen in die Halle fahren, da ich aber tagsüber nur kurz im Büro war und auf liebenswürdige Art und Weise nach Hause geschickt wurde, wird das mit dem Fußballspielen auch nichts. Geht auch gar nicht, weil mein Kopf und mein Geist ganz woanders sind. Ich würde mir vermutlich auch noch körperliche Verletzungen zuziehen.
Dafür kommt die Mama wieder auf Besuch. In ihrer Tasche hat sie Vitamintabletten, weil ich noch immer nicht wirklich essen kann. Keinen Hunger und keinen Appetit. Durch die Tabletten sollte ich zumindest die notwendigen Vitamine bekommen.
Sie liest den Artikel und schlägt in dieselbe Kerbe wie Georg. Sie liest noch, da bekomme ich die nächste Weinattacke.
Es muss alles raus. Und es kommt auch alles von allein. Ich kann es nicht steuern. Nichts kann es so beeinflussen, dass es sich ändern würde. Also lasse ich es zu und damit auch laufen.
Irgendetwas ist mit mir passiert. Ich kann es nicht nennen.
Mit Mama rede ich lange über den Artikel, und meine innere Entscheidung, morgen zu Dr. Führnsinn zu gehen, festigt sich, trotzdem ich eine massive innere Angst spüre. Mama geht nun und ich kann nicht mehr. Alles

in mir und alles an mir ist sehr schwer und müde. Vielleicht kann ich ja heute besser schlafen.
Bevor ich mich ins Bett lege, schreibe ich noch eine Mail an die Kollegen ins Büro, dass ich noch nicht weiß, ob ich morgen arbeiten komme. Es ist mir sehr wichtig, ihnen zu sagen, dass ich zum Arzt gehen werde, um alles abklären zu lassen.
Im Bett lasse ich meinen Tag noch einmal Revue passieren.
Wahnsinn, wie stark die Physis eines Körpers sein kann. Wie ein Körper so lange Zeit mit so wenig Schlaf und Essen auskommen kann. Gut, wie schon angesprochen, mein ideales Kampfgewicht habe ich schon länger nicht mehr auf der Waage gehabt.
Den Sleepmode verlängere ich um halb 3 in der Früh aufs Neue. Irgendwann muss ich ja einschlafen.

Die Bestätigung der Vermutung!

Kurz vor halb sechs in der Früh werde ich munter. Der Körper fühlt sich an, als hätte er überhaupt nicht geschlafen oder sich ausgeruht. Vom Kopf will ich ja gar nicht sprechen. Der steht vollkommen unter Spannung. Wenn man im Fernsehen Dokumentationen über die Funktionsweise des Gehirns sieht, dann wird das mit dem Computer immer nachbearbeitet, und an den Nervenenden sieht man Blitze zwischen den Synapsen zucken. In meinem Gehirn ist durch diese Blitze alles taghell und flackert nicht auf, sondern hört nicht mehr auf zu flackern. Eigentlich sind es gar keine Lichtbögen, es zeigt sich mir wie eine Lampe, die jemand eingeschaltet hat.
Ich bin sehr nervös und muss sofort aus dem Bett. Von null auf Hundert, in weniger als einer Sekunde. Denke augenblicklich an die Entscheidung, zum Arzt zu gehen. Löst sie mein Befinden aus? Doch ich ziehe das jetzt durch. Ich bin ein Kämpfer, und der gibt nicht auf.
Eigentlich möchte ich gleich fahren, aber Dr. Führnsinn öffnet die Ordination erst um acht.
Wie schon in den letzten Tagen ist der Weg also auf die Couch. Soll ich wirklich gehen? Ich könnte mich ganz einfach zusammenpacken und ins Büro fahren, als ob nichts passiert wäre.
Nein, kann ich nicht, ich kann nicht mehr. Es ist die Zeit gekommen, Klarheit zu bekommen.
Kirveliavitius hat mir gesagt: „Geh zum Arzt und lasse dich krankschreiben. Kurier dich aus, wir brauchen dich mit voller Kraft!" Das sagt einer, der selber mit 39° Fieber im Büro sitzt. Er, der um drei Uhr in der Früh aufsteht, weil der Chef um diese Uhrzeit erst nach Hause kommt und sieht, dass die Putzfrau in der großen Fuhrparkgarage das Licht brennen gelassen hat. Ja, der Kirveliavitius steht auf und fährt es abzudrehen. Der sagt mir, ich soll zum Arzt gehen?
Warum denke ich so viel darüber nach? Ich will nicht mehr denken. In Wirklichkeit bin ich doch gar nicht so nahe am Wasser gebaut. Schon wieder rinnen mir die Tränen über die Wangen.
Ich mag den Kirveliavitius auch als Menschen sehr gerne. Er ist nicht nur mein Abteilungsleiter, sondern Men-

tor und in gewisser Weise eine männliche Bezugsperson. Ein ernstes, gerades Wort, das nicht unbedingt mit dem Job zu tun hat, wird genauso gewechselt, wie ein tiefes Scherzerl oder einfach Frustabladen beim anderen. In unserer Abteilung werden Gartenbewässerungsanlagen projektiert. Des Öfteren ist es ein sehr stressiger Job, weil wir fast unhaltbare Termine umsetzen müssen.
Ich bin sehr gern in dieser Firma und mir macht das Arbeiten viel Spaß.
Kirveliavitius ist, unter uns gesprochen, schuld, dass ich heute in diesem Business bin. Damals, zu der Zeit, als ich mich eben erst von dem alten Büro getrennt habe und im Sommer den Job als Staplerfahrer angenommen habe, ist er plötzlich bei uns am Platz gestanden und hat gemeint: „Ich habe gehört, du suchst einen Arbeitsplatz?" Dass ich nicht ewig mit dem Hubstapler fahren werde, wusste ich schon früher und war daher für alles offen. Dass ich allerdings zehn Minuten später in unserer Werkskantine sitzen sollte, mit ihm und dem jetzigen Geschäftsführer und mit meinem Vorgänger, die Drei alle im Anzug und ich in der kurzen Latzhose mit zerrissenem T-Shirt, damit habe ich nicht gerechnet.
Unser Geschäftsführer, der Herr Töpferl, hat mich damals interviewt. Sie haben mich auf Herz und Nieren ausgefragt. Er wollte wissen, was ich alles gelernt habe, meine Interessen, auch die privaten, sogar meine Führerscheingruppen wollte er wissen. Bereitwillig habe ich Auskunft gegeben, ich hatte ja nichts zu verlieren.
Irgendwann hat Herr Töpferl einen Fehler gemacht. Er hat zum Kirveliavitius gesagt: „Das wäre genau der, den wir suchen!" Diesen Satz werde ich wohl nie vergessen. Sie waren meine Pokergrundlage für das Vorstellungsgespräch, das ich am nächsten Tag beim Big-Boss haben sollte.
Den Kirveliavitius kenne ich schon viel länger. Schrotterbach ist eben nur ein sehr kleines Dorf. Damals bin ich gerade frisch in den Turnverein gekommen, wo er noch selbst Trainer war. Mit ihm bin ich auf meine ersten Wettkämpfe gefahren, er hat mir einiges beigebracht, und er hatte immer ein offenes Ohr für uns Burschen.

Mein Opa und mein Vater waren bei der Blasmusik, und dort hat der Kirveliavitius die erste Tuba gespielt. Also kannten sich die Familien schon länger. So ist das halt am Land.
Einerseits kann es zum Fluch werden, andererseits bin ich nun schon länger als mein halbes Leben beim Turnverein, und obwohl sich vieles verändert hat, dieser soziale Halt, den ich dort immer schon gespürt habe, der motiviert mich auch heute noch.
Zu Wettkämpfen fahre ich nicht mehr, dafür ist mein Körper zu sehr geschunden. Letztes Jahr bin ich zehn Wochen in Intensiv-Physio-Therapie gewesen und habe viel Geld für Kinesio-Tapes ausgegeben, damit mein linkes Knie mich wieder getragen hat.
Also fahre ich jetzt zum Führnsinn. Ich merke, meine Gedanken verschwimmen. Ich habe nun nicht mehr nur Angst oder Nervosität, ich habe richtig Panik.
Mist, kein Parkplatz. Mein Auto muss ich zwei Gassen weiter weg parken, ich habe Kapuzenpullover, Sonnenbrille und Kapperl an. Mit dieser Verkleidung marschiere ich los.
War die Ordination immer schon so weit weg? „Hallo?!?!" „Ja, Georg, ich bin' s. Ich bin gleich beim Führnsinn", schrecke ich auf.
Bub begleitet mich am Telefon bis zur Praxis. Die Kapuze gebe ich runter, die letzten Paniktränen wische ich mir unter der Sonnenbrille ab und trete ein.
Wie viel sind fünfzehn mal zwei? Dreißig. Dreißig Augen, die mich ansehen.
Reiß dich zusammen. Der eine, das ist doch der Nachbar von der Großmutti, der kennt dich.
Ich kämpfe sehr mit den Tränen. Aber mein Gehirn arbeitet nicht, oder hat sich mein Körper gerade in den Überlebensmodus umgestellt?
Ich bin schwindlig. Frau Kellner, die vermutlich ihr Kampfgewicht seit Langem schon überschritten hat, sitzt wie immer hinter ihrem Empfangspult und begrüßt mich ganz herzlich. Unglücklich bin ich darüber nicht, denn da brauche ich nicht so viel reden. Ich schiebe ihr wortlos meine E-Card über das Pult und warte. Dann darf ich endlich im Wartezimmer Platz nehmen.

Wieder einmal so eine Situation, wo ich nicht weiß, wie es abgelaufen ist, trotzdem habe ich dieses Heft in der Hand.
Zuvor habe ich noch nie Galileo, das Magazin, gelesen. Lesen kann man es wohl nicht bezeichnen. Ich blättere durch und bleibe bei einem Artikel hängen. Er handelt vom Internet. Es wächst täglich um dieselbe Informationsmenge wie die größte Bibliothek auf der Welt zur Verfügung stellt. Irgendwann werde ich diese Bibliothek in New York besuchen, um mir ein Bild zu machen, was diese Menge an Informationen bedeutet.
Mein Name wird aufgerufen. Mein Zittern kann ich nicht mehr zurückhalten, und ich kann mich nicht mehr ablenken.
Die Stunde der Wahrheit ist da. Dr. Führnsinn hat es nicht so mit Computern und mit Formularen, darum hat er Fr. Sabine bei sich sitzen, die ihm diese lästigen Arbeiten abnimmt.
Genauso wie der Arzt ist auch sie sehr lieb. Heute möchte ich mit ihm allein sprechen. Schnell suche ich meine letzte Kraft zusammen und mit diesem bisschen Mut bitte ich, ob sie uns unter vier Augen reden lassen kann.
Sie geht weg und Führnsinn bittet mich, Platz zu nehmen. Los geht's! Er fragt mich: „Was kann ich tun für Sie?" Nun ist es erledigt. Ich nehme meine Sonnenbrille ab und die Tränen schießen mit derselben Geschwindigkeit aus den Augen, wie die Brille den Kopf verlässt.
Ich versuche, mich halbwegs vernünftig auszudrücken und meinen Zustand zu erklären. Ob es mir gelungen ist, das müssten wir den Führnsinn fragen, anhand seiner Reaktion glaube ich, dass er das Problem soweit verstanden hat.
Alles, was ich die letzten Tage durchgemacht habe, diese Gefühle und Belastungen, die Stunden, wo ich dachte, mir explodiert der Kopf, die Phasen, wo ich diese Angst hatte und wo ich alles bis ins Kleinste zerpflücken musste, alles das erzähle ich ihm. Und dann erzähle ich ihm, dass ich gestern diesen Artikel im Online-Kurier gelesen habe. Die Geschichte über Depressionen und meine Vermutung, dass ich darunter schon länger leide, aber es bis jetzt immer geschafft habe, mich mit Ellbogentechnik aus diesen Löchern herauszuwursteln.

Wenn ich mich zurückerinnere, dann weiß ich, dass ich immer noch dieses Licht am Ende des Tunnels gesehen habe. Dieses Licht sehe ich jetzt nicht. Ich habe keinen Halt mehr in meinem Leben und fühle mich, wie wenn mir der Boden unter den Füßen weggezogen worden ist.
Auch von den Wein- und Angstattacken erzähle ich ihm. Es gibt kein Geheimnis. Anders würde ich keinen Grund finden, warum ich mich bei ihm befinde.
Er lässt mich plaudern und je mehr ich erzähle, umso mehr erkläre ich mir selber, dass das gestern von mir Gelesene sehr wohl für mich zutrifft. Diese Beschreibung aus dem Artikel ist die Beschreibung, die ich in den letzten Tagen an mir festgestellt habe. Alles passt dazu, und die Vermutung von Georg, Mama und mir ist auf dieser Tatsache begründet.
Führnsinn erzähle ich, dass ich es für mich so erkannt und darum die Empfehlung - den Hausarzt aufzusuchen - hiermit umgesetzt habe. Er beginnt, mir sehr eigenartige Fragen zu stellen.
Eigenartig sind sie insofern, dass sie für mich keinen Sinn ergeben, nur lasse ich alles mit mir geschehen und so weit ich kann, beantworte ich alles mit bestem Wissen und Gewissen.
Keine Ahnung, wie lange ich jetzt schon im Untersuchungszimmer bin, es kann drei Minuten sein, aber auch zwei Stunden, als er zu mir sagt: „Ich gehe davon aus, dass Ihr Verdacht zutrifft. Ich glaube auch, Sie haben Depressionen. Rein medizinische Symptome für die Diagnose sind die Schlafstörungen und der massive Gewichtsverlust". Was ich jetzt empfinde, das kann man sich vorstellen. Plötzlich ist um mich alles schwarz. „Aber es gibt mittlerweile sehr gute Medikamente, und so wie ich Sie kenne, werden Sie wieder gesund werden."
Gesund werden? Man kann von Depressionen geheilt werden? Ist das auch in dem Artikel gestanden? Habe ich das gelesen? Ich weiß es nicht. Doch ich kann etwas Neues spüren.
Erstmals- in der kurzen Vergangenheit- habe ich das Gefühl, einen Menschen gefunden zu haben, der die Ernsthaftigkeit dieser Erkrankung kennt. Mama und Georg sind vermutlich auf demselben Wissensstand wie

ich. (Wissen Sie, dass Depressionen heilbar sind?) Das macht mir Mut.
Es hat sich wieder etwas in mir verändert. Die Gefühle in mir sind wie Schalter, die sich umlegen. Welcher wofür ist, das kann ich nicht steuern. Das passiert automatisch und von allein. Ob es Berührungen, Informationen, Worte oder Gesten sind, alle lösen in mir einen Klick aus.
Sein ganzes Leben ist man auf der Suche, so weit war ich selber schon, jedoch, dass man viele Dinge einfach passieren lassen muss, das spüre ich zum ersten Mal. Verstehen kann ich das alles noch nicht. Ob man es jemals verstehen kann, wird die Zukunft zeigen. Diagnose Depressionen. Jetzt ist es sozusagen amtlich.
Lange war die Vermutung noch nicht da, nun ist sie bestätigt.
Ich habe mich gestellt! Ich war beim Führnsinn und er hat medizinisch alles abgeklärt, was in seiner Macht steht und hat es mir diagnostiziert.
Gewissermaßen fühle ich mich erleichtert, schließlich weiß ich jetzt zumindest, was mit mir los ist.
Als Krankheit kann ich es momentan noch nicht sehen, es klingt einfach komisch, dass ich jetzt eine Krankheit habe, die so außergewöhnlich ist. Warum muss ich jedoch jetzt solche Dinge denken? Je länger wir weiter plaudern, umso konkreter werden die Zukunftspläne und auch die Therapiemöglichkeiten. Führnsinn schreibt mir ein Rezept für Antidepressiva, Angstlöser und Beruhigungstabletten auf. Mit diesen Plänen holt er mich und meinen Geist aus dieser Zwischenwelt zurück in die Ordination. Die Tränen werden weniger und sogar die Konzentration kommt zurück. Kurz denke ich, da ist ein Lichtschein am Ende des Tunnels. Bin ich wieder zurück? Ist nun alles in Ordnung?
Führnsinn holt mich aus dieser Lethargie genauso zurück wie eben gerade aus der Scheinwelt.
Wieder spricht er die Medikamente an und erklärt mir kurz ihre Wirkung und den Therapieverlauf.
Aber hallo! Mein Kopfweh muss schon sehr schlimm sein, dass ich einmal Aspirin nehme, und er erzählt mir jetzt, es kann sein, dass ich die Antidepressiva bis zu einem Jahr oder länger nehmen muss! Wie soll das gehen?

Er drückt mir ein Taschentuch in die Hand, nachdem ich wie so oft darauf vergessen habe, mir welche mitzunehmen. Ich versuche, seinen Ausführungen zu folgen.
Ich werde also Mutan nehmen. Schon wieder so ein Klick in meinem Kopf. Es ist dieser Klick, der in mir augenblicklich eine totale Verwirrtheit auslöst.
Mein Wissensstand war, dass Depressionen eine sehr komplizierte Sache sind.
Oft ist es doch im Leben so, dass du etwas aufschnappst, die Information irgendwo abspeicherst, dieses Wissen sehr oberflächlich ist und man eigentlich nur die Überschrift dieses Kapitels kennt. In der Situation, als ich nun in der Praxis sitze, versuche ich mein komplettes Gehirn nach abgespeicherten Informationen zu durchsuchen, ob ich weitere Daten finden kann. Es gelingt mir nicht, ich dürfte sonst nichts gespeichert haben. Somit gilt meine ganze Konzentration den Ausführungen Führnsinns.
Die Medikamente tun es mir am meisten an, aber diese Sache muss ich nun durchziehen.
Alles im Leben ist Veränderung. Dieser Spruch soll mich zukünftig beeinflussen und für mich eine Lebensphilosophie werden.
Eine ganz neue Situation ist es für mich nun ja doch nicht. Ich hatte immer schon solche Phasen, nur die Diagnose nicht. Bis jetzt habe ich mich nicht damit auseinandergesetzt. Ich weiß ja, dass es wieder vergangen ist. Dass eine solche Phase nun nicht mehr vergeht, ist wohl die erste Veränderung, die sich in meinem Leben abzeichnet.
Ich bekomme die Chance, mein Leben neu zu überdenken und zu sortieren.
Ein Ziel, das wir gemeinsam besprechen. Ebenso wie mir Führnsinn eine Psychotherapie ans Herz legt.
Er gibt mir eine Visitenkarte von einer Therapeutin mit. Diese Informationen kann ich noch nicht an mich heranlassen.
Schön langsam wird es Zeit, wieder zu gehen. Ich denke, für den Anfang habe ich jetzt ein Packerl umgehängt, das mir einerseits eine Last auflegt, andererseits öffnet es wieder meinen Horizont. Der Horizont, zu dem ich nun wandern kann und den ich irgendwann erreichen werde.

Diese Panik beim Eintreten ins Wartezimmer, die ich hatte, ist zwar nicht verschwunden, jedoch hat sich schon wieder ein Schalter umgelegt.
Führnsinn holt jetzt Frau Sabine herein. Er weiß leider nicht, wie man die Krankmeldungen in meinem Fall ausfüllt.
Die letzten Tränen sind weggewischt. Ich habe mich und meine Gedanken, meine Konzentration und mein Dasein etwas besser im Griff. Eine vollkommene Müdigkeit und Erschöpftheit übermannt mich. Ich will nur mehr in meine Höhle.
Frau Sabine druckt die Krankschreibung und das Rezept aus.
Sie wünschen mir beide baldige Besserung.
Das wünsche ich mir auch. Beim Hinausgehen komme ich bei Frau Kellner vorbei. Es gelingt mir sogar, mich freundlich von ihr zu verabschieden, dann aber nur schnell hinaus aus der Ordination.

Die schwierigsten „Outings"

Ich gehe nun bewusster zurück zu meinem Auto. Die Sonne scheint, und es ist ein schöner Tag. Nicht zu kalt und nicht zu warm.
Georg hebt das Telefon ab. Er hat mich gebeten, ihn nach der Untersuchung anzurufen. Viel Zeit hat er nicht, so erzähle ich ihm ganz kurz, dass unsere Vermutung medizinisch bestätigt ist. Natürlich will er wissen, wie es nun weiter gehen wird. Allerdings machen wir uns aus, dass er mich am Nachmittag besuchen wird, da können wir dann besser plaudern.
Mama arbeitet noch, darum schicke ich ihr eine SMS.
Jetzt habe ich das Rezept in der Hand und auch das Wissen, dass Antidepressiva eine Anlaufzeit von vier bis sechs Wochen haben. Ich möchte, dass sich so schnell wie möglich eine Verbesserung einstellt, das geht jedoch nur, wenn ich gleich mit den Medikamenten beginne. Dies bedeutet, dass ich in die Apotheke muss. Die zehn Minuten Umweg werde ich wohl noch aushalten.
Kumpel - wie ich mein Auto nenne - und ich fahren also zu der Apotheke, die von einer Bekannten aus dem Turnverein betrieben wird. Wir bekommen als Mitglieder desselben Vereins zehn Prozent. Das muss ich einfach ausnützen. Ich bin auch gleich dort.
Im Kopf bin ich schon so müde, dass mir alles egal wird. Ohne viele Emotionen, mit der Kapuze, dem Kapperl und der Sonnenbrille bin ich gut getarnt und marschiere in die Apotheke. Mutan bekomme ich gleich, Xanor werden erst geliefert. Dauert eine Viertelstunde. Mist, aber ich will nicht noch einmal kommen müssen. Somit sage ich, dass ich eh noch etwas anderes zu erledigen habe, und gehe wieder. Setze mich draußen auf eine Mauer, wo mich keiner sehen kann.
Nun ist die Zeit gekommen, über meine Diagnose im Büro Bescheid zu geben. Wen rufe ich an? Den Kirveliavitius? Die Kolek? Oder doch die Wuppel? Ich wähle einfach eine allgemeine Nummer ohne Klappe und damit liegt es nicht mehr an mir, wer abheben wird. Wünsche mir die Wuppel, und der Wunsch wird auch erfüllt. Sie fragt mich gleich, wie es mir geht, und ich sage ihr: „Noch immer nicht besser. Du, ich war beim Arzt. Ich bin krankgeschrieben." „Und was hast du?" „Depressio-

nen, aber ich kann dir noch nicht sagen, was das bedeutet. Ich muss erst darüber nachdenken." „Frederik, schau auf dich! Und ich wünsche dir baldige Besserung". Mit den Worten „Danke, baba" lege ich auf.
Jetzt habe ich wieder Tränen in den Augen. Mir wird bewusst, dass ich das erste Mal einer `Fremden´ von meiner Krankheit erzählt habe. In mir drinnen fühle ich mich, also ob jemand ein Feuerwerk gezündet hätte.
Die Viertelstunde ist vorbei. Somit starte ich noch einmal in die Apotheke. Diesmal bekomme ich auch die Xanor-Tabletten. Mama hat mir Calmabene als Förderer zum Durchschlafen empfohlen. Die sind homöopathisch, also kaufe ich davon auch gleich eine Packung sowie die Passedan-Tropfen, die mir schon einmal eine beruhigende Wirkung gebracht haben.
Jetzt habe ich nicht nur dieses imaginäre Packerl umgehängt, sondern in den Händen noch ein Plastiksackerl voller Medikamente. Nun nur mehr zurück in die Höhle.
Ich komme an und während ich das Kapperl aufhänge, die Sonnenbrille heruntergebe und den Pullover ausziehe, fühle ich mich, als würde ich damit einen schützenden Mantel ausziehen. Ich kann mit dem Ausziehen nicht nur die Tarnausrüstung ablegen, sondern auch diese nicht mit Worten zu fassende psychische Last.
Ich bin wieder zu Hause und hier ist mein Refugium. Hier beschützt mich alles. Fuzzie kommt nachsehen, was denn da im Sackerl sei. Wahrscheinlich möchte sie von diesen Dingen auch etwas abbekommen. Fuzzie, du brauchst das Gott sei Dank nicht.
Den Fernseher brauche ich nicht einzuschalten, ich habe vergessen, ihn abzudrehen. Er läuft noch. Eine magische Kraft zieht mich auf die Couch. Dabei müsste ich auf die Toilette. Es geht nicht mehr.
Die Ruheposition kann ich noch wahrnehmen, sofort fallen mir die Augen zu. Ich kann schlafen. Wie lange es ist, kann ich nicht mehr nachvollziehen, doch merke ich, dass es mir sehr gut getan hat, auch wenn ich noch immer sehr erschlagen und müde bin.
Mama hat in der Zwischenzeit angerufen, und ich rufe sie zurück. Sie kommt nach der Arbeit einen Sprung vorbei, hat aber am Nachmittag noch andere Termine.
Natürlich muss ich wieder Online-Kurier und meine Sportseiten lesen. In meinem Mail-Ordner sind ein paar

neue Einträge drinnen. Unter anderem von meinem
`Buddhistischen Lehrmeister´.
Ich habe in der letzten Woche ein paar Mal mit ihm
gemailt. Er ist ein sehr weiser Mann, der mir den Buddhismus und auch die Meditation näher gebracht hat.
Mit ihm war ich schon bei einigen Seminaren und habe
dabei sogar Peter Riedl kennengelernt.
Dieser ist der Vorsitzende der buddhistischen Gemeinschaft Österreichs. Wir waren damals in der WISDOM
(Wiener Schule der offenen Meditation). Als ich begonnen habe, mich mit dem Buddhismus zu beschäftigen,
hatte ich auch eine Phase, in der mein Leben nicht im
Lot war. Damals ging es mir, in einer gewissen Hinsicht,
auch nicht so gut. Vermutlich hatte ich damals schon
eine intensive Depression. Noch nicht so ausgeprägt wie
diese, einfach eine andere, leichtere Variante. Aus dieser
Zeit habe ich aber sehr tolle Erfahrungen und Lebensweisheiten mitnehmen können. Die haben mir immer
wieder geholfen. In der Phase jetzt habe ich meinen
persönlichen Lehrmeister - auch wenn Herbert dies
nicht gern hört, ich sehe es so - versucht zu kontaktieren und von ihm Hilfe zu bekommen. Die Situation ist
aber nicht so wie damals, sie geht tiefer und lässt das
Meditieren, zum Beispiel, gar nicht zu. Wie immer versucht er, mir mit Rat und Tat zur Seite zu stehen. Weil
ich ihm von meinem bevorstehenden Arztbesuch erzählt
habe, möchte natürlich auch er wissen, was herausgekommen ist. Ihm habe ich den Artikel nicht geschickt
und so schreibe ich ihm, was ich diesen Vormittag erfahren habe.
Herbert ist nicht nur mein Lehrmeister, er ist auch der
Lebensgefährte meiner Tante Andrea. Wir mailen und
machen uns aus, dass ich abends zu ihnen komme und
wir gemeinsam etwas unternehmen werden.
Georg kommt.
Wie schon erwähnt, hat Bub andere Lebensansichten
als ich und so oft diese schon zu Diskussionen und
Meinungsverschiedenheiten geführt haben, so bin ich
doch jedes Mal sehr auf seine Meinung gespannt und
brauche seinen Zuspruch. Nur ist er ein Mensch, der zu
sich und seinem Leben sehr streng ist. Er ist sehr geradlinig und ein Karrieremensch. Das ist ein weiterer
Bereich, wo wir unterschiedlicher Meinung sind.

Wenn ich Geld habe, dann habe ich etwas, das ich ausgeben kann. Habe ich keines, dann kann ich auch nichts ausgeben. Georg verdient wesentlich besser als ich, hat ein abgeschlossenes Studium und erst wesentlich später als ich zu arbeiten begonnen. Trotz dieser Unterschiede in den Lebensprioritäten und Lebensphilosophien sind wir nicht nur Brüder, wir sind beste Freunde und wir können uns blind aufeinander verlassen.
Er sitzt jetzt also auf der Couch und ich erzähle ihm von der Sitzung beim Führnsinn. Das ist für mich sehr wertvoll, wie ich gerade feststelle, denn damit kann ich mir selber erklären, was ich am Vormittag erfahren habe.
Georg ist sehr stolz auf mich, dass ich mich dieser Sache so gestellt habe, und findet meine Entscheidung, es mit der Krankheit aufzunehmen, sehr gut.
Er weiß allerdings, wie ich zu Medikamenten stehe und das beunruhigt ihn. Ich versuche ihn davon zu überzeugen, wie wichtig mir meine Heilung ist und ich darum sehr wohl konsequent diese medikamentöse Therapie durchziehen werde.
Die Frage, die ihn noch beschäftigt, dreht sich um die Psychotherapie. Hierzu kann ich ihm jedoch keine Antwort geben. Dieses Metier ist für mich absolut neu, ich weiß es nicht. Georg hat eine Kleinigkeit zu essen mitgebracht, allerdings bringe ich nichts hinunter.
Da Anita, seine Freundin, zu Hause auf ihn wartet und ich dann sowieso nach Wien fahre, verabschieden wir uns. Wir verabreden uns für morgen um acht im Turnverein.
Morgen ist wieder Trainer-Zusammenkunft, die im vierzehn-Tage-Rhythmus abgehalten wird. Es herrscht ein absoluter Zusammenhalt unter den Trainern. Wir unternehmen auch privat einiges zusammen. Ich sage Georg noch Bescheid, dass ich morgen nicht mit den Jungen trainieren, sondern im Büro das Telefon bewachen werde.
Andrea und Herbert wohnen im sechzehnten Bezirk, somit ist die Anreise nicht allzu lange. Parkplatz finde ich Gott sei Dank relativ rasch.

Nachdem ich in der Wohnung bin, ist anfänglich nur Herbert da. Andrea muss noch arbeiten. Herbert erzählt mir von einer für mich neuen Meditationstechnik.
Wir probieren sie aus, aber leider führt sie nicht zum Erfolg. Ich kann momentan nicht meditieren. Irgendetwas in mir wehrt sich dagegen, oder ich finde keine innere Ruhe dazu. Permanent sind Gedanken und Emotionen vorhanden. Ich kann mich nicht von ihnen lösen, sie nicht einmal zulassen.
Andrea kommt nach Hause. Sie haben beide nichts gegessen und wir beschließen, in ein Lokal zu gehen, das gleich bei ihnen um die Ecke ist. Ein sehr nettes Lokal, ich kann nichts essen. Mir ist sogar wieder etwas übel. Nur dieser unbändige Durst macht mich nervös.
Noch mehr, als ich sowieso schon bin.
Ich beginne meine Erlebnisse und Erfahrungen zu schildern und wie es mir so geht. Die beiden sind wirklich sehr liebe, herzliche Leute, die mir zuhören.
Obwohl beide um ein paar Jahre älter sind als ich, ist es doch dieselbe geistige Ebene, auf der wir uns unterhalten können. Natürlich ist es mit dem Herbert etwas anders, da er ein bekennender Buddhist ist und nicht wie ich jemand, der seine Lebensphilosophie im Buddhismus gefunden hat, aber weiterhin das römisch-katholische Religionsbekenntnis hat. Das wird sich auch nicht mehr ändern. Denke, ich brauche den Glauben an Gott und an die Auferstehung. Dieses Denken bestärkt mich in der Hoffnung, meinen Großvati wieder zu sehen!
Andrea hat eine sehr liberale Einstellung, aber keine buddhistische. Sie war immer das schwarze Schaf der Familie und hat in dieser Funktion mit einigen Tabus aufgeräumt.
Als ich reif dazu war, habe ich das übernommen. Meine Großmutter hat sicher sehr darunter gelitten. Trotzdem haben wir ein sehr gutes Familienverhältnis. Jeder ist für jeden da. Und hilft, wo er nur kann.
Das Reden mit Andrea und Herbert tut mir sehr gut.
Irgendwann kommen wir auf das Thema Psychotherapie. Für mich absolutes Neuland.
Andrea erwähnt plötzlich, dass sie selber vor Jahren eine Therapie gemacht hat. Sie erzählt mir, dass es ein langer Prozess war und ihr geholfen hat. Eines Tages

hat sie zu ihrem Therapeuten gesagt: „Ich glaube, ich bin jetzt gesund." Ihr Therapeut hat gemeint: „Ich glaube nicht." Das war nach einem halben Jahr. Andrea ist dann weiter in die Psychotherapie gegangen und eineinhalb Jahre später hat der Therapeut zu ihr gesagt: „Können Sie sich erinnern, wie sie meinten, sie wären gesund? Jetzt glaube ich es auch!"
Diese Erzählung hat sich sofort in mein Gehirn gebrannt. Warum weiß ich nicht.
Es war wirklich ein sehr informativer Abend und ich habe nicht gemerkt, wie die Zeit vergangen ist. Es ist elf. Ich sollte heim und versuchen zu schlafen. Die beiden sind auch schon müde und so machen wir uns auf.
Ich bin bald darauf zu Hause und diesmal ist der Weg gleich ins Bett. Da fällt mir ein, ich soll ja zum Schlafen auch Tabletten nehmen. Genau, die Xanor waren das. Jetzt bin ich wirklich sehr gespannt, ob diese Nacht, nach diesen Erlebnissen und mit diesen Medikamenten, besser wird.
Als der Wecker läutet, bin ich schon zwei Stunden munter. Schön langsam wird alles bewusster. Ich ziehe mir die Trainingskluft an und fahre in die Halle.
Weder das Anziehen noch das Dorthinfahren fällt mir leicht. Es bringt immer ein Anderer Frühstück mit. Eine halbe Semmel schaffe ich. Mehr geht nicht. Ich ziehe mich ins Büro zurück. Versuche, ein paar Dinge zu erledigen. Georg kommt nach dem Frühstück und fragt, wie es mir geht. Ich kenne mich nicht aus. Ich weiß auch nicht, wie es mir geht. Es ist noch immer diese Angst da. Ich fühle mich einfach nicht wohl, bin nervös, stehe unter Strom und bin unruhig.
Nachdem die anderen Trainer die Geräte vorbereitet haben, hole ich Anita und Fredi (einen alten Tauchkumpanen) sowie Albert, ich bin Trauzeuge von Albert und Rosi gewesen, ins Büro.
Ich setze sie rund um mich und habe weiterhin die Sonnenbrille auf. Sie schauen mich schon etwas verwundert an. „Ich habe euch hier versammelt ..." sind meine ersten Worte, dann rinnt mir schon die erste Träne über die Wange.
Zuerst haben sie noch gescherzt, aber ich glaube, sie haben schnell den Ernst der Sache erkannt und das Lachen war gleich vorbei.

„Ich weiß auch nicht, wie ich euch das sagen soll, aber mir geht es nicht wirklich gut. Ich war gestern beim Arzt."
Jetzt muss ich wirklich Luft holen, aus den Tränen wird ein Weinen. Anita rutscht zu mir und drückt sich an mich. „Ich bin krank."
Noch eine Pause zum Luftholen. Die Leute rund um mich sind jetzt mucksmäuschenstill. Alle warten auf das, was noch kommt.
„Ich habe Depressionen", sage ich mit ganz schwacher und zittriger Stimme.
Nun sind alle Dämme gebrochen. Ich spüre, wie unbeschreibliche Angst aufsteigt.
Der Blick hebt sich vom Boden und ich versuche, den anderen in die Augen zu sehen. Anita umarmt mich.
Albert ist sprachlos und ich sehe, wie er nach Worten sucht.
Fredi, er arbeitet als Laborant in einem Spital, ist der Erste, der die Stille durchbricht. „Und bekommst du jetzt Medikamente? Machst du eine Psychotherapie? Wie geht das jetzt weiter?"
Was sollen diese Fragen? Ich habe mir doch selbst erst gerade eingestanden, dass ich krank bin. Woher soll ich wissen, wie das weiter geht?
„Ich weiß es nicht. Ich habe erst gestern die Diagnose bekommen. So wie ich das Ganze jetzt sehe, habe ich wohl schon sehr lange eine Form der Depressionen, aber noch nie so ausgeprägt. Ihr kennt mich schon so lange und ich glaube nicht, dass ich jetzt anders bin. Momentan ist alles für mich sehr schwer und ich funktioniere nicht, aber ich habe den Wunsch, endlich diese Krankheit zu besiegen! Endlich gesund zu werden. Endlich Lebensqualität zu erlangen." Unisono melden sich Albert und Anita: „Du schaffst das sicher!"
Ich spüre unendliche Angst, dass sie sich von mir abwenden. Dass mir meine Freunde, die Leute, die mir so viel bedeuten, jetzt den Rücken zukehren.
Fragende Blicke kreuzen sich und plötzlich bekommt alles eine Eigendynamik. Sie unterhalten sich untereinander, wie sie mir helfen können.
Keine Spur von Abwenden oder Missgunst oder Schadenfreude.
Ich kann aber ihre Hilflosigkeit spüren.

Normalerweise würde ich jetzt einen Schmäh machen, doch es kommen nur weitere Tränen.
Wie lange wir hier sitzen, weiß ich nicht, aber ich weiß, dass bald die Jungen zum Trainieren kommen.
Schön langsam löst sich die Zusammenkunft auf, nicht aber, ohne dass mich jeder noch einmal umarmt und mir auf seine Art und Weise sagt, er sei immer für mich da.
Sie haben jetzt Informationen erhalten, womit sie aber genauso wenig umgehen können wie ich selbst. Einer nach dem anderen verlässt das Büro.
Als alle draußen sind, kommt Georg rein.
Wie wenn er darauf gewartet hätte. Vermutlich hat er das. „Wie war´s?" Es macht mich sehr stolz, dass er Anita nichts erzählt hat und mir damit die Chance gegeben hat, mich selber vor ihr „gerade" zu machen.
Dieser Ausdruck „gerade machen" für das Sprechen über diese Krankheit gefällt mir. Ich beschließe, ihn weiter zu verwenden, denke, so ähnlich könnte sich auch ein HIV- oder Krebs-Patient fühlen, wenn er seine Umgebung über seinen Zustand informiert. Es ist ein Outing! Dieses Gefühl in mir, diesen Kraftaufwand, das möchte ich beschreiben.
Mir selbst wünsche ich, dass mir diese Outings in Zukunft erspart bleiben. Egal welche. Meine Erkrankung ist schwer, aber ich bin damit nicht „zum Tode verurteilt" wie zum Beispiel schwer metastasierte Menschen, denen jede Bewegung eine Last wird. Allerdings fallen mir Dinge, die jeder Mensch automatisiert hat, wie beim Autofahren den Blinker zu setzen oder von dem zweiten in den dritten Gang zu schalten, sehr schwer. Ich kann sie nur machen, wenn ich darüber nachgedacht habe. Das ist eine massive Einschränkung der Lebensqualität, und damit fehlt jegliche Motivation, diese Dinge zu tun.
Wie ich in der letzten Woche gemerkt habe, sind so banale Handlungen, wie Duschen, Zähneputzen, aufs WC gehen, Katze füttern oder einfach nur Essen, Situationen, die zu Herausforderungen werden, die kaum lösbar sind.
Ich habe solche Angst gehabt, dass sich meine Freunde von mir abwenden. Diese Angst besteht noch immer, aber ich lebe nicht mehr mit einem Geheimnis. So denke ich und genauso erzähle ich es Georg. Ich versuche,

mich wieder zu fassen und meine Gedanken zu sortieren. Es gelingt mir nur bedingt.
Mein Handballverein „Wiener Westen" spielt heute eine Entscheidungspartie gegen Leo-Ben/Steiermark. Wenn sie heute gewinnen, dann spielen wir nächste Saison wieder fix in der Handball-Liga. Durch die Tätigkeit beim Turnverein komme ich eh nicht so oft in die Halle zum Zusehen. Aber ich spüre, ich will unbedingt. Spreche noch einmal kurz mit Georg und ich brauche heute nicht bis zum Schluss bleiben. Jetzt fehlt mir nur jemand, der mit mir mitfährt. Allein will ich nicht in die Halle fahren. Ich versuche, ein paar ausgewählte Leute anzurufen.
Der Dicke, einer meiner ältesten Freunde, kann nicht, den Miki will ich nicht und somit wird die Auswahl schon geringer.
Im Spaß sage ich zu Albert, jetzt ruf ich deine Frau an, die fährt sicher mit.
Albert lacht und meint: „Ja, ja, mach nur!" „Rosi!", höre ich es am Ende der Leitung. „Hi, Frau Hart! Fährst du mit mir heute zum Handballmatch Wiener Westen gegen Leo-Ben?"
„Ja", ist ihre kurze und bündige Antwort.
„Ok, dann treffen wir uns um fünf beim Turnsaal!"
„Passt, bis später."
„Baba" und alles ist erledigt. Albert steht neben mir und ist überrascht. Damit hat er nicht gerechnet. Heute bekommen wir sogar ein Mittagessen, aber ich esse nichts. Bin noch vom Frühstück voll.
Ich vegetiere so dahin und die Zeit verrinnt wie im Flug. Wenn es mir sonst schlecht gegangen ist, ist die Zeit nicht und nicht vergangen. Momentan würde ich sie gern festhalten, weil sie so schnell vergeht. Vielleicht kommt es von der Angst, vielleicht ist es das Grübeln, vielleicht ist es alles zusammen, jedenfalls ist eine Woche sehr schnell um.
Und es ist auch sehr schnell fünf Uhr Nachmittag. Rosi steigt zu mir ins Auto und wir fahren los.
Ich frage sie, wie es ihr geht und sie antwortet, gut. Wie es denn mir gehe?
Ich bin noch nicht bei der roten Ampel zum Stehen gekommen, höre ich mich sagen: „Nicht gut, ich bin krank."

Rosi: „Ach so, ich habe auch Schnupfen".
„Tja, ich wäre froh, wenn es Schnupfen ist! Rosi, ich habe Depressionen und mir geht es wirklich schlecht!"
Rosi lacht nur. Genauso wie Albert reagiert hat, glaubt sie mir nicht. Es kostet mich wirklich Überzeugungskraft, es ihr begreiflich zu machen, allerdings haben wir noch etwas Zeit, bis wir in der Halle sind.
Ich oute mich zum zweiten Mal heute. Es ist noch immer nicht leichter.
Eigentlich habe ich das sehr gut eingefädelt, weil meine Freunde beim ersten Outing nicht davonlaufen konnten, schließlich sind wir ein gemeinnütziger Verein, der als Prämisse die soziale Verbundenheit in den Grundsätzen stehen hat.
Beim zweiten Outing, im Auto, kann Rosi auch nicht davonlaufen!
Wir plaudern sehr viel über die Situation, und Rosi ist die Erste, die mir das Gefühl gibt, dass sie sich für meine Krankheit interessiert, sie zwar nicht verstehen kann, aber dieses Verständnis unbedingt haben möchte!
Ich würde ihr ja gern alles genau erklären, es ist mir jedoch nicht möglich, da ich ja selber noch nicht genug weiß.
In der Halle angekommen, suchen wir uns ein ruhiges Platzerl. Nicht zu weit weg von der Trainer-Bank, allerdings auch nicht zu nahe, damit man nicht auffällt.
Das Spiel ist nicht besonders gut, wir gewinnen jedoch und damit war es das mit der zweiten Liga! Aufstieg ist fixiert!
Meiner Freude kann ich aber nur bedingt Ausdruck verleihen, und als wir wieder im Auto sitzen, kullern mir Tränen die Wangen runter.
Ich bringe uns trotzdem gut nach Schrotterbach, wo Albert und Georg im Sokrates ein After-Work-Bier trinken.
Wir stoßen dazu und ich freue mich auch auf ein Seiterl. Nachdem es vor mir steht und wir die Nacherzählung des fulminanten Sieges gebracht haben, wird mir bewusst, dass ich Alkohol getrunken habe. Es ist ja nicht so, dass ich abstinent bin, allerdings frage ich mich, ob Medikamente und Alkohol gut sind.
Darum bleibt es bei diesem Seiterl. Ich bestelle nun pausenlos große Gläser voll Wasser.

Rosi und Albert gehen bald, sie wohnen seit einem Jahr in Altgraben, wo sie ein Häusel gebaut haben. Sie haben sich ein kleines Paradies geschaffen. Ich habe sie dort schon öfter besucht und ihren Zusammenhalt bewundert. Das brachte mir auch die Ehre ein, der Trauzeuge vom Albert zu werden.
Georg und ich bleiben noch länger. Ich habe das Gefühl, Georg möchte das Gespräch von gestern noch weiterführen.
Es wird immer später, ich merke, dass mir dieses Gespräch sehr gut tut. Nicht nur er geht die nahe Zukunft durch, ich halte sie mir selber vor Augen und zeige mir die Optionen, die sich mir aufgetan haben.
Gegen Mitternacht machen wir uns dann auf den Weg nach Hause. Ich hoffe, ich kann besser schlafen.
Doch täglich grüßt das Murmeltier. Das Einschlafen wird schon die erste Herausforderung. Wie gehabt, stelle ich gegen drei Uhr in der Früh den Sleepmode für eine weitere halbe Stunde ein. Zum letzten Mal für heute.
Allerdings ist die Nacht genauso kurz wie die Nächte davor. In der Früh bin ich wie gelähmt. Alle Informationen der letzten Tage schwirren durch meinen Kopf. All dieses Wissen möchte ich sortieren, doch es gelingt mir nicht.
Ich rufe Mama an. Ich weine wieder vor Aussichtslosigkeit. Mama versucht, mir Mut zuzusprechen.
Ich kann das Licht noch immer nicht sehen. Habe keinen Boden unter den Füßen. Das Atmen fällt mir schwer.
Irgendwann schaffe ich es, aus dem Bett aufzustehen und mich auf die Couch und vor den Laptop zu legen.
Die Ablenkung, die mir jetzt hilft, ist, mich weiterhin mit unnötigen Informationen vollzustopfen.
Es tut gut. Das Leid auf dieser Welt lenkt vom eigenen ab.
Die vier edlen Wahrheiten des Buddhismus lauten frei übersetzt: Das Leben im Daseinskreislauf ist letztendlich leidvoll; Ursachen des Leidens sind Gier, Hass und Verblendung; Erlöschen die Ursachen, erlischt das Leid; zum Erlöschen des Leides führt der achtfache Pfad.
Wie oft und wie lange habe ich mich mit diesen vier edlen Wahrheiten schon beschäftigt? Wie oft habe ich über jeden einzelnen Punkt schon meditiert? Und wozu?

Dass ich jetzt das Leid der anderen lesen muss, um mich von meinem abzulenken?
Es wird Zeit, duschen zu gehen. Es ist wirklich schon bitter notwendig.
Dann mache ich mich auf den Weg nach Wien.
Ich hole Franka ab.
Wir treffen uns heute das erste Mal seit einer Woche.
Franka kommt und wir fahren zu mir. Sie holt ihre letzten Sachen aus meiner Wohnung.
Viele Dinge werden ausgesprochen und abgeschlossen.
Als sie alle ihre Sachen hat, geht sie.
Ein weiteres wichtiges Steinchen auf meinem Weg.
Mama hat mir vor dem Besuch ein sehr schönes Mail geschickt, das ich fast auswendig gelernt habe und das die Möglichkeiten des Lebens sehr schön beleuchtet:

Manchmal weiß man nicht,
ob man auf dem richtigen Weg ist und wohin er führt.
Ob er leichter wird oder beschwerlicher.
Und wie weit es noch ist.
Dann wünsch ich dir Kraft und Mut und Beständigkeit.
Und dass du dein Ziel auch schließlich erreichst und sagen kannst:
Es hat sich gelohnt!

Mein Weg beginnt jetzt. Ich rufe Mama an und berichte ihr von meinem Nachmittag.
Sie kommt vorbei und bleibt etwas bei mir. Unter schweren Tränen erzähle ich ihr, was in mir vorgeht. In der Zeit, wo mich Franka auf meinem Weg begleitet hat, hat sie nie etwas von meiner Erkrankung mitbekommen. Vielleicht ist sie zwar wie ein Damoklesschwert über mir gewesen, allerdings, wenn ich einen „Schub" hatte, war ich allein zu Hause.
Mama sieht es nach meinen Ausführungen dann auch so, dass Franka damit nichts zu tun hat.
Natürlich war die Trennung ein weiterer Tiefschlag, doch ein Kämpfer muss den genauso nehmen wie einen Uppercut oder einen linken Aufwärtshaken.
Mama hat Georg Bescheid gegeben, und als sie geht, kommt er.

Georg nimmt mich mit zu sich nach Hause, wo Anita schon das Gästebett vorbereitet hat. Ich darf im Zimmer mit dem Aquarium schlafen.
Seit sie eingezogen sind, vor 3 Jahren, haben sie einen kleinen Fernseher im Gästezimmer stehen und es wird Zeit, die Programme einzustellen.
Diese Arbeit nimmt mehr Zeit in Anspruch, als ich dachte. Da ich aber nicht einschlafen kann, ist es gut, dass ich etwas zu tun habe. Ich habe die Sender gleich drei Mal eingestellt, damit die Zeit vergeht.
Zum Trost hat mir Georg Großvatis Uhr gegeben. Sie ist eines Tages um neun Uhr vierzig stehen geblieben und von nun an mein ständiger Begleiter in der Hosentasche.
Irgendwann bin ich doch eingeschlafen. Georg fährt um halb acht in der Früh ins Büro und setzt mich vorher zu Hause ab.
Ich befinde mich wieder in einem Trancezustand.
Die Unterweisung vom Führnsinn hat mich darauf vorbereitet, dass durch die Chemie im Körper und im Leben Veränderungen stattfinden werden. Vielleicht ist es jetzt so, dass die Xanor ihre Wirkung entfalten.
Georg und ich mailen weiter. Die Sucht nach Informationen ist ungebrochen. Das Verlangen nach Sportergebnissen und nach persönlichen Tragödien wird immer stärker.
Mir geht es aber weiter und weiter schlechter.
Ausgelöst durch den Schlafmangel merke ich eine massive Verschlechterung der Konzentration. Dies hat wieder zur Folge, dass ich mich in Gedankenspiralen verliere und damit jeden Bezug zur Realität.
Ich weiß nicht mehr, ob es Vormittag ist oder Abend. Ich weiß nicht mehr, welcher Tag ist und vergesse die einfachsten Dinge.
Permanent habe ich Angst. Unbegründete und nicht nachvollziehbare Angst vor allem und jedem.
Auf den Balkon kann ich nicht hinausgehen, somit kann ich auch die Blumen nicht gießen. Wenn Fuzzie raus läuft, muss ich mit den Balkonsesseln scheppern, um sie zu erschrecken und damit in die Wohnung zu treiben.
Mir tut mein ganzer Körper weh und besonders meine Augen. Seit einer Woche schläft Fuzzie bei mir im Bett.

Im Augenblick möchte ich sie nicht mehr von mir lassen.
Ich wiege mich ab: Irre, in einer Woche über acht Kilogramm abgenommen, aber diese Information belastet mich in keiner Weise. Ich habe überhaupt keinen Hunger oder Appetit.
Nachdem ich mich nach der Abwaage wieder auf die Couch lege, entdecke ich das Kärtchen der Therapeutin, die mir Führnsinn gegeben hat. Was kostet ein Anruf?

Therapieformen und die „Richtigen"

Leider hebt niemand ab. Das verunsichert mich und ich verliere den Mut, mich dieser Sache zu stellen. Ich spüre, dass ich immer mehr Angst vor einer Psychotherapie bekomme.
Wo ist der Antrieb plötzlich hin? Bin ich verrückt? Brauche ich wirklich diese Hilfe? Warum lasse ich mich so leicht von meinem Vorhaben abbringen?
In diesem Moment „pingt" es am Computer. Georg schreibt mir: „Und, hast du schon etwas wegen einer Psychotherapie unternommen? Hast du schon die vom Führnsinn angerufen?" Ich schreibe ihm, dass ich sie nicht erreicht habe, aber irgendetwas in mir sträubt sich sowieso gegen sie.
Ich weiß nicht, was in mir vorgeht.
Ich bin so verwirrt und durcheinander. Wie die Zeit vergeht.
Nur dieser eine Anruf und das dazugehörende Denken haben jetzt zwei Stunden genommen. Ich will nicht mehr darüber nachdenken und von all dem loslassen.
Spongebob ist im Fernsehen, aber diese Folge kenne ich schon. Trotzdem schaue ich gespannt zu, ihm könnte ja heute schlimmeres Leid zustoßen als gestern, oder ich habe gestern etwas übersehen? Ich habe ein neues Mail bekommen, so nehme ich den Laptop auf den Schoß und schaue nach, wer geschrieben hat.
Wuppel, die fragt, wie es mir geht. Dieses Mail kann ich nicht beantworten und lasse es stehen. Die Anteilnahme ist sensationell und freut mich unheimlich, gibt mir Kraft und tut mir gut, aber ich kann keine Antwort auf diese Frage finden.
Da ich jetzt den Computer hier habe, gebe ich ins Google ganz unmotiviert die Begriffe Psychotherapie und Wien ein.
Wahnsinn, wie viele Einträge kommen! Was es da alles gibt!
Ich verstricke mich in die Weiten des Internets und finde eine Seite, wo sehr viele Psychologen und Psychotherapeuten gelistet sind.
Ich öffne alle Einträge aus dem dreizehnten und vierzehnten Bezirk auf eigenen Seiten und komme auf über fünfzehn.

Wie soll ich hier das Richtige für mich finden? Wonach entscheidet man in so einer Situation? Was bedeuten diese ganzen Informationen?
Ich bin an einem Punkt angelangt, an dem mich absolute Verzweiflung überkommt.
Voller Niedergeschmettertheit und Aussichtslosigkeit lege ich den Laptop zur Seite und ergebe mich der aufkommenden Trauer. Ich muss richtig bitterlich weinen.
So viele Emotionen brechen aus mir aus.
Mein riesiges Glück ist, dass Mama kommt und mich abholt, wir fahren zu ihr. Seit dem Gefühl, dass die Medikamente mich in Trance versetzen, habe ich Angst vor dem Autofahren. Nur mehr die allernotwendigsten Fahrten, die sich nicht anders erledigen lassen, fahre ich noch selbst.
Es war gestern schon so ausgemacht, dass sie mich abholt, denn sie hat gesagt, sie würde mir etwas kochen und ich habe mir Wurstfleckerln gewünscht.
Als sie bei der Tür hereinkommt, sieht sie, wie fertig ich bin, ich kann kaum mehr aus den Augen sehen, nicht nur weil ich verweint bin, nein, weil sie schon total verschwollen sind. Mit jedem Blick auf den Notebookmonitor ist es wie ein neuer Schuss Benzin ins Feuer.
Ich kann einfach nicht mehr.
Mama gibt mir Neurogastreu-Tropfen, die mich beruhigen sollen. Sie will wissen, warum es mir so schlecht geht und ich zeige ihr den Laptop.
„Mama, wie entscheidet man, welche ich da nehmen soll?"
Mama schaut die Ausgewählten genau an und fängt zu selektieren an. Mein einziger Grund bis jetzt war, ich muss dort leicht mit dem Auto hinkommen können und Parkplätze finden.
Für Mama ist es wichtig, dass die Therapieform keine esoterische ist, beziehungsweise schließen wir eine reine Gesprächstherapie aus, da diese Therapieformen nicht meinem Naturell entsprechen.
Da sind es plötzlich nur mehr acht Leute. Es keimt leichte Zuversicht bei mir auf. Ich entdecke, dass es einen Unterschied gibt, der mir wichtig erscheint. Es gibt Psychologen und Psychotherapeuten.
Heute kenne ich den Unterschied und kann ihn benennen.

Ein Psychologe studiert und schließt mit einem Doktortitel, Magister, Bachelor oder Master ab. Danach kann und darf er ordinieren.

Ein angehender Therapeut muss ein gewisses Lebensalter aufweisen, eine abgeschlossene Berufsausbildung haben, vorzugsweise aus Sozialberufen und kann dann die Aufnahmeprüfung zur Ausbildung zum Therapeuten machen. Diese muss er mit einer staatlichen Prüfung vor einer Kommission ablegen und darf dann psychotherapeutische Stunden abhalten.

Ein Psychologe muss diese Therapieausbildung genauso machen, um sich Psychotherapeut nennen zu dürfen, kann aber seine berufliche Laufbahn in verschiedenste Richtungen wenden. Er kann mit dem abgeschlossenen Studium in die Wirtschaft genauso gehen wie Verkehrs- oder Schulpsychologe werden.

Ich habe für mich die Entscheidung getroffen, eine Therapie zu machen, somit war die Entscheidung für einen Therapeuten zu treffen und keinen Psychologen.

Schon waren es nur mehr fünf Personen.

Jetzt streichen wir noch die Männer. Ich kann diese Auswahl nicht weiter begründen, außer, dass mein Bauch mir das so genannt hat. Drei Frauen - die Aussichtslosigkeit wird geringer.

Ich sehe mir die einzelnen Homepages noch einmal an und lege eine Rangliste an, sehe mich aber außerstande, anzurufen.

Plötzlich nimmt Mama das Telefon und legt los.

Erfreulicherweise hebt gleich die Erste ab.

Frau Dr. Sislak ist am Apparat und Mama erzählt ihr von ihrem Sohn. Er hätte die medizinische Diagnose einer Depression bekommen und den Rat, eine Psychotherapie zu machen.

Gespannt horche ich zu, was Mama mir ihr bespricht. Leider sind immer wieder Pausen, wo Mama zuhört und ich nicht weiß, was gesagt wird. Irgendwie ist die Situation vollkommen irreal und ich fühle mich, als wenn ich in einer anderen Welt wäre. Alles ist so weit weg von mir. „Haben Sie auch Krankenkassenplätze?", fragt Mama. „Naja, da kann man nichts machen". Das habe ich nicht verstanden und versuche es zu speichern, um mit Mama nach dem Telefonat darüber zu sprechen. „Zweiunddreißig" - eine weitere knappe Antwort, die ich

mir merken möchte. „Gut, also dann bis in einer Woche, Montag um siebzehn Uhr".
Das Gespräch ist beendet, und ich schaue meine Mama mit schweren, traurigen Augen und großer Angst an.
Mama sagt, sie sei sehr lieb.
Ich will wissen, was es mit den Krankenkassenplätzen auf sich hat und Mama erklärt mir, dass ich, wenn ich diese Überweisung vom Führnsinn bekomme, Anspruch auf einen Kassenplatz hätte. Aha, an was man da alles denken muss oder kann.
„Wie hat sie reagiert, als du zu ihr gesagt hast: `Zweiunddreißig?´ Ich denke, es ist um mein Alter gegangen und weil du ja für deinen Sohn angerufen hast. Also, ich könnte mir vorstellen, wenn ich so einen Anruf bekomme, dann denke ich, dass es sich um ein kleines Kind handelt". „Es war vollkommen egal".
Ich bin Mama bis heute so dankbar für diesen Anruf und für das Dasein in diesen Minuten.
Ich hätte es nicht geschafft. Natürlich will ich eigentlich alles wissen, was die beiden gesprochen haben, aber es war nicht mehr. Mama muss gehen. Sie wohnt seit einem Jahr mit ihrem Lebensgefährten in einem Haus ein paar Kilometer entfernt.
Ich fühle mich jetzt schon allein. Es gibt ein unsichtbares Band, das Mütter mit Kindern verbindet, das habe ich so oft gehört, in diesem Moment kann ich es spüren, denn Mama sagt, ich soll unbedingt mitkommen. Ich bin so müde und leer, es war so ein anstrengender Vormittag, aber trotzdem packe ich ein paar Sachen ein. Der Laptop und die Datenkarte müssen einfach mit, so wie die Beruhigungstropfen und die Tabletten. Mein neu angefangener Lebensabschnitt verlangt es, dass ich die Medikamente immer bei mir trage.
Das Notebook brauche ich, da ich damit ein bisschen Kontakt zur Außenwelt halte. Mit meinem Bruder schreibe ich dauernd, und den Leuten, vor denen ich mich „grad" gemacht hab, denen lasse ich auch immer wieder Infos zukommen, beziehungsweise wollen sie immer wieder von meinem Zustand einen Statusbericht bekommen. Von großartigen Veränderungen gibt es zurzeit nichts zu berichten, ich freue mich über jedes aufmunternde Wort, wenn ich es auch nicht zeigen kann.

Mama kocht und in den Pausen fragt sie mich: „Wie schaut es jetzt mit der Cranio-Sacral - Therapie aus, willst du das trotzdem machen?" Wir haben am Sonntag noch darüber geredet und sie hat mir geschildert, wie und was in solchen Therapiestunden abläuft. Früher habe ich so eine Sache etwas belächelt, doch jetzt ist mir einfach alles recht. Ich möchte ganz intensiv und mit aller Kraft, dass es mir besser geht. Würde sogar Schlangen beschwören, wenn mir versprochen wird, dass es mir danach besser gehen wird, und ich habe panische Angst vor Schlangen! Wenn eine im Fernsehen ist, muss ich wegschalten, weil ich sonst Alpträume bekomme.

Laptop auf den Knien und ich google nach Cranio-Sacral - Therapie. Toller Eintrag darüber auf Wikipedia, worauf ich „ja" dazu sage, jedoch das Problem habe, das die ausgewählte Praxis in Schrotterbach liegt. Eine Therapeutin ist die Mutter eines Freundes, die andere kenne ich privat und bei der Dritten war ich schon in Physiotherapie und zu ihr möchte ich auch nicht gehen.

Mama sagt mir, dass es in der Praxisgemeinschaft noch den Ralph gibt. Der ist aus Wien und nur zweimal in der Woche in Schotterbach.

Weil sie so absolut überzeugt davon ist, und weil sie so schnell ist oder ich derzeit so langsam bin, hat sie schon wieder das Telefon in der Hand und spricht mit der Sekretärin der Praxisgemeinschaft. Es geht schnell, erster Termin schon übermorgen, innerlich freue ich mich auf die Cranio.

Irgendwie habe ich das Gefühl und die Hoffnung, dass mein Inneres, das mir wie Pudding vorkommt, weich und wabbelig, durch alle Eindrücke von außen wieder gefestigt wird. Wie Lava, die erkaltet und zu Stein wird, wünsche ich mir, dass mein Inneres eine Festigkeit und somit auch mein Leben wieder Halt hat. Ich will keine Angst mehr vor dem nächsten Atemzug haben, ich möchte aus dem Haus gehen können ohne Kapuze und ohne Sonnenbrille, ich möchte meinen Freunden wieder in die Augen schauen können ohne Unbehagen, ich möchte wieder leben können.

Nach dem Essen sitze ich emotionslos und anteilslos da, alles um mich herum ist weiterhin verschwommen und unreal.

Ich bitte Mama, dass sie mich heimbringt, doch sie hält ein Nickerchen, das habe ich gar nicht bemerkt, obwohl sie neben mir sitzt.
Im Fernsehen läuft Spongebob. Ich will Mama nicht aufwecken und trotzdem heim und weiß wieder einmal nicht, was ich tun soll.
Die Antwort liegt in der Zeit, die eine neue Bedeutung bekommen soll und wird. Zeit und Gedanken sind das, was mir niemand nehmen kann. Mamas Powernapp ist nicht von langer Dauer und ich bitte sie, jetzt bekommt sie es auch mit, mich nach Hause zu bringen.
Ich brauche meine Höhle. An der Tür kann ich meinen unsichtbaren Mantel wieder ablegen und damit wird die Last auf den Schultern, der Druck auf der Brust leichter, die Lava wieder fester.
Wieder auf meiner Couch. Fuzzie kommt kuscheln. Morgen Abend wird Jürgen, unser alter Mann, vorbeikommen. Plaudern mit ihm wird eine feine Sache werden, er heißt nicht nur alter Mann, er hat schon einige Male öfter Weihnachten erlebt als ich.
Es dauert nicht lange und Georg steht wieder in der Tür. Er macht sich Sorgen um mich und überzeugt mich davon, auch heute bei ihnen zu übernachten.
Das Bett habe ich in der Früh wohlweislich nicht weggeräumt, aber ordentlich verlassen. Der Fernseher muss schließlich verwendet werden, wenn er schon neu programmiert ist.
Als wir in der Wohnung sind, ist es draußen schon finster. Alle sind müde und wir legen uns bald ins Bett. Ich kann wieder nicht einschlafen. Die Gedanken drehen sich um alles und nichts. Steuern kann ich auch nichts. Alles kommt und alles geht, aber endet nicht. Die Tabletten nehme ich, immer noch mit Widerwillen. So richtig klar werde ich erst, als es schon wieder hell ist, ich in der Wohnung bin und die Katze füttere.
Georg hat mich in der Früh wieder heimgebracht.
Im Skype treffe ich Oxi, der zurzeit in Dänemark studiert. Wir plaudern etwas und ich erzähle ihm von meiner jüngsten Vergangenheit. In zwei Wochen kommt er für ein paar Tage heim.
Er selber war es, dem es vor einem Jahr ziemlich schlecht gegangen ist. Seine Schwester ist Ergotherapeutin und hat Oxi damals geraten, eine Therapie zu

machen. Er ist vorgeprägt, aber von dem Bild der Depression ist er genauso getroffen und er versucht mir per Skype Zuspruch zu geben. Es ist schön, dass ich jetzt weiß, auch tagsüber, wenn er online ist, jemanden zu haben, der für mich da ist. In gewisser Hinsicht will er sich vermutlich revanchieren für die Zeit, wo ich für ihn da war. Ich halte dieses Angebot sehr in Ehren, merke für mich selbst jedoch, dass ich keine Ahnung über meine Erkrankung habe.

Ein Blick ins Google und ich bin wieder mit vielen Informationen erschlagen, beginne mich durchzukämpfen und sauge auf. Da ich mein Gefühl habe, mein Befinden kenne, gibt es viele Parallelen, die ich an mir erkenne. Auf manche Dinge werde ich jedoch erst aufmerksam. So zum Beispiel auf das Zähnereiben. Ich habe es schon an mir festgestellt, dass ich die Zähne immer zusammenpresse. So stark, dass ich abends Schmerzen an den Zähnen habe und mir die Beißmuskulatur wehtut. Auch wenn es nicht wichtig ist, es wird beschrieben, dass viele depressive Menschen über diesen Zustand berichten. Es gibt im Internet einige Tests, deren Auswertungen anzeigen, ob man einen Arzt aufsuchen oder sich gleich um einen Therapieplatz kümmern sollte. Ich versuche, alle Informationen zu sortieren und die wichtigen Dinge herauszufiltern.

Wie alles im Internet muss ich sehr vorsichtig mit den Angaben umgehen und nicht alles glauben. Auch in meiner jetzigen, verletzlichen und lavaförmigen Daseinsgestalt erkenne ich viel Scharlatanerie und Quacksalberei.

Ich lese etwas, das mir keine Ruhe lässt. Diese Information beschäftigt sich mit der chemischen Reaktion im Gehirn und der Beeinflussung der Antidepressiva. Ich lese von Synapsen und von Transmittern. Begriffe, wo mir keiner Antwort auf meine Fragen geben kann. Auch im ach so gescheiten Internet kann ich nichts nachlesen. Ich finde bei diesen Recherchen, dass die Krankheit sehr eigenartige Symptome hat. Es kann passieren, dass sich der kranke Mensch im Sein vollkommen verändert und nur mehr in der Nacht aktiv ist und tagsüber schläft. Depressive Menschen wollen niemandem zur Last fallen und es fällt ihnen sehr schwer, die benötigte Hilfe zu fordern. Gegen die Schlafrhythmusveränderung kämpfe ich vom Erhalt dieser Information bis heute an, das Nicht-zur-Last-fallen-wollen habe ich selbst an mir erfahren müssen. Ich kann es nicht beschreiben, warum es so ist, man nimmt sich selbst nur sehr eingeschränkt wahr und trägt Minderwertigkeitskomplexe und Versagensängste mit sich herum.

Eine sehr bedenkliche Information, finde ich, ist die, dass die Depressionserkrankung - hochgerechnet bis ins Jahr zweitausendfünfzig - den größten volkswirtschaftlichen Schaden anrichten wird.

Jürgen kommt und wir plaudern am Balkon über meine Situation. Es ist eine sehr gemütliche kleine Gesprächsrunde, in der im Verlauf auch noch einige andere Themen zur Sprache kommen.

Er will sich mit seiner Freundin ein Haus kaufen, doch es gibt noch viele Stolpersteine.

Als Jürgen geht, bin ich wirklich müde. Ich muss doch heute einmal früher einschlafen können! Ich nehme Xanor und Calmabene.

Die Schlafphasen, die ich jetzt habe, sind tief, ich bin jedoch im Eineinhalb-Stunden-Rhythmus munter. Ich sehe auf die Uhr, merke mir die Uhrzeit, drehe mich um und brauche wieder etwas Zeit, um weiterschlafen zu können.

Am Morgen bin ich erledigt und natürlich nicht ausgeruht.

Heute ist Cranio-Sacral - Therapie und ich bin ziemlich nervös. Nicht so nervös, wie man vor einem Zahnarztbesuch ist oder vor einer Prüfung. Es ist eine neue Nervosität, die ich noch nie bei mir erlebt habe. Der Kopf ist müde, der Körper ist erschöpft und in mir drinnen brodelt es wie in einem Vulkan das Magma, und ich sehe die Gefahr, dass ich ausbreche. Es stellt sich die Frage, ob so ein Ausbruch etwas Gutes oder Schlechtes ist. Das macht mich unruhig (und nervös). Leider finde ich kein Mittel dagegen.

Um dreiviertel elf bin ich in der Praxisgemeinschaft Pro-Clo und lerne Ralph kennen. Ein paar der bekannten Gesichter sind da, ich kann allerdings mit niemandem sprechen.

Ralph und ich ziehen uns in eine Kabine zurück. Er fragt mich, wie es mir geht und warum ich hier bin. Meine ehrliche Antwort: „Mama meint, es würde mir gut

tun". Das ist für Ralph nicht ausreichend und er bohrt weiter.
Ich erzähle ihm von meiner Diagnose und meinem Befinden. Er hinterfragt meine Ausführungen, er hinterfragt meine buddhistische Vorbildung, meine Meditationserfahrungen und wir entscheiden uns dann, mit der eigentlichen Behandlung zu beginnen.
Von Mama wusste ich, dass es von Vorteil ist, ein Handtuch mitzubringen. Dieses breite ich auf der Massageliege aus, ziehe meinen geliebten Kapuzenpulli aus, öffne meinen Gürtel und lege mich hin. Ralph beginnt, sich zu zentrieren und mich zu testen. Er spürt, wo im Körper meine Energieblockaden sind und beginnt sie zu behandeln. Was nun genau passiert, kann ich nicht beschreiben. Ich kann nur erzählen, dass vor meinem inneren Auge Bilder, Emotionen und Schmerzen auftauchen.
So ist Großvati plötzlich hier. Ich muss ganz bitterlich weinen. In mir treten starke Empfindungen auf, die aber zugelassen und bejaht werden. Immer intensiver werden die Bilder und ich fühle mich wie in einer anderen Welt. Die Stimmung dieser Bilder wird wärmer und schöner. Ich vermisse Großvati so sehr. Ralph holt mich schön langsam wieder zurück. Wir beschließen diesen Ausflug mit dem Bild, in dem ich am Brunnen der Großeltern stehe und Großvati mich hält. Ralph verlässt die Kabine und sagt, ich soll mir noch etwas Ruhe gönnen und dann kommen, wenn ich fertig bin. Diese Zeit brauche ich wirklich, und als ich wieder vorne bin, habe ich unendlich Durst.
Ralph gibt mir ein Glas Wasser, das verdunstet schon im Hals. Noch ein Glas. Es gibt eine Nachbehandlung, eigentlich eine Nachbesprechung. Er erklärt mir seine Empfindung, dass er sehr starke Energien gespürt hat und er meint, dass es für mich gut wäre, wenn wir noch weiter arbeiten würden.
Da ich zu dem Zeitpunkt noch nicht weiß, wie es mit mir und einer möglichen Psychotherapie weiter gehen wird, sage ich, dass ich prinzipiell gern wieder kommen würde, aber momentan nicht zusagen kann. Wir verbleiben, dass ich mich melden werde und bevor ich mit dem Auto heimfahre, versuche ich weiter, zurückzufinden.

Meine Erlebnisse teile ich Mama mit, die mich später noch besuchen kommt. Sie hat wieder etwas zu essen mit.

Ich habe Angst vor dem Schlafengehen und ich schlafe wieder sehr schlecht. Es ist wieder so, dass ich immer nach etwa eineinhalb Stunden munter werde, aktiv auf die Uhr sehe, mir die Uhrzeit merke und dann weiter schlafe. Durch dieses Munterwerden habe ich in der Früh nie das Gefühl, ausgeschlafen zu sein. Das bin ich auch nicht. Ich bin nicht ausgeruht, und weil das Gehirn permanent unter Strom steht, die Gedanken nicht aufhören zu laufen, ist das Gehirn genauso müde. Abschalten kann es nicht, ich kann es nicht. Ich kann nicht aufhören zu denken. Kann man überhaupt aufhören zu denken? In der Meditation habe ich gelernt, den Gedankenfluss zu steuern, ja sogar für kurze Augenblicke keine Gedanken zu haben. Nun schaffe ich es jedoch nicht, einen einzigen Augenblick für mich zu bekommen. Ich bin zwar fast den ganzen Tag allein, aber scheinbar gibt es einen großen Unterschied zwischen allein zu Hause und alleine zu Hause sein. Ich aber bin in meinem Kopf nie allein. Wieder eine neue Erfahrung, die sich da öffnet. Was ich in Zukunft damit anfangen kann, steht noch in den Sternen, aber es wird mir sicher helfen. Davon bin ich überzeugt. Mein Highlight heute ist, dass ich in der Halle Fußball spiele.

Da ich nicht viel gegessen, schlecht geschlafen habe und ich nicht wirklich mit dem Kopf in der Halle bin, resigniere ich bald. Der Erfolg aus dieser Sache: Ich war dort und danach duschen.

Wieder zuhause angekommen, das schon gewohnte Ritual: Zuerst den Fernseher einschalten und dann auf die Couch legen, und dann ist der Tag auch schon wieder vorbei.

Neue Nacht, selbes Spiel.

Der Dicke kommt heute Nachmittag zu mir. Ich bin sehr nervös, denn er ist mein ältester Freund. Ich kenne ihn seit dem Kindergarten, und wir haben schon sehr viel miteinander erlebt. Ob es ein Mopedausflug oder gemeinsame Jugendlager waren, ob ich die Pläne seiner Matura-Arbeit normschriftmäßig beschriftet habe oder er mir – ungewollt - eine Durchreiche in die Küche gestemmt hat. Für jedes Bier, das wir gemeinsam getrunken haben, einen Euro und jeder von uns könnte sich ein neues Auto kaufen. Die Reisen, die wir unternommen haben, von Kenia, Kalifornien, Philippinen, über Salzburg, Tirol, Kärnten, Ägypten, Kroatien bis hin nach Indonesien! Ich habe große Angst und sogar Panik vor seinem Besuch heute. Ich habe Angst, dass er sich von mir abwenden könnte, wenn er von meiner Krankheit erfahren wird.

Es ist halb drei und er ist wie immer pünktlich. Wir sitzen gemeinsam auf der Couch, der Fernseher ist eingeschaltet und wir plaudern zuerst einfach über den heutigen Tag und ob wir noch nach St. Pölten fahren wollen, zum Auswärtsmatch der Wien Westler. Dann frage ich ihn: „Hast du mitbekommen, dass ich im Krankenstand bin?", und beantworte die Frage gleich selbst: „Ich bin es schon ein paar Tage, weil ich Depressionen habe."

Er ist sprachlos, ringt nach Luft und nach kurzer Nachdenkphase ist er so weit, dass er seine Gedanken sortiert hat und die Stille durchbricht. „Was heißt das?"

Ich kann auch dem Dicken die Frage nicht beantworten. Ich erzähle ihm von meinen Eindrücken, die ich in der unmittelbaren Vergangenheit bekommen habe. Und ich plaudere mir die ganze Last von der Seele. Er hört sehr aufmerksam zu und stellt immer wieder Zwischenfragen und das Gespräch erleichtert mich unheimlich.

Ich konnte keine Abweisung seinerseits erkennen oder spüren, doch wie sehr kann ich mich überhaupt noch auf mein Gefühl verlassen? Was habe ich nicht alles Neue kennengelernt? Mein innerlicher Wunsch ist, dass ich mich nicht täusche.

Da wir zuvor beschlossen haben, nach St. Pölten zu fahren, hat das Gespräch eine Ablaufzeit.

Wir machen uns für die Reise fertig, da fragt der Dicke: „Weißt du, was das in dir ausgelöst hat? Hast du eine Vermutung?" Meine Antwort: „Weißt du, ich wünsche uns beiden, dass wir in ein paar Jahren wieder beisammen sitzen können und ich kann dir sagen, was es ist. Jetzt weiß ich es nicht. Ich denke, du kennst mich so lange und gut genug, dass wir beide wissen, ich habe diese Erkrankung schon so lange, dass es zukünftig keine großen Veränderungen geben wird. Die Hoffnung ist jedoch, dass ich irgendwann weiß, was mich dazu

gebracht hat. Dann werde ich es dir gern sagen". Innerlich hoffe ich, dass es funktioniert, so wie ich es ihm gerade erklärt habe, ja mir erklärt habe. Das ist das erste Mal gewesen, dass ich einen Glauben an Heilung und an die Zukunft finde. Wie ich dorthin komme, weiß ich nicht.
Wir sitzen im Auto und fahren den Georg Zwei und seine Freundin, die Elfi abholen. Wir fahren zu viert nach St. Pölten.
Georg Zwei wird bei uns Rufzeichen genannt, weil es immer wieder zu Verwechslungen gekommen ist. Während der Dicke und ich zum Rufzeichen fahren, bitte ich ihn, dass er nichts sagen soll. Wenn es so weit ist, dann werde ich das Outing von mir aus starten und das sagen, was ich möchte. Er versteht das vollkommen und wird mich unterstützen. Die beiden steigen ins Auto ein, der Dicke fährt, ich sitze daneben mit Sonnenbrille und Kappe und Kapuze tief in den Kopf gezogen.
Erst auf der Höhe Steinhäusel kann ich die Kapuze nach hinten schieben. Je weiter wir in Richtung Westen kommen, umso einfacher wird es für mich. St. Pölten erreicht, das Match war nicht wirklich sehr toll, wir haben gewonnen.
Es ist uns möglich, dass wir noch kurz mit dem Trainer und unserem Captain plaudern können, und wir verabreden uns im Fintscherl in Wien. Die Mannschaft hat einen Tisch reserviert und kommt dort noch hin. Bevor wir wieder ins Auto steigen, bricht es aus mir aus. Erst jetzt kann ich den beiden erzählen, dass ich im Krankenstand bin und warum.
Elfi ist Lehrerin und hat eine kleine Ahnung von dieser Materie. Rufzeichen ist der Sohn der einen Therapeutin der Praxisgemeinschaft ProClo, also hat er auch in gewisser Weise Kenntnis davon.
Die ganze Heimfahrt erkläre ich - was ich nun schon ein paar Mal gemacht und gelernt habe.
Das Sprechen darüber fällt etwas leichter, es ist für mich ein wenig Routine geworden. Ich weiß eben schon einiges über die Erkrankung und auch wie man den Leuten davon erzählen kann, wie es für meine Freunde, meine Umgebung vielleicht leichter zu verstehen ist. Selber weiß ich es zwar noch nicht genau, aber diese

Unsicherheit kann ich überspielen oder wie beim Dicken einfach genauso gerade ansprechen.
Dieses Ansprechen, diese Gespräche, die Outings empfinde ich wie eine Therapie. Meine eigens und für mich kreierte Therapie. Es tut mir gut und diese übermenschliche Angst wird leichter.
Mit diesem Plaudern vergeht die Rückreise wie im Flug und schon parkt der Dicke vor dem Fintscherl ein.
Der reservierte Tisch ist schnell gefunden und die Getränke sind bald bestellt. Was wir nicht bedacht haben, heute ist Karaoke singen, die Mappen liegen am Tisch und das Lokal ist sehr gut besucht. Als ich mir dessen bewusst werde und es vom Rufzeichen angesprochen wird, nehme ich die Rescuetropfen, ohne die ich nicht aus dem Haus gehe, stelle sie auf den Tisch und sage: „Wenn die zu singen beginnen, würde ich gerne heimfahren! Ich habe schließlich Depressionen!", und versuche ein gequältes Lächeln herauszudrücken. Wie ich es gemeint habe, haben alle verstanden. Es ist sogar so weit, dass Rufzeichen sagt: „Ok, so ist das also, du darfst dich darüber lustig machen, wir nicht?" „Ich weiß es nicht, es hat noch niemand versucht", antworte ich und merke, diese Konversation wird mich noch länger beschäftigen.
Nach einiger Zeit kommen der Sportmanager und immer mehr Spieler. Ein unheimliches Gewühl entwickelt sich, aber ich mag die Burschen. Es wird viel über Handball gefachsimpelt, ich höre gespannt zu. Ich merke, dass ich vieles rund um mich ausblenden kann. Das konnte ich noch nie. Wenn der Trainer etwas spricht, dann höre ich keine anderen Stimmen. Gar nichts, nur seine. Sehr interessant.
Selbst spreche ich kaum etwas, trinke und trinke Wasser. Die jungen Spieler verlassen uns als Erste, danach die Legionäre und der Sportmanager.
Zum Schluss bleiben der Trainer und der Captain. Mit denen verstehe ich mich am besten, beziehungsweise habe ich das Gefühl, dass sich die beiden auch sehr um uns Fans annehmen. Es entwickelt sich eine nette Plauderei, in der ich gefragt werde, ob es mir nicht gut gehe. Ich sage nur: „Franka hat die Beziehung beendet." Für den Augenblick ist es das, was ich ihnen sagen will.

Es wird immer lauter. Die Gäste beginnen ihre Karaokegesänge, die sich teilweise mit Katzenjammer vergleichen lassen. Ich kann den Dicken überzeugen, dass wir heimfahren, und spüre dieses ominöse Heimweh.
Zuhause angekommen bin ich total kaputt. Wenn ich einen Marathon gelaufen wäre, dann könnte ich mich nicht anders fühlen. Denke ich. Trotzdem muss ich den Fernseher einschalten und kann mich erst danach fertig fürs Bett machen.
Ich bin so müde, dass ich denke, das Schlafen muss heute einfach besser werden. Schlafen ist aber wie gehabt, und auch den nächsten Tag vegetiere ich dahin, muss wieder sehr oft weinen.
Am Nachmittag fahre ich zu Herbert und Andrea. Wir haben ausgemacht, wir fahren in ihren Garten. Leider ist Andrea krank, so ist unsere Ausflugsgruppe etwas dezimiert.
Ich war noch nie bei ihnen im Garten, aber es gefällt mir dort sehr. Das Sprechen über meine Situation wird wieder zur Therapie für mich. Jedes Gespräch, auch wenn ich mich vermutlich sehr oft wiederhole, tut mir gut.
Will ich mich in den Mittelpunkt setzen? Diese Frage beschäftigt mich sehr, doch ich kann nicht anders. Es muss so viel heraus. Alles, was ich so lange mit mir getragen habe, muss nun an die Luft. Herbert ist ein Mensch, der sehr gut zuhören kann und durch seine Erfahrungen immer wieder andere Ansichten mitteilt. Ich sauge diese Informationen auf.
Jetzt muss ich ganz bitterlich weinen. Frankas Schwester heiratet in diesen Augenblicken und eigentlich wollte ich bei dieser Hochzeit dabei sein.
Es wird kühler, als die Sonne weg ist, und wir beschließen, noch eine Runde um den See zu wandern und uns auf den Weg nach Hause zu machen.
Ein schöner Tag findet ein Ende. Zu Hause angekommen ist jedoch der mittlerweile standardisierte Alltag wieder da. Ich bin müde, kann nicht schlafen und berieseln mich mit der Mattscheibe.
Fuzzie ist so herzig und begleitet mich auf allen Wegen, und wenn ich mich hinlege, ist sie da und kuschelt.
Dann kommt ein sehr komischer Tag, ich liege im Bett und kann nicht aufstehen. Ich kann nicht aus dem Bett. Da ich schon einiges über Depressionen gelesen

habe, weiß ich jetzt, was damit gemeint war, wo Betroffene gesagt haben, dass sie unfähig sind, die einfachsten Alltagstätigkeiten umzusetzen. Erst als Mama so gegen elf Uhr am Vormittag anruft und mir fast schon befiehlt, aufzustehen, schaffe ich es.
Der Sonntag verrinnt so dahin. Ich kann auch noch immer nicht ohne einen Termin aus der Wohnung gehen, nicht einmal auf den Balkon. Mama bringt mir etwas zu essen mit. Die Lebensmittel aus dem Kühlschrank, die noch nicht verdorben sind, nimmt sie mit zu sich nach Hause.
Wir plaudern über morgen, an dem Tag, an dem ich Frau Dr. Sislak kennenlernen werde. Ich weiß nicht, was auf mich zukommen wird. Mama beruhigt mich und redet mir gut zu. Sie versucht, mir die Angst zu nehmen, indem sie mir von Therapeuten und Leuten erzählt, die sie kennt, die in einer ähnlichen Situation waren, in der ich jetzt bin.
Am Nachmittag muss sie wieder nach Hause, nimmt mich jedoch mit. Ich verbringe den restlichen Tag bei ihr im Haus. Dort sitze ich in ihrem Zimmer.
Es gibt einen Fernseher, den ich einschalte. Bei Mama ist der Kinderkanal auf dem Programmplatz fünfzig. Es dauert zwar etwas, bis ich ihn gefunden habe, aber dann sehe ich hier, im Haus, den Spongebob.
Am Abend bringt mich Mama wieder heim und ich rufe noch Herbert an. Mit ihm versuche ich, genauso wie mit Mama, die Gründe für die Entscheidungsgrundlage, ob ein Therapeut der Richtige ist oder nicht, zu finden. Herbert meint: „Du wirst sehen, ein guter Therapeut wird dir sagen, ob er mit dir arbeiten kann, will, möchte oder nicht." Dieser Satz beruhigt mich soweit, dass ich schlafen gehen kann.
Gut habe ich wieder nicht geschlafen und außerdem muss ich sehr zeitig, vor allem nüchtern, zum Führnsinn zur Blutabnahme. Der Harn sollte ebenso untersucht werden, wegen der Nervosität geht gar nichts. So läutet also um halb sechs der Wecker und ich mache mich ohne Urin auf den Weg.
Ich bin der Erste, und nachdem ich kurz mit ihm über meinen unveränderten Zustand geplaudert habe, fahre ich wieder nach Hause, auf die Couch. Irgendwie glaube

ich, dass mich die Medikamente auch fertigmachen. Sie sind schließlich ein Eingriff in die Körperchemie.
Nach der Arbeit kommt Mama zu mir und verkürzt mir die Zeit, bis ich losfahren muss. Immer wieder sehe ich mir den Internetauftritt von Frau Dr. Sislak an. Ich versuche Informationen über sie zu erhalten, aber es gibt nicht viel zu lesen. Auf der Homepage steht, dass sie schon jahrelange Erfahrung als Therapeutin hat, im psychosozialen Dienst tätig ist und ihr Spezialgebiet die integrative gestalterische Therapie ist.
Genau der Grund, warum sie in der letzten Auswahl war. Weil wir der Meinung waren, das ist die Therapieform, in der ich mich am wohlsten fühlen werde.
Der Weg zu Frau Dr. Sislak ist mir kein unbekannter. Oft schon war ich dort in der Gegend, einerseits noch aus der Zeit, als ich noch im alten Beruf unterwegs war, andererseits ist in der Gegend eine große Turnhalle, in der wir schon einige Wettkämpfe hatten.
Wie immer bin ich viel zu früh dort, für meine Nervosität ist es insofern gut, denn einen Spruch habe ich mir vor langer Zeit zu einem Leitsatz gemacht: „Wer gibt mir das Recht, jemand anderem Zeit zu stehlen?" Ich bin lieber zu früh und warte dann, als dass ich zu spät komme.
Die Kapuze tief ins Gesicht gezogen, die Sonnenbrille auf und seit längerer Zeit nicht mehr rasiert, stehe ich vor dem Haus, in dem Frau Sislak ordiniert. Sagt man überhaupt ordinieren? Wie heißt das, was ich hier mache? Warum bin ich hier und warum mache ich das alles?
Es ist fünf Uhr, ich drücke die Glocke. Ich habe keine Ahnung, was mich erwarten wird und ich zittere.
Das Foto in meinem Kopf entspricht überhaupt nicht Frau Dr. Sislak. Der Empfang ist sehr herzlich.
Sie bittet mich ins Haus und die Schuhe auszuziehen. Ein Golden Retriever begrüßt mich ziemlich neugierig. Sie geht vor und zeigt mir den Weg in ein Zimmer im Untergeschoß.
Das ist also das Praxiszimmer. Es stehen zwei Zweimanncouchen im Zimmer. Sonst ist der Raum sehr groß und hell. Wohlige Wärme und eine beruhigende Aura strahlen mich an.
Wir setzen uns hin.

Sislak dürfte ihren Stammplatz haben. Es geht los.
Ich habe mir so viele Szenarien im Kopf zurechtgelegt, doch wie so oft im Leben kommt alles anders. Sie fragt gar nicht viel, sie will nur wissen, warum ich heute bei ihr bin. Ich erzähle ihr von meiner Diagnose, der medikamentösen Therapie, dem Rat meines Hausarztes zu einer Psychotherapie, meinem Befinden und meine Intention, die mich zu ihr geführt hat.
Sie will über meine Familienverhältnisse wissen, meinen Job und meine Hobbys. Bereitwillig gebe ich Auskunft und erzähle ihr weiters von meiner Wohnsituation und was mir sonst wichtig erscheint. Darunter fällt das Beschäftigen mit dem Buddhismus, die Meditation, die Schlafstörungen und Appetitlosigkeit.
Kurz erzählt sie auch von sich. Die Informationen sind für mich keine neuen, denn sie entsprechen den Aussagen, die auf der Homepage gestanden sind.
Sie stellt mir ihre Abläufe vor, dass die Therapiestunde fünfundvierzig Minuten dauert und zehn Minuten nimmt sie sich danach, um für den Akt Protokolle zu schreiben.
Mir kommen wieder Tränen, ja es ist so, dass ich sogar einen Seelenstriptease beginne.
Sie bremst mich jedoch und sagt mitten drinnen, dass sie sich vorstellen kann, mit mir zu arbeiten. Kenne ich das nicht vom Telefonat mit Herbert?
Ich fühle mich so verloren, frage sie, wonach ich so etwas entscheiden soll. Gut, wie sie ist, gibt sie mir keine Antwort, sie sagt nur: „Horchen Sie auf Ihren Bauch. Diese Entscheidung ist für den Augenblick". Es ist bis heute so, dass ich mir diese Aussage immer wieder vor Augen führe.
Auch heute sehe ich es noch so, dass ich es immer aufs Neue entscheide, ob ich wieder zu ihr komme. Wie ich so bei ihr sitze, Taschentücher habe ich vergessen, bekomme ich eine massive Weinattacke, da entscheide ich mich dafür, die Therapie zu beginnen.
Dr. Sislak gibt mir ein Formular in die Hand, das ich ausfüllen soll und vom Führnsinn bestätigen lassen muss, damit ich die Bewilligung für die Therapiestunden von der Krankenkasse bekomme. Ich bin verloren, kenne mich mit diesen Dingen überhaupt nicht aus und muss immer wieder nachfragen. Merken tu ich mir ja

auch nichts. Darum werden die Termine, die ich mit ihr für die nächste Woche ausmache, gleich im Handy gespeichert.
Ganz sicher bin ich mir nicht, ob ich mit ihr arbeiten möchte, doch die Erinnerung an die Aussichtslosigkeit bei der Auswahl der Therapeuten bringt mich dazu, es fürs Erste bei Frau Dr. Sislak zu versuchen.
Unsere erste Stunde endet damit, dass sie mir siebzig Euro abnimmt und eine Hausübung aufgibt. Ich muss mindestens einmal am Tag die Wohnung verlassen.
Einen weiteren Vorschlag von ihr, dass ich eine Art Tagebuch schreiben kann, in das die in den Therapiestunden besprochenen Themen geschrieben werden, kann ich leider nicht umsetzen. Ich weiß häufig nicht, was besprochen wurde, beziehungsweise sind die Gedanken so verwirrt, dass ich sie nicht zu Papier bringen kann, und fühle mich dabei einfach nicht wohl. Sie rät mir dringend ab, in meiner momentanen Situation zu meditieren. Ich bin bei ihr, ich denke sowieso sehr viel, bin nicht sortiert, gehe zur Cranio-Sacral - Therapie, ich mache sehr viel, um aus diesem schlimmen Zustand herauszukommen, aber mein inneres Ich braucht dann Erholungsphasen. Meditieren kann sehr gefährlich sein, das weiß ich schon aus eigenen Erfahrungen. Die Cranio-Sacral - Therapie empfiehlt sie mir aber in großen Abständen. Sie meint, alle vier Wochen wären ein guter Rhythmus. Sie selbst ist ebenso in Cranio - Therapie, weil es ihr einfach gut tut.
Eine Bitte hat sie noch. Wenn ich zu früh zu den Therapiestunden komme, soll ich anderswo warten, ihre Siedlung wird immer wieder von Einbrechern heimgesucht, und wenn jemand in der Gasse steht, mit dunkler Sonnenbrille, Kapuze, Kapperl und unrasiert, da kann es vorkommen, dass ein besorgter Nachbar die Polizei ruft. Ich verspreche es und versuche, mich so weit in den Griff zu bekommen, dass ich wieder heimfahren kann.
Zum Abschied rät mir Dr. Sislak, ich solle noch eine Runde spazieren gehen. Das ist die erste Aufgabe, die ich umsetze.
Fahre mit dem Auto ein Stückchen aus der Siedlung heraus und bleibe dann irgendwo am Straßenrand stehen, marschiere fünf Minuten im Kreis, länger geht es nicht und bekomme wieder mein Heimweh.

Beim Heimfahren rufe ich Mama, den Buben und Herbert an. Es sind alle schon sehr gespannt auf mein Melden und ich habe es ihnen ja auch versprochen.
Das längste Gespräch führe ich mit Herbert. Ich habe das Verlangen, ihm ganz genau zu erzählen, wie es war und während ich mit ihm so plaudere und ihm von meinen Erlebnissen erzähle, höre ich mir selbst zu. Ich sage: „Ich weiß nicht, es war ein sehr kühles Verhältnis. Sie hat mir nicht einmal ein Glas Wasser angeboten. Aber vielleicht ist genau das der Grund, warum ich ja gesagt habe. Schließlich habe ich meine Freunde, von denen ich sofort ein Glas Wasser bekomme, mit denen ich auch reden könnte. Doch es muss in mir etwas sein, was bei meinen Freunden nicht herauskommen kann, sonst wäre ich nicht in dieser Lage, in der ich bin. Sie bekommt Geld von mir, um mir zu helfen". Herbert stimmt mir einfach nur zu. Er bestärkt mich, auf diesem eingeschlagenen Weg zu bleiben und dass ich die richtige Entscheidung getroffen habe.
Als ich das Auto einparke, kann ich mich nicht wirklich an den Heimweg erinnern. Es sind so viele Gedanken in meinem Kopf. Die Synapsen rennen auf Hochtouren, aber schon den ganzen Tag. Ich bin so müde. Allerdings wird dieser Tag nicht mehr lange dauern.
Im Bett versuche ich, den Tag Revue passieren zu lassen. Im Nachhinein betrachtet, vielleicht keine so kluge Entscheidung. Die Gedanken werden immer intensiver und es entwickelt sich eine neue Spirale.
Dank der Medikamente ist wenigstens mein Inneres sehr ruhig. Irgendwann schlafe ich ein.
Seit Beginn der medikamentösen Therapie kann ich mich an keine Träume mehr erinnern. Die Schlafintervalle, die sich gezeigt haben, bleiben bestehen und so bin ich in der Früh weiterhin nicht ausgeruht.

Weiteres „G´rade machen"

Ich verliere das Gefühl für die Tage, und somit kann ich nicht sagen, ob heute Sonntag oder Mittwoch ist. Für den Augenblick weiß ich es, wenn ich in den Teletext blicke. Doch meistens vergesse ich es gleich wieder.
Alle Termine, die ich habe, muss ich mir ins Handy schreiben. So habe ich zumindest über eine kurze Zeit das Wissen, welcher Tag ist. Das, was sich nicht verändert hat, ist, dass der Fernseher tagein, tagaus läuft. Ich bin jetzt soweit, dass ich ihn einschalten muss, wenn ich in der Nacht munter werde. So kann es schon vorkommen, dass der Fernseher in der Nacht alle eineinhalb Stunden eingeschaltet wird, der Sleepmode auf eine halbe Stunde gestellt, und so geht es die ganze Nacht durch.
Wenn ich keine Termine habe, dann ist der letzte Zyklus von halb sechs in der Früh bis sieben. Nach dieser letzten Schlafphase bin ich meist vollkommen kaputt und brauche einige Zeit, bis ich klar im Kopf bin. Oft ist es so, dass ich die letzten eineinhalb Stunden schon auf der Couch liege.
Ich habe in einem Forum für Depressionen gelesen, dass ein Merkmal der Krankheit der totale Wechsel der Schlafgewohnheiten ist. Das bedeutet, der Patient ist in der Nacht munter und schläft den ganzen Tag. Die Möglichkeit besteht auch, dass der kranke Mensch nicht aus dem Bett aufstehen kann. Diese Erfahrung habe ich schon gemacht und ich fürchte mich so sehr davor. Vermutlich ist das der Grund, warum ich so automatisiert aufstehen muss. Überhaupt ist es mittlerweile so, dass ich akzeptieren lerne, dass ich eine Krankheit habe.
Wenn ich mit Leuten außerhalb meines Freundeskreises spreche, merke ich, dass das Verständnis für diese Krankheit in unserer Gesellschaft sehr eingeschränkt ist. Es geht sogar so weit, dass viele Leute diesen Zustand nicht als Krankheit akzeptieren können.
Ich habe bei meinen Outings die Erfahrung gemacht, dass es für mich sehr schwer ist, meinem Gegenüber zu erklären, was in mir vorgeht. Umso schwerer muss es für das Gegenüber sein, diese Informationen zu verstehen. Ich könnte mir vorstellen, dass es leichter wäre,

wenn ich eine Verletzung hätte oder eine Operation. Wenn mir ein Bein abgenommen worden wäre, dann könnten mich die Personen mit einem Rollstuhl in der Gegend spazieren führen. Aber eine psychische Erkrankung kann man eben nur sehr schwer vermitteln. Ich weiß ja selber nicht genau, was in mir vorgeht.
Georg ist jemand, dem es sehr schwer vorstellbar ist. Er versucht immer wieder, mich auf ganz liebevolle Art und Weise zu motivieren. Oft höre ich von ihm, ich soll spazieren gehen, zur Großmutti fahren, dies und das machen und erledigen, er kann es sich nicht vorstellen, dass ich es nicht kann. Dass ich Angst habe und mich einfach nur unwohl fühle, wenn ich die Höhle verlasse.
Meine Hausübung erfülle ich aber sehr brav.
Heute bin ich wieder bei Dr. Führnsinn. Ich darf allein in das Untersuchungszimmer. Meine Stimmung, wie es im medizinischen Fachjargon heißt, ist in keiner Weise aufgehellt, sondern weiterhin schwer eingeschränkt. Mein Blutbefund ist da und ich konnte heute sogar etwas Urin mitbringen. Alles ist negativ und man kann eine organische Erkrankung ausschließen. Führnsinn meint sogar, fit wie ein Profisportler.
Alles hätte ich geglaubt, nur das nicht. Es beruhigt mich, denn eine zusätzliche körperliche Erkrankung würde mich noch mehr aus der Bahn werfen.
Ich wusste nicht, dass die Schilddrüse dabei beteiligt sein kann. Aber wie schon gesagt, bei mir kommt diese Möglichkeit nicht in Betracht.
Bei meinem ersten Besuch hat mir Führnsinn erzählt, dass die Antidepressiva eine Anlaufzeit von vier bis sechs Wochen haben, diese Information unterstreicht er heute noch einmal und er schreibt mich eine weitere Woche krank. Vorbereitet, wie ich bin, habe ich das Antragsformular von Frau Dr. Sislak mit, und Dr. Führnsinn füllt es fertig aus und unterschreibt es.
Ich bin sehr froh, als ich wieder zu Hause in meiner Höhle bin. Nachmittags bin ich bei meiner Mama. Sie holt mich wieder ab und versucht mich damit aus meinem Trott zu locken.
Teilweise habe ich helle Momente, Augenblicke, in denen ich klar denken kann. In diesen Phasen erkenne ich die Notwendigkeit, diese Ausflüge zu unternehmen und

damit mein Leben zu ordnen, ein totales Versumpfen zu verhindern.
Selber versuche ich, das ebenso in eine halbwegs richtige Richtung zu drehen. Ich reduziere meine öffentlichen Auftritte gegen null, lade mir jedoch immer wieder Leute in meine Höhle ein.
Wenn es die Möglichkeit gibt, unterhalte ich mich mit ein paar wenigen Leuten im Skype oder per Mail. Vorzugsweise sind das Personen, die schon von meiner Erkrankung wissen, aber es gibt auch Freunde, denen ich über diese neumodischen Medien von meinem Dasein berichte.
So wie Oxi in Dänemark sitzt, gibt es noch einen ganz besonderen Menschen, der über längere Zeit schon meine Seelenverwandte geworden ist.
Ich weiß, sie mag das nicht gern, wenn ich so über sie rede, aber ich mache es immer wieder. Es ist Ingrid. Sie ist erst vor drei Jahren in den Turnverein gekommen und hat sich letztes Jahr massiv am Fuß verletzt. Sie hat es geschafft, eine ganz wichtige Freundin für mich zu werden. Meine beste Freundin.
Momentan ist sie wieder operiert worden und liegt im Spital. Immer wieder plaudern wir über Skype und es ergibt sich irgendwann, dass ich ihr von meinem Befinden erzähle. Ich weiß, dass sie selbst immer wieder mit der Psyche zu kämpfen hat, und sie versteht ganz genau, was in mir vorgeht. Durch ihre Situation ist dieses Outing jedoch besonders schwer für mich, aber es gelingt mir gut, und viele Dinge muss ich nicht ansprechen, sie weiß es einfach. Außerdem hat sie Psychologie studiert und arbeitet in einem Heim für schwer erziehbare Kinder.
Wenn sie männlich wäre, würde man sagen: „Wer, wenn nicht er?" So heißt es: „Wer, wenn nicht sie?" Im Spital kann ich sie nach dem ersten Skype-Gespräch auch besuchen.
Viele Stunden schreiben wir, telefonieren und treffen uns immer wieder, anfänglich bei ihr, dann gehen wir gemeinsam spazieren oder treffen uns auf einen Kaffee.
Ich erkenne und benenne sie als mein Engerl. Ich glaube, sie ist ein ganz besonderer Mensch, eine aussterbende Rasse – mein Engerl! Diese Gespräche sind wie eine Therapie, sie reinigen und bei Ingrid habe ich ge-

nauso keine Scheu und lasse die Tränen kommen, wie sie wollen. Ich fühle mich immer so, als würde sie mich auffangen. So wie Mama und Georg. Ingrid könnte auch meine Schwester sein.
Ingrid lässt sich sogar von ihrem Papa nach Schrotterbach bringen, da sie mit dem Gips nicht Auto fahren kann, um Zeit in meiner Höhle zu verbringen. Diese Dinge werde ich ihr nie vergessen.
Es gibt von mir noch einige Outings und mit diesen tauchen neue Fragen auf.
So sitzen Gabi und Mike bei mir und Mike hört sich normalerweise selber gern reden. Gabi ist gleich alt wie ich und er ein paar Jahre jünger.
Während ich meine Geschichte erzähle, ist Mike aber mucksmäuschenstill. Ich habe das Gefühl, dass er meine Erlebnisse aufsaugt wie ein Schwamm. Ich bitte die beiden wie jeden anderen, dass sie Fragen sofort stellen sollen und mich in meinem Monolog ruhig unterbrechen können.
Keines dieser Gespräche läuft wie das andere ab, eine gewisse Linie habe ich mir jedoch zurechtgelegt und wichtige Dinge bleiben gleich. Es handelt sich um die Diagnose, die Medikation, die ausgesuchten Therapieformen, dass ich die Krankheit wohl schon sehr lange habe und die nahe Zukunft.
Gabi hakt immer wieder nach, weil ich manche Dinge mir selbst erkläre und ich einen anderen Wissensstand habe als sie. Irgendwann bin ich dann fertig und frage sie noch einmal, ob es Unklarheiten gibt.
Ich merke, Gabi liegt noch etwas auf der Seele und motiviere sie, die Frage zu stellen. „Bist du selbstmordgefährdet? Ich habe irgendwo gehört, dass man das auch sein kann".
Gute Frage. Eigentlich habe ich mir bis jetzt noch keine Gedanken darüber gemacht, ich glaube, so etwas würde man wohl spüren. Oder vermutlich hätte ich in diese Richtung schon etwas unternommen. „Nein, ich habe bis jetzt keine Suizidanwandlungen gespürt und festgestellt.
Irgendwann in meiner Pubertät habe ich mich mit dem Stanley-Messer geritzt. Doch das hat so weh getan, dass diese Sache gleich wieder ein Ende fand". Gabi ist sichtlich erleichtert und sie bestätigt mir, dass sie wirklich

Angst hatte. Mike sitzt noch immer gespannt am Balkon und lauscht allen Worten.
An einem anderen Tag kommt Edi zu mir.
Edi ist so etwas wie mein zweiter Bruder. Georg und er sind beste Freunde und Edi hat in unserer Kindheit bei uns in der Gasse gewohnt.
Georg ist Edis Trauzeuge und diese Freundschaft der beiden ist ähnlich der, die ich zum Klaus, dem Dicken, habe. Sie kennen sich ebenfalls schon ewig.
Wegen der örtlichen Gegebenheiten war es in der Vergangenheit so, dass die beiden auch außerschulisch viele Dinge unternommen haben. Oft waren wir zu dritt im Wald unterwegs oder haben mit den Fahrrädern Schrotterbach unsicher gemacht.
Edi hat am Abend ein Firmenevent, lässt es sich trotzdem nicht nehmen, vorher einen Sprung bei mir vorbei zu kommen.
Edi und seine Frau werden bald Eltern. Ein Edi-Junior soll es werden und er strahlt so herrlich, wenn man mit ihm über den ungeborenen Filius spricht.
Edi spürt, dass irgendetwas im Busch ist. So dauert es nicht lange und wir sind dort angelangt, warum ich ihn zu mir gebeten habe. Vielleicht hat Georg schon Vorarbeit geleistet, diese Information habe ich bis heute nicht, ist aber nicht wichtig.
Er erfährt die Geschichte, und weil Edi in einem pharmazeutischen Betrieb arbeitet, hat er ein ziemlich fundiertes Wissen in Chemie. Er kennt auch die Wirkungen und die Reaktionen, die durch Antidepressiva im Körper ausgelöst werden. Es ist sehr interessant, was er mir darüber erzählt, weckt in mir jedoch so starkes Interesse, dass es für mich über längere Zeit belastend wird.
Edi kann nichts dafür, das sind die Gedanken, die sich in meinem Kopf immer wieder entwickeln und so lange kreisen, bis ich eine befriedigende Antwort dafür gefunden habe.
Er fragt auch nach einer Suizidgefahr und ich merke, dass diese Information unbedingt in meine Erzählungen einfließen muss.
Im Stiegenhaus laufen sich Mama und er über den Weg und plaudern noch kurz. Mama bringt mir wieder eine Kleinigkeit zu essen vorbei. Es ist Freitag, und ich habe die Harts zum Toast-Essen eingeladen. Sie kommen

beide nach der Arbeit aus Wien direkt zu mir nach Hause.
Gleichzeitig habe ich auch die Christl eingeladen. Sie ist meine Nachbarin und wohnt in meiner alten Wohnung. Christl kommt aber erst später, und so kann ich mit den Harts vorher noch die Neuerungen zum ersten Outing besprechen.
Ich bin sehr froh, dass sie noch da sind, als ich Christl von der Sache erzähle.
Sie ist etwas fassungslos, hat sich schon Sorgen gemacht, weil sie mich zwei Wochen nicht gesehen hat und mein Auto die ganze Zeit vor der Tür gestanden ist. Jetzt ist es draußen, und ich brauche nicht mehr so konzentriert im Stiegenhaus horchen, ob sich jemand bewegt und ich mich dann wieder in meiner Wohnung verstecke oder ob die Luft rein ist und ich schnell ins Auto flüchten kann.
Christls Mama ist vor einigen Jahren an Krebs gestorben und ich glaube, sie hat in dieser Zeit Erfahrungen mit Depressionen gemacht. Vielleicht war es ihr Vater oder eine andere Verwandtschaft, jedenfalls kennt sie die Serotoninsättigung und weiß von den Anlaufzeiten der Antidepressiva.
Dieses Outing war sehr wichtig für mich, auch wenn es schon sehr routiniert abgelaufen ist und durch die Unterstützung von Albert und Rosi vielleicht etwas kühl gewirkt hat. Es kann aber auch sein, dass es mir an diesem Tag besser gegangen ist und dadurch wollte ich mich selbst nicht so sehr mit der Materie beschäftigen.
Die Harts gehen und Christl schließt sich an.
Ich bin sehr müde, diese Gespräche erschöpfen mich. Danach will ich einfach nur Ruhe haben und das sage ich immer dazu.
Kaum ist die Wohnungstür zu, lege ich mich auf die Couch und muss stupide in das Fernsehkastel schauen und lesen, ob in der Welt etwas Neues passiert ist.
Während des Lesens der unnötigen Informationen kommt Resi ins Skype, und wir plaudern über den Nachmittag. Sie erzählt mir, dass sie es großartig findet, wie ich mit der Krankheit umgehe und dass ich so offen dahinter stehe.
Das ist eine Information, die mir wesentlich wichtiger erscheint als die Nachrichten über ein Erdbeben am

anderen Ende der Welt. Allerdings muss ich sehr lange und immer wieder darüber nachdenken, was sie bedeutet.
Fredi macht sich Sorgen um mich und meldet sich immer wieder. Er ist eben ein guter und alter Freund, mit dem ich schon einiges erleben durfte. Zusätzlich zu ihm kommt Ali zu Besuch.
Fredi weiß von meiner Geschichte, Ali noch gar nichts. Ich habe gelernt, dass es für mich leichter ist, wenn zu dem Freund ohne Wissen jemand da ist, der die Geschichte kennt.
Ali ist jemand, der meiner Meinung nach selber psychische Probleme hat, beziehungsweise durchgemacht hat. Seine Probleme entstanden durch Perspektivenlosigkeit.
Er lauscht gespannt meinen Ausführungen und stellt die Frage: „Diese psychische Erkrankung, merkst du die auch physisch?"
Gute Frage. Ich weiß es nicht. Ich spüre Kraftlosigkeit, und massives Zittern kann ich erkennen. In vielen Situationen rette ich mich mit einem Stück Traubenzucker. Durch die mangelnde Ernährung fehlen mir vermutlich viele Energielieferanten, und der Blutzuckerspiegel wird ebenso aus dem Ruder gelaufen sein. Diese Erkenntnisse ziehe ich nicht auf der Stelle, sondern Alis Frage stimuliert mich, malträtiert mich, und es entwickelt sich eine neue Gedankenspirale, aus der ich lange keinen Ausweg finde.
Als Spontanantwort sage ich zu Ali: „Nein, eigentlich nicht. Die normalen Weh-Wehtscherln."
Tage später, als die Frage wieder in meinem Kopf spukt, merke ich, dass eigentlich diese angesprochenen normalen Weh-Wehtscherln nicht vorhanden sind. Es ist, als ob der Körper in ein Notprogramm geschaltet hätte. Ich habe keine Schmerzen. Das beleidigte Knie, das lädierte Kreuz, nichts schmerzt. Kopfweh habe ich schon fast täglich, das kommt vermutlich vom Nachdenken oder auch von der für den Körper so ungewohnten, neuen Chemie.
Seit dem letzten Training sind ein paar Tage vergangen und so sind für Fredi einige Neuigkeiten dabei. Er hat sich weiter erkundigt und informiert und plötzlich stellt er die Frage, die solch intensive Empfindungen in mir auslöst. Die Frage nach der Selbstmordgefahr. Ali reißt

die Augen weit auf. Auf diese Frage wäre er wohl nie gekommen. Ich kann diese Suizidgefahr bei mir weiter nicht erkennen, und darüber habe ich mir bis jetzt keine Gedanken gemacht.
Dieses Gefühl und Wissen teile ich den beiden mit. Die Müdigkeit übermannt mich, und ich bitte beide zu gehen, um mich wieder sammeln zu können.
Die nächtliche Ruhe verändert sich nicht. Egal, welche Tätigkeit ich tagsüber mache oder nicht, die Müdigkeit ist immer vorhanden, der Schlaf aber nie entspannend und nicht ausreichend.
Ich bin so oft munter in der Nacht, und in der Früh muss ich wieder auf meine Couch.
Meine Streifzüge durch das Internet bringen mich immer wieder zu Seiten, auf denen ich Informationen über Depressionen nachlesen kann. In einem Internetauftritt lese ich neuerlich über die Veränderung der Lebensgewohnheiten und Umstellung des Tagesablaufes. Vermutlich ist es eine innere Angst gegen dieses lethargische Leben im Bett und den Aktivitäten in der Nacht, die mich antreibt und mir die Kraft gibt, einen normalen Rhythmus beizubehalten und doch fällt mir das Einschlafen täglich schwer. Es ist für mich sehr schwierig, an mir diese Signale zu erkennen, zu akzeptieren und vor allem, diese Statusmeldungen umzusetzen.
Die Gefühle, die sich weiterhin sehr breit machen, sind die Trägheit, Aussichtslosigkeit, Verlorenheit, Angst, Panik, Mut- und Rastlosigkeit, kurz, die Depression. Ich finde kein Rezept gegen dieses Dasein. So versuche ich es einfach zuzulassen und zu leben, so gut es geht.
Es klopft an der Tür. Anders als die letzten Male öffne ich diesmal. Da steht nicht ein Nachbar davor, dem ich nicht öffne, es ist meine Großmutti. Was macht sie hier? Schließlich wohnt sie drei Kilometer entfernt und hat keinen Führerschein.
Ich bitte sie in die Höhle. Wir setzen uns auf die Couch und sie sagt: „Wenn der Prophet nicht zum Berg kommt, dann muss der Berg zum Propheten kommen." Ich verstehe diese Aussage noch nicht. Sie sagt weiter, dass sie gehört hat, ich sei nicht mehr in der Arbeit und dass es mir nicht so gut gehe. Sie möchte wissen, was mit mir los ist. Ich versuche ihr mein Befinden zu erklären, doch durch diesen Überraschungsbesuch bin ich auf

das Outing nicht vorbereitet. Großmutti hört mir gespannt zu und hinterfragt auch. Ihre Fragen treiben mich in die Enge. Ich spüre, beim Erzählen meiner Geschichte muss ich sehr vorsichtig sein. Ich weiß, sie nimmt seit Großvatis Tod ähnliche Tabletten wie ich, Angstlöser und Beruhigungstabletten. Meine Medikamente sind genauso Thema wie meine Schlafprobleme. Nach Franka erkundigt sie sich ebenso wie nach meinem Tagesablauf. Bereitwillig gebe ich ihr über alles Auskunft.

Plötzlich sagt sie: „Weiß Franka überhaupt, was sie dir angetan hat?" Ich kläre Großmutti auf, dass diese Geschichte nichts mit Franka zu tun hat. Die Krankheit habe ich schon sehr lange und es ist nun Zeit geworden, gesund zu werden.

„Das kann ich nicht verstehen, wir haben früher immer gearbeitet!" Diese Antwort sagt mir alles. Es ist wie mit Georg, sie kann die Erkrankung nicht nachvollziehen und auch nicht verstehen.

Wir plaudern einige Zeit weiter, dann macht sich Großmutti wieder auf den Weg, ihre Erledigungen in Schrotterbach abzuschließen.

Es fällt mir nicht leicht, aber ich biete ihr an, sie nach Hause zu bringen, was sie dankend ablehnt.

Als Großmutti weg ist, denke ich sehr lange über dieses Gespräch nach. Die Überrumpelung von ihr, die Fragen und Thesen und Aussagen lassen mich nicht ruhen. Ich muss alles zerpflücken und überlege, ob sie mir etwa einen neuen Weg gezeigt hat?

Auf eine Antwort muss ich lange warten, doch bin ich dem Berg sehr dankbar, dass er zum Propheten gekommen ist. Sehr oft hatte ich die Situation im Kopf durchgespielt, wenn ich Großmutti auf einer Familienfeier oder sonst wo treffe und wie mein Outing ihr gegenüber aussehen würde. Innerlich habe ich mich sehr gegen so eine Situation gewehrt und versucht, sie zu vermeiden. Sie hat mich überrumpelt und es war sehr gut so.

Wie es die Zukunft bringt, das wird sich weiter weisen. Sie ist eine andere Generation und hat eine andere Erziehung genossen. Ihr Denken ist ein komplett anderes als meines und das muss ich akzeptieren lernen. Außerdem ist Großmutti schon weit über siebzig und eine

große Wichtigkeit ihres Lebens sind immer noch ihr Garten und das Arbeiten darin.
Ich werde zukünftig versuchen, ihre Ansicht über das Leben für sie gelten zu lassen. Dass es für mich anders ist, das wird weiterhin bleiben.
Eines Tages bin ich bei den Stiegls eingeladen. Sie haben über die Gespräche in der Familie etwas von meiner Situation gehört. Lisa und Karli sind nicht da, aber Flo, Markus und Susi.
Wir setzen uns dann auf ihre Terrasse. Die Sonne scheint und es ist warm. Nur mir nicht. Ich muss Kappe, Weste und Sonnenbrille lassen.
Sie wissen schon, dass es mir nicht gut geht und so ist es für mich eine leichtere Aufgabe, alles andere zu schildern.
Gespannt hören sie mir zu. Markus steht irgendwann auf und geht in sein Zimmer. Mit neunzehn hat man andere Vorstellungen, als sich die Krankheitsgeschichte seines ältesten Cousins anzuhören.
Susi, Schwester meiner Mama und selbst Mutter, ist sehr interessiert an meiner Geschichte. Ich erzähle von der Cranio-Sacral - Therapie und Flo erzählt, dass er wegen eines Problems mit dem Gehör auch in derselben Praxisgemeinschaft, ja sogar beim selben Therapeuten ist. Bis jetzt war diese Materie für mich noch sehr neu, aber es hilft nicht nur mir.
Für mich ist Flos Geschichte wirklich sehr interessant, und ich begebe mich in die Rolle des Zuhörers.
Der Nachmittag vergeht sehr schnell und ich werde müder. Es ist Zeit, nach Hause zu fahren. Also verabschiede ich mich und bedanke mich sehr für diesen interessanten Nachmittag.
Im Auto wird mir bewusst, dass es mein erstes Outing nach dem im Turnverein ist, das außerhalb meiner Höhle stattgefunden hat.
Ich will aber Lisa nicht im Ungewissen lassen, schließlich ist sie mein Firmkind und darum lade ich sie zu mir in die Wohnung ein.
Eines Tages ist es dann so weit. Sie kommt zum Mittagessen und Plaudern vorbei.
Nach dem Essen gehen wir spazieren, quer durch den Wald. Irgendwann fange ich dann zu erzählen an. Ich befürchte fast, dass Lisa ebenfalls unter Depressionen

leidet, jedoch so schüchtern ist, dass sie keine Hilfe in Anspruch nehmen wird.
So betrachtet ist mein Outing bei ihr ein vorsichtiger Versuch, ihr zu zeigen, dass es ok ist, wenn man sich Hilfe holt. Es trägt jedoch keine Früchte. Das Einzige, wo Lisa mitspricht, ist, als sie von einer Freundin erzählt, die ebenso eine Depression diagnostiziert bekommen hat, von diesen Erfahrungen, die sie mit ihr gemacht hat und wie der Heilungsprozess bei der Freundin abläuft.
Es ist eine sehr interessante Geschichte und aus meinem Outing entwickelt sich eine Art Erfahrungsaustausch. Wenn dieses Gespräch etwas gebracht hat, dann, dass Lisa jetzt weiß, es gibt jemanden, der weiß, wie es ist, wenn man am Ende ist und keinen Boden mehr unter den Füßen hat. Vielleicht ist sie eines Tages soweit und kann sagen: Damals konnte ich noch nicht, aber jetzt will ich Hilfe in Anspruch nehmen. Und ich kann sagen: Es gibt doch noch andere Personen, denen es ähnlich geht wie mir.
Das ist eine neue Erfahrung für mich. Ein Wissen, mit dem ich umgehen lernen muss. Eine Suche danach entwickelt sich nicht, aber ich werde in Zukunft Leute anders sehen oder mit Menschen, wo ich Ähnliches vermute, einen anderen Umgang haben werde.
Alex kenne ich auch schon sehr lange. Eine Woche nach meiner Diagnose war seine Sponsionsfeier. Dorthin habe ich mich mehr geschleppt, als dass ich gegangen wäre.
Der Auftritt dort wurde von diversen Leuten mit den Worten „Na, du schaust nicht gut aus, hast die ganze Nacht durchgesoffen?" wahrgenommen.
Nach der Feier habe ich Alex und Sabrina ein Mail geschrieben, in dem ich mich für meine schlechte Laune entschuldigt und vorgeschlagen habe, wir könnten uns irgendwann einmal wieder treffen und plaudern. Alex bedankt sich für die Worte, macht sich jedoch Sorgen um mich.
Dieses Treffen findet statt, ein weiteres Outing außerhalb meiner Höhle, in einem Schanigarten, in einer Pizzeria auf der Hütteldorfer Straße. Das erste Mal, dass ich weggehe, aber ich bin an diesem Tag sehr müde.

Alex muss mit den öffentlichen Verkehrsmitteln heimfahren, also wird der Abend nicht allzu lange.
Beim Plaudern ist Alex erschüttert. Ich muss dabei weinen. Es gibt Leute, vor denen ich mich in keiner Weise geniere. Alex gehört sicher zu diesen.
Wir haben einmal den Ausspruch geprägt: Man kann auch gut Freund sein, wenn man sich nicht zweimal in der Woche sieht, sondern sich über jedes Treffen freut und sich vertraut ist.
So ist dieses Gefühl, das ich in diesem Lokal empfinde. Und wieder jemand, der schon Berührungen mit psychisch kranken Menschen gemacht hat. Ein Kollege von Alex ist manisch-depressiv. Bei dem geht das aber so weit, dass er suizidgefährdet und in stationärer Behandlung ist. Da habe ich ja Glück gehabt. Doch bin ich bis jetzt so blind gewesen?
Immer wieder mache ich die Erfahrung, dass jemand jemanden kennt und der wiederum kennt jemanden und überall gibt es Berührungen mit diesen Erkrankungen. Doch warum wird sie so totgeschwiegen? Ist es peinlich, dass man diese Krankheit hat? Oder ist es noch so, dass sie in unserer Gesellschaft nichts verloren hat, ist in dieser Welt kein Platz für eine psychische Erkrankung?
Bei meinen Recherchen lese ich, dass das Krankheitsbild der Depression erst seit dem Jahr 2003 als Krankheit von der Krankenkasse anerkannt wird und wieder, dass die Depression bis in das Jahr 2050 den größten volkswirtschaftlichen Schaden anrichten wird.
Unvorstellbar, dass eine so massive und für die betroffenen Personen so schlimme Krankheit in der heutigen Zeit gedrängt wird und verpönt ist, beziehungsweise als unlösbares Rätsel missverstanden wird. Gilt es hier den Hebel anzusetzen? Ist das meine Aufgabe in der Gesellschaft?
Ein neues Gedankenspiel, das mich lange begleiten wird.
Mit einem ähnlichen Mail informiere ich den Kapitän der Handballmannschaft. Ich habe es nicht geschafft, ihn anzurufen oder mich mit ihm zu treffen. Doch ist er ein Freund, der von mir erfahren soll, was mit mir los ist.

Seit dem Treffen im Fintscherl hat er immer wieder gefragt, wie es mir geht und ich habe immer wieder geantwortet: „Ja, passt soweit", die Wahrheit konnte ich nicht erzählen. Bis eben jetzt und hier, allerdings auch nur über ein E-Mail.

Doch die Zeit ist gekommen, da Wiener Westen das letzte Heimspiel spielt und danach alle Fans zu einer Afterparty eingeladen hat. Eine große Gruppe von uns sieht sich das Spiel an.

Wir haben ein Transparent gebastelt mit der Aufschrift: „Nie mehr zweite Liga".

Das Spiel wird verloren, wichtig ist das nicht mehr, da Wiener Westen als aufgestiegen bereits vor dem Spiel festgestanden ist. Es gibt ein wirklich gutes Buffet mit reichlich Essen und Freibier. Für mich ist das nicht so wichtig, ich hätte auch ein halbes Salzstangerl gegessen, Wasser getrunken und wäre satt gewesen.

Ein ehemaliger Spieler von uns ist genauso zu dem Spiel gekommen und wir plaudern mit ihm. Die anderen reden mit ihm und ich muss mich sehr zusammennehmen und meine Ängste kontrollieren.

Meine Augenbewegungen sind so schnell, dass mir schon schwindlig ist. Ich fühle mich sogar so, als ob ich einen Muskelkater bekommen werde, an Muskeln, die die Augäpfel bewegen.

Dann kommen endlich die Spieler aus den Kabinen und es wird gemeinsam gefeiert.

Die Mannschaft sieht mich das erste Mal seit St. Pölten wieder und unabhängig voneinander kommen der Kapitän und der Trainer zu mir, sehen mir in die Augen und fragen, wie es mir geht. Das kratzt schon sehr an den Nerven, doch kann ich es niemandem zum Vorwurf machen, denn ich gehe davon aus, dass sich diese Menschen wirklich um mich Sorgen machen.

Ein weiterer ehemaliger Spieler kommt und möchte wissen: „Hast du abgenommen? Du siehst aus, als hättest du zehn Kilogramm weniger". Georg steht neben mir und blickt mich total überrascht an, als ich sage: „Es sind vierzehn Kilo, aber du willst doch sicher keine Gastritis haben, damit du abnimmst!"

Der Spieler ist ziemlich erschrocken über diese Antwort, gibt sich aber damit zu frieden.

Irgendwer drückt mir einen Becher voll Bier in die Hand. Georg nimmt es mir ab. Ich zapfe mir selbst einen Schluck Bier und fülle den Rest mit Fanta auf. Meinen Spezial-Radler. Es schmeckt mir nicht und ich habe Angst vor der Reaktion mit den Beruhigungstabletten.
Die Feier findet für mich und die Harts ein baldiges Ende, denn sie nehmen mich mit nach Hause. Beim Gehen verabschiede ich mich nur vom Kapitän, der mich ansieht und sagt: „Wir müssen noch reden. Bald einmal."
Und dann umarmt er mich und drückt mich sehr lange. Als ich zum Trainer komme, ist Georg direkt hinter mir, und ich bin gespannt, was hier noch auf mich wartet.
Der Trainer ist gerade in ein Gespräch verwickelt, unterbricht aber auf der Stelle, als er sieht, dass ich am Gehen bin.
Er nimmt mich auf die Seite und sagt zu mir: „Stimmt es, dass du ein Burnout hast?" Da er in Schrotterbach wohnt, dürfte er irgendwoher dieses Gerücht aufgeschnappt haben.
Ich erzähle ihm, dass dies nicht stimmt und was die tatsächliche Diagnose ist. Er bittet mich, auf mich aufzupassen und würde auch gern mit mir weiter plaudern. Ich verspreche es und dann fahren wir heim.
Verschiedene Leute mit verschiedenen Lebensweisen, Ausbildungen und aus sozialen Schichten. Doch es ist mir jeder Wert, von mir die Informationen zu bekommen, und es ist mir jedes Mal sehr wichtig zu erwähnen, dass es nichts mit dem Beruf zu tun hat, genauso, wie weiterhin keine merkbare Suizidgefahr besteht.
Ich habe gemerkt, dass viele Leute mit dem Wissen nicht umgehen können, weil die Materie für sie neu ist. Genau so gibt es aber Menschen, die schon einiges an Vorahnung oder Berührungen mit psychischen Erkrankungen hatten. Bei vielen ist das Entsetzen sehr groß, als sie von mir diese Nachricht bekommen.
Mir selbst helfe ich am meisten mit den Outings, ich akzeptiere immer mehr, dass ich krank bin.
Und ich sehe nun den Moment gekommen, in dem ich die Chance bekomme, mein Leben neu zu sortieren. Ich möchte mit aller Kraft gesund werden.

Es geht so richtig los

Die Glocke ist gedrückt. Ich kann von der Straße jedoch nicht hören, ob es geläutet hat oder nicht, also warte ich. Durch das Milchglasfenster der Eingangstür kann ich erkennen, dass im Hausflur das Licht aufgedreht wird. Im nächsten Augenblick öffnet Frau Dr. Sislak die Eingangstür und lächelt mich an.
Mit schweren Schritten trete ich ein und ziehe mir die Schuhe aus. Es geht in das Therapiezimmer. Wir nehmen Platz und sie erkundigt sich nach meinem Befinden.
Leider hat sich an meinem Zustand nichts verändert. Ich bin so ängstlich, dass sie mich mit Fragen löchern muss. Ich traue mich kaum, etwas zu sagen und spüre diesen Vulkan in mir. Ist er schon ausgebrochen oder brodelt es?
Wir besprechen die weitere Vorgehensweise, wie sich Frau Dr. Sislak die Arbeit mit mir vorstellt und ich erzähle ihr, was ich mir von der Therapie wünsche.
Es stellt sich für mich die Frage, wie das überhaupt heißt, was ich hier mache. Dass ich eine integrative gestalterische Therapie ausgesucht habe, das weiß ich, aber was genau ist das?
Ich nehme all meinen Mut zusammen und frage sie gerade heraus. Sie sagt einfach: „Stunde oder Behandlung, Therapie, wie auch immer wir wollen. Es ist nicht wirklich wichtig." Und wie recht sie damit hat. Aber für mich ist es wichtig, den Kindern einen Namen zu geben. Dieses neue Baby soll also Therapie heißen.
Wieder dauert es nicht lange, und ich breche zusammen. Die Tränen rinnen in Bächen über meine Wangen. Eigentlich fühlt es sich gut an, anderseits stellt sich für mich weiterhin die Frage, warum muss ich überhaupt so viel weinen oder warum geht es mir so schlecht? Ich kann noch so viel über dieses Thema nachdenken, ich komme auf keine Antwort. Wie ich dieses Gefühl beschreiben soll, weiß ich auch nicht. Diese Leere und doch dieser Druck auf der Brust, diese Beklemmung und doch wieder kein Boden unter den Füßen, diese Angst und doch kein Wissen, woher sie kommt.

Dr. Sislak will genau wie ich wissen, woher dieser Zustand kommt. Das soll unsere Aufgabe in vielen Stunden werden.
Die Einführungsstunde war ja schon, und wir beginnen, uns kennenzulernen.
So erzähle ich ihr von meinem Leben. Beginnend von den Momenten meiner frühesten Kindheit, an die ich mich erinnern kann, bis zum heutigen Tag.
Diese Erzählungen sind sehr oberflächlich, ich weiß ja selbst nicht, was ich alles erzählen möchte oder sollte. Ich weiß momentan nicht einmal, wie es in der nächsten Minute sein wird oder was in der letzten Minute war.
So erzähle ich ihr von der Trennung meiner Eltern, dem Tod meines Großvaters, dem Verhältnis zu meinem Bruder und dessen Freundin, von meinen Freunden, was ich beruflich mache und was ich schon alles gemacht habe und von meinen Hobbys, wie Tauchen und dem Turnverein, auch von meinen Interessen in Richtung Buddhismus und hier dem speziellen Interesse an der Meditation. Da interveniert sie diesmal wirklich noch vehementer als beim ersten Mal.
Mein inneres Ich braucht auch Ruhe und Zeit, die Erlebnisse zu verarbeiten. Es gibt wissenschaftliche Untersuchungen, bei denen die Probanden bei der Meditation nicht mehr den Weg in die Realität gefunden haben. Dr. Sislak ist der Meinung, dass es bei mir ein großes Gefahrenpotential gibt, da ich sehr instabil bin.
Ich verstehe eigentlich kein Wort von dem, was sie mir erzählt, doch ich bekomme die Zeit, darüber nachdenken zu können.
Ich habe wieder einmal keine Taschentücher mit, doch Sislak ist perfekt ausgestattet.
Bei ihren Erklärungen fällt auch das Thema: Hausübungen. So bekomme ich nach dieser Stunde erneut die Aufgabe, mindestens einmal am Tag die Wohnung zu verlassen. Es ist egal, ob ich zum Arzt gehe, zu ihr komme oder nur in die Apotheke fahre, um Medikamente zu kaufen. Dass ich zu Mama fahre, gilt genauso wie ein Spaziergang oder ein Besuch bei Freunden.
Wie lange ist es her, dass ich zum letzten Mal Hausübungen bekommen habe?

Der Moment kommt, wo ich wieder aus dem ruhigen, abgeschiedenen und so sympathischen Therapieraum gehen muss.
Ich erkenne, dass mich Dr. Sislak gegen Ende der Stunde langsam wieder zurückholt. Es ist wirklich ein Gefühl, das ich gerade empfinde, als wäre mein Geist ganz wo anders gewesen. Die Erinnerungen an das eben Erlebte sind total verschwommen, teilweise kann ich mich auch gar nicht erinnern, aber ich merke, dass sich irgendetwas bewegt. Dies kann ich nur überhaupt nicht deuten.
Ich kann mit späterer Distanz reflektieren, und dann kann ich diese angesprochenen Veränderungen deutlich erkennen.
Das Formular, das sie mir in der Vorstellungsrunde gegeben hat, überreiche ich ihr, vom Führnsinn ausgefüllt.
Dann bin ich, trotz Nebels, mit Kapperl und Sonnenbrille zu meinem Auto unterwegs und auf dem Weg nach Hause.
Ich habe Hunger und am Wege liegt ein Supermarkt, schön weit weg von Schotterbach. Das kann ich riskieren und mir schnell ein Semmerl kaufen.
Ich merke, ich bin vollkommen kaputt.
Die Wege heim sind immer eine Herausforderung, da ich öfter so weggetreten bin und mich an das Heimfahren dann nicht erinnern kann. Das heißt nicht, dass ich mich nicht auf den Verkehr konzentrieren kann oder beim Fahren abwesend bin, doch wenn Menschen multitaskingfähig sind, dann bin ich das in diesen Momenten absolut nicht. Ich muss mich vollkommen auf das Fahren konzentrieren, nur so geht es. Diese Konzentration ist es, womit ich mir eine Art Tunnelblick aufsetze und ich nur den Verkehr wahrnehme.
Mit der Zeit ritualisiere ich diese Aktion, beziehungsweise finde ich schneller wieder zurück in die reale Welt.
Zuhause bin ich hin und wieder trotzdem so verwirrt, dass ich mir in der Wohnung einzelne Rituale zum Zurückkommen in den momentan tristen Alltag zurecht - lege: Zum Beispiel trinke ich Wasser oder verstaue den Einkauf oder bin für längere Zeit auf der Toilette und spiele Solitär am Handy.

Nach den ersten Therapiestunden komme ich mit diesem Zurückkommen noch nicht zurecht.
Mama holt mich von Zuhause ab und nimmt mich mit zu ihr. An diesen Nachmittagen sind die Eindrücke der Therapie so präsent, dass ich es nicht noch einmal schaffe, die Konzentration zum Autofahren aufzubringen. Hier bin ich wirklich sehr dankbar, dass ich nicht selber fahren muss.
Mit der Zeit merke ich, dass es für mich eine große Belastung ist, mich nach den Sitzungen wieder zu sortieren und dies funktioniert einfach in meiner Höhle am besten. Auch wenn ich bei Mama im Haus, in ihrem Wohnzimmer sitze und mir Spongebob ansehe, ist alles fremd und gibt mir nicht diesen Schutz, den mir meine Höhle bietet. Diese beschriebenen Erfahrungen und Prozesse entwickeln sich, und ich muss viele Dinge und den Umgang damit erst lernen. Wovon ich allerdings am meisten profitiere, ist die Möglichkeit, bei Mama genauso zu weinen wie in den Therapiestunden. Ich bin so traurig, ich bin erschlagen und müde.
In keiner Nacht kann ich so gut schlafen, dass ich am nächsten Tag ausgeschlafen bin. Tagsüber kann ich nicht schlafen, auch wenn ich so gern möchte.
Bei der nächsten Sitzung bekomme ich dieses Formular schon wieder. Warum denn das? Aha. Dr. Sislak erklärt mir - vermutlich noch einmal - dass ich dieses Formular nun bei der Krankenkasse einreichen muss, um eine Kostenbeteiligung zu erhalten.
Sie hat ein Kürzel auf das Papier geschrieben, das übersetzt heißt: mittel bis schwere Depression. Ich muss schlucken. Was bedeutet das? „Ich muss das so auf das Formular schreiben, denn würde ich schwere Depression, die bei Ihnen vermutlich zutrifft, schreiben, dann würden Sie stationär aufgenommen werden müssen. Ich nehme an, das wollen Sie nicht." Das Kürzel darum, dass nicht-medizinisches Personal nicht gleich weiß, welche Krankheit ich habe. Ich muss noch einmal ganz fest schlucken und beginne bitterlich zu weinen. Falls meine Welt in den letzten Tagen ein bisschen Licht erfahren hat, dann sind jetzt gerade ziemlich massive Gewitterwolken aufgezogen. Alles ist wieder dunkel geworden. Ich kann nicht verstehen, was mit mir los ist, oder was das alles bedeutet.

Der Appetit ist weiterhin verloren und Hunger spüre ich auch keinen. Das Essen ist reines Mittel zum Zweck, dass der Magen aufhört zu knurren.

Zuhause muss ich weiter weinen. Mama kommt wieder vorbei und versucht mich zu beruhigen. So recht will es jedoch nicht klappen. Irgendwann sind Wochenende und wieder eine Woche vorbei.

Das Formular habe ich noch nicht abgeschickt, möchte noch einmal mit Dr. Führnsinn sprechen. Termin habe ich am Mittwoch, da ich nur mehr bis Ende dieser Woche krankgeschrieben bin.

Wir verlängern den Krankenstand bis Ende des Monats.

Beim nächsten Therapietermin bin ich noch immer so nervös wie beim ersten. Es besteht eine fürchterliche Unruhe in mir, ich bin durch den Wind.

Mein schreckliches Zittern der Hände hat Georg genauso festgestellt wie Dr. Sislak, Mama und ich.

Am Sonntag beim Essen bei Mama konnte ich meinen Fuß nicht ruhig halten. Dauernd musste er wippen. Georg hat ihn mir immer wieder niedergestellt und eine Minute später ist er weiter gehüpft. Ich kann es nicht kontrollieren. Ein unbekannter Geist in mir zwingt mich zum Aufspringen lassen.

Dr. Sislak erkläre ich, dass ich es nicht steuern kann. Sie gibt mir eine CD über progressive Muskelrelaxation nach Jacobson. Diese Therapieform soll die innere Unruhe beruhigen.

Wir sind bei den Gesprächen noch immer an dem Punkt, wo ich über meine Vergangenheit erzähle. Über mein ganzes Leben. Über meine glückliche Kindheit, über meine Pubertät, über mein Leben mit meinen Großeltern, die Schulkarriere, die Ausbildung und Erlebnisse in meinem alten Beruf, meinen erfüllten Kindheitstraum als Staplerfahrer, über gescheiterte Beziehungen bis hin zu meinem heutigen Leben. Immer neue Geschichten fallen mir ein und es sprudelt aus mir heraus.

Heute bekomme ich eine neue Hausübung. Ich soll einen Lebenslauf schreiben. Jedoch keinen herkömmlichen Lebenslauf, sondern einen, in dem Momente meines Lebens stehen, an die ich mich erinnern kann, bei denen ich glaube, dass sie mein Leben beeinflusst haben. Ich merke mir diese Hausübung, richtig anfangen

kann ich nichts damit. Da ich wieder bitter weinen muss, schlägt mir Dr. Sislak vor, nach der Therapiestunde spazieren zu gehen. Außerdem bittet sie mich noch einmal, wenn ich zu früh bei ihr sei, dann soll ich im Auto warten oder besser noch, ich fahre ein Stück weiter und warte beim Eingang zum Wagner-Park. Dort gibt es einen großen Parkplatz, dort kann ich die Zeit verbringen. So viele Dinge, die ich mir merken soll, dabei merke ich mir nicht einmal, welchen Tag wir heute haben.
Als Mama sich nach ihrem Dienstschluss meldet, erzähle ich ihr von meiner Aufgabe. Ich habe Papier vor mir liegen, doch es soll mir nichts einfallen. Stundenlang sitze ich vor dem leeren A4 Blatt und schaue drauf. Nichts verändert sich. Pausen helfen genauso wenig wie krampfhaftes Nachdenken.
In der nächsten Therapiestunde erzähle ich, wie schwer mir diese Aufgabe fällt. Dr. Sislak meint, ich hätte ihr schon einige Geschichten erzählt und genau diese Geschichten sind es, von denen sie denkt, diese gehören auf diese Lebensliste. Sie erzählt mir weiter, dass sie nach jeder Stunde unsere Fortschritte dokumentieren muss und wieder weist sie mich darauf hin, dass es mir vielleicht hilft, wenn ich eine Art Tagebuch schreiben würde.
So habe ich nun zwei Zettel zu Hause liegen. Beide sind und bleiben leer. Eines Tages stolpere ich über einen A3 Zettel, lege diesen im Hochformat vor mich hin und beginne zu schreiben. Der erste Zettel war zu klein für meine Liste. Das wusste scheinbar nur mein Unterbewusstsein, ich selbst konnte es nicht sehen oder verstehen. Die Liste entsteht in großen Schritten und ziemlich genau in den richtigen zeitlichen Abfolgen, und so habe ich nach einigen Therapie-Sitzungen ohne Liste dann eine Überraschung für Frau Dr. Sislak. Ich kann nicht sagen, ob sie überrascht ist, dass die Liste doch so lang geworden ist, oder ob sie erfreut war, dass ich sie geschafft habe. Kurz sprechen wir sie durch, es ist mir einfach wichtig, ihr zu manchen Punkten eine kurze Geschichte zu erzählen. Sie offenbart mir danach, dass es momentan noch gar nicht so wichtig ist, denn wir werden diese Punkte schon noch durchackern.

Ich spüre, dass es mir in keiner Weise besser geht. Diese Trägheit in mir ist sogar noch schlimmer geworden. Das schwarze Loch ist noch schwärzer. Ist Bodenlosigkeit unendlich? Werde ich nun wirklich verrückt? Was sind denn das für Fragen, die mich nun beschäftigen? Zuhause muss ich wieder Informationen über die Krankheit sammeln und aufsaugen. Es gibt so viele Dinge, die ich nicht weiß und die mich beschäftigen.

Ich möchte wissen, welche chemische Reaktion im Körper bei Depressionen vor sich geht. Wenn man Tabletten nimmt, dann müssen spätestens diese Medikamente eine Reaktion auslösen.

So denke ich und siehe da, ich werde auch fündig. Doch die Antwort, die ich hier lese, befriedigt mich nur bedingt. Es wird sehr schön erklärt, dass es zwischen den Rezeptoren Transmitter gibt, die man sich auch als Membranen vorstellen kann. Bei der Wirkmethode der Antidepressiva gibt es zwei verschiedene Ansatzpunkte. Der eine ist, das Serotonin, diesen Botenstoff, im Körper zu erhöhen, der andere, die Aufnahmefähigkeit der Nervenenden zu erhöhen.

Toll! Natürlich stellt sich für mich nun die Frage, bekomme ich die richtigen Antidepressiva? Ich weiß es nicht, erkundige mich aber bei Sislak und auch bei Führnsinn bei meinem nächsten Besuch.

Keiner kann mir eine Antwort geben, die mein Denken beeinflusst oder die ich als zufriedenstellende Antwort akzeptiere. So trage ich weiter diese Gedanken und diese Unsicherheit mit mir.

In der nächsten Sitzung muss ich wieder fürchterlich weinen, und ich erfahre das erste Mal, was integrative gestalterische Therapieform heißt. Dr. Sislak fragt mich, ob es mir recht wäre, wenn wir Großvati herholen.

Ich habe keine Ahnung, wie das passieren soll, aber wenn man diesen Punkt in seinem Leben erreicht hat, dann nimmt man alles an. Alles, was mir geboten wird, nehme ich dankend an. Ich versuche, in allem eine Hilfe zu erkennen und lasse es mit mir geschehen. Ich habe schnell erkannt, dass mir gerade diese Hilfestellung von Sislak gut tut und ich davon sehr profitieren kann. Also holen wir Großvati her. Sislak stellt einen Sessel in den Raum, und dieser Sessel wird zum Großvati. Es funktioniert.

Ich kann ihn sehen und ich kann mit ihm sprechen. Er ist immer noch so präsent in meinem Leben und ich wollte immer Ratschläge von ihm, oder einfach nur seinen Blick und von seiner Lebenserfahrung lernen. Es gibt einen Grund, warum ich bis heute nicht bei seinem Grab war. Auch wenn ich bei Großmutti auf Besuch bin, dann warte ich, bis er aus dem Wohnzimmer von seinem Mittagsschlaf kommt.
Nur kommt er nicht mehr. In der Situation, wo wir uns so gegenübersitzen, fordert mich Sislak auf, die Position zu wechseln.
Somit verlasse ich meinen angestammten Couchplatz und setze mich auf den Sessel. Das fühlt sich sehr eigenartig an. Jetzt spreche ich als Großvati mit mir, der noch immer auf der Couch sitzt.
Es entwickelt sich eine Doppelconference mit Großvati und mir, die von außen von Dr. Sislak gesteuert wird.
Langsam führt sie mich wieder zurück und ich werde wieder zum alleinigen Ich. Der Sessel bleibt noch im Raum und somit mein Großvater noch hier. Doch wir stellen ihn auf Pause.
Sislak erzählt mir ihre Eindrücke von dem Zwiegespräch. Sie meint, dass ich ihn auf ein sehr hohes Podest gestellt habe. Dass es klingt, als wäre er unfehlbar und unantastbar.
Nach kurzem Nachdenken kann ich dieses Denken bestätigen. Er ist für mich, mit Herbert gemeinsam, der Mensch gewesen, von dem ich das meiste für das Leben lernen konnte. Der Unterschied zwischen Herbert und Großvati ist, der eine lebt noch und der andere ist in meinem Herzen und in meiner Phantasie.
Gegen Ende der Stunde versuche ich unter Anleitung von Frau Sislak, Großvati als Mensch zu sehen. Als Menschen mit Fehlern, Ecken und Kanten.
Die Schwestern meiner Mama haben ihn ebenso beschrieben. Als sie noch Kinder waren, war ihr Vater beruflich viel unterwegs und meist nur an den Wochenenden zu Hause. Sie haben mir berichtet, erst als er in Pension gegangen ist und ich zur Welt gekommen bin, ist er ruhiger geworden, beziehungsweise hat er sich mehr um die Familie kümmern können. Ich habe ihn

nur als harmoniebedürftigen und familienliebenden Menschen gekannt.
Eine Geschichte in diesem Zusammenhang hat mir Susi erzählt. Als Großvati gestorben war und es Großmutti sehr schlecht ging, war sie einmal im Supermarkt einkaufen.
Da sind wieder Leute aus Schrotterbach auf sie zugekommen und haben ihr gesagt: „Herzliches Beileid", aber was, bitte schön, ist Beileid? Die Leute haben weiter zu Großmutti gesagt: „Ihr Mann, so schade ist es. Er war doch so ein Herzensguter!"
Angeblich hätte es Großmutti damals irgendwann gereicht und sie hätte gesagt: „Er war nicht immer nur ein Guter. Er war auch nur ein Mensch."
Seit mir Susi diese Geschichte erzählt hat, und mit der Erfahrung aus der eben durchgemachten Begegnung mit Großvati hat sich mein Denken nun etwas verschoben. Ich habe Großvati die Hand gegeben und ihm geholfen, dass er von diesem Podest, auf das ich ihn gestellt habe, heruntersteigen kann. Wir können uns jetzt in die Augen sehen und es fällt ihm auch wesentlich leichter, seine schützende Hand über meine Schulter zu legen.
Er wird mich mein ganzes Leben begleiten und das ist sehr schön für mich und ich freue mich darauf, ihn wieder zu sehen. Sicher gibt es Personen, die wesentlich gläubiger sind als ich, ich glaube aber trotz meines Interesses am Buddhismus weiterhin an Gott und dass ich in den Himmel kommen werde. Und in diesem Himmel werde ich Großvati wiedersehen.
Vielleicht ist dies der Grund, warum ich den Buddhismus als Lebensphilosophie sehe und nicht als Religion.
Ich bekomme von Sislak eine neue Hausübung. Es geht darum, dass ich den ersten Punkt meiner Lebensliste zeichnen soll.
Aha, ist mein spontaner Gedanke und der zweite: womit? Wenn ich etwas zeichne oder besser gesprochen, entwerfe, dann mache ich das mit dem PC. Ich denke, sie meint hier jedoch nicht den Computer, sondern hätte das gerne mit der Hand. Ich habe nicht einmal Wasserfarben oder Buntstifte zu Hause.
Nachdem ich eine kurze Runde spaziert bin, telefoniere ich mit Mama und erzähle ihr von meiner Aufgabe.

„Hast du Öl-Kreiden, die du mir borgen kannst?", ist meine Frage. Ich spüre, dass dieses Werkzeug das richtige für meine Bilder werden soll.
Mama kommt mich am Nachmittag besuchen und ich erzähle ihr von meinen Erfahrungen, die ich in der Therapiestunde gemacht habe. Ihre Unterstützung, ihr Dasein, ihr Zuspruch sind einfach großartig und helfen mir sehr.
Eines Tages kommt sie zur Tür herein, schaut mich an und sagt: „Ich würde mir wünschen, dass du einmal nicht auf der Couch liegst, wenn ich komme." Ja, das würde ich mir auch wünschen, im Augenblick kann ich diesen Wunsch jedoch niemandem erfüllen. In dieser Phase entwickelt sich ein Ritual für mich, das ich nicht mehr missen möchte.
Jedes Mal, wenn ich ins Bett zum Schlafen gehe, rufe ich Mama noch kurz an und erzähle ihr von meinem Tun.
Bei Dr. Sislak verlagert sich mein heutiges Befinden in das Thema, und ich bin von mir selbst überrascht, wie vielfältig meine Themen sind, und - obwohl ich bei der Hinfahrt meine ganzen Gedanken auf das Bild gerichtet habe, nun doch etwas ganz anderes aus mir sprudelt.
Sislak merkt sofort, in welche Richtung mein inneres Ich geht, und das fordert sie durch gezieltes Nachfragen und Hervorheben nach dem von mir ausgesprochenen Wörtern oder Sätzen. Nachdem ich gesagt habe, dass ich keine Kraft mehr habe, dass das Einzige, das mich antreibt, nur mehr dieser unbändige Wunsch nach Gesundheit ist. Ja, nachdem ich sogar gesagt habe, ich möchte diese Auslöser in mir töten, ist sie sehr erschrocken. Sie meint sogar: „Wie Sie diesen Satz gesprochen haben, ist mir richtig die Luft weggeblieben! Sie wissen schon, wenn Sie dieses Etwas töten wollen, dann töten Sie einen Teil von sich? Hinter Ihren Worten steckt eine enorme Gewalt! Sind Sie sich dessen bewusst?"
Natürlich bin ich mir dessen nicht bewusst. Ich verstehe ihre Worte nicht. Weiß sie überhaupt, wie es mir geht? Kann sie nicht verstehen, dass mich dieser Teil in mir überhaupt erst hierher gebracht hat? Ist es da nicht absolut verständlich, dass man diesen Teil loshaben will?

Ich will endlich Lebensqualität, die nicht durch Ängste und Zwänge begleitet ist, erreichen. Ich will endlich gesund sein! Jedoch muss ich erst lernen, dass es keine Grippe ist, die nach einer Woche vorbei ist, sondern ein langer Prozess, der viel Kraft und Energie brauchen wird. Wir sprechen noch lange über meine Worte, ich versuche etwas zu beschwichtigen, aber ich mache deutlich, dass mich die momentane Lebenssituation einfach nur fertigmacht und ich davon weg will. Und dafür will und werde ich alles tun, was ich kann und wenn es heißt, einen Teil von mir los zu werden. Ich will gesund werden.
In einer späteren Sitzung werden wir wieder zu diesem Thema zurückkommen. Mein Umgang damit ist vorsichtiger geworden, der Wunsch und das Ziel habe ich weiterhin nicht aus den Augen verloren.
Nach der Therapie gehe ich in den Wagner-Park. Das erste Mal, dass ich richtig lange spazieren gehe. Bei diesem Spaziergang fließen die Gedanken wieder absolut ungeordnet und in keinen regelmäßigen Bahnen.
Im Wagner-Park hat man einen kleinen Lehrpfad angelegt, Bäume und Sträucher werden auf Tafeln beschrieben. Wenn man ein Gedicht fünfmal liest oder ein Lied ein paar Mal hört, dann merkt man sich ungefähr, wie es klingt, oder kann es vielleicht sogar mitsingen oder aufsagen. Ich lese immer wieder diese Überschrift, doch bei den nächsten Spaziergängen sind es wieder vollkommen neue Namen. Ich gehe immer weiter, tiefer in den Park. Ich komme zu einem großen Kinderspielplatz und hier sind mindestens vier Kindergartengruppen am Spielen, Lachen, Quietschen und Schreien. Es macht mich so unruhig und nervös, dass ich umdrehen möchte.
Ich frage mich, was wohl hinter der nächsten Kurve meines Weges kommt? Doch ich halte es nicht mehr aus. Ich muss umdrehen.
So komme ich nach kurzer Zeit auf dem gleichen Weg zum Eingang zurück. Bei der berühmten Wagner-Villa war ich jedoch nicht. Dorthin habe ich nicht gefunden, aber das merke ich erst, als ich im Auto sitze und schon fast zuhause bin.

Wieder ziehe ich diesen unsichtbaren Schutzmantel, der mich heute etwas im Stich gelassen hat, aus und damit auch diese komische Last auf meinen Schultern.
Ich genieße und spüre meine Höhle.
Auf der Couch unter der Decke bin ich wirklich sicher. Niemand kann mir etwas tun und ich habe keine Eindrücke, die mich aus der Fassung bringen können. Es ist alles so, wie ich es für mich einstelle und wie ich es gerne hätte. Der Fernseher so laut, wie ich will, das Wasser neben mir so kalt, wie ich es möchte und die Zimmertemperatur, wie ich sie mir einstelle.
Ich öffne die Fenster und lasse frische Luft in den Raum. Morgen kommen die Harts wieder. Wir werden selbstgemachte Pizza essen und dafür bereite ich mich heute schon vor. Ich muss also einkaufen gehen. Meine Lebensmittelvorräte gehen zu Ende. Etwas Butter liegt im Kühlschrank, doch es gibt nichts, auf das ich sie streichen könnte. Das gute Gefühl in meiner Wohnung wird von den wirren Gedanken unterbrochen und sogar so weit beeinflusst, dass ich nervös und unruhig werde.
Zur Abwechslung nehme ich die Beruhigungstropfen. Sie helfen noch immer und die Unruhe wird besiegt. Es fühlt sich so an, als würde ich dadurch wieder klarer im Kopf werden und wieder weiter in die reale Welt zurückkommen, die ich in der Therapiestunde verlassen habe. So angenehm diese neu entdeckte Welt erscheint, so schwierig ist der Weg zurück. Eigentlich will ich überhaupt nicht zurück, aber ich lebe in der Realität und im Hier und Jetzt.
Nach einer weiteren unruhigen Nacht und einem aufreibenden Einkauf im Supermarkt kommen die Harts zu mir, und wir lassen die letzten Tage Revue passieren.
Eigentlich habe ich mir gedacht, dass wir einen netten langen Abend verbringen und ich nicht allein bin. Doch sie verlassen mich bald wieder.
Die Pizza war sehr gut. Seit Langem ein Essen, auf das ich richtig Gusto hatte, und ich habe endlich wieder einmal gekocht. Teig auf das Backblech legen und dann mit der fertigen Sauce bestreichen und mit den gewünschten Zutaten belegen, ins Rohr und nach fünfzehn Minuten wieder herausholen ist eigentlich kein Kochen, doch habe ich seit längerer Zeit wieder meinen Herd benutzt. Dementsprechend habe ich nun schmut-

ziges Geschirr und Abfälle. Die Küche wird noch etwas warten müssen.
Georg ist wieder bei mir und erkundigt sich, wie es mir geht, wie die Fortschritte in der Therapie sind, wie mir die Cranio-Sacral - Therapie gefällt. Leider muss ich Georg sagen: „Es geht mir unverändert schlecht, Fortschritte bei der Therapie kann ich keine erkennen, die Cranio finde ich sehr interessant und spüre, dass sich dabei etwas verändert."
Wenn man in Wikipedia nach dieser Form der Therapie sucht, dann findet man einen Eintrag, der die Cranio sehr kritisch beleuchtet. Ich selbst bin ein sehr kritischer Mensch und in gewisser Weise auch ein ungläubiger Thomas, der seine Erfahrungen machen muss, um davon in Zukunft profitieren zu können.
Bis vor einiger Zeit hätte ich selbst einen ebenso kritischen Beitrag über Cranio-Sacral - Therapie geschrieben, aber die Zeiten ändern sich.
Georg hat selbst schon Cranio gemacht, und in dieser Sache verstehen wir uns voll und ganz. Sonst hat er ziemliche Schwierigkeiten, meinen Zustand zu verstehen. Er versucht ihn zu akzeptieren, doch es gelingt ihm nicht immer.
Seit dem ersten Tag des Krankenstandes ist mein Handy auf lautlos. Ein Klingeln wirft mich absolut aus der Bahn und daher habe ich die einfachste Variante gefunden, diese Situationen zu meiden, indem ich die Töne einfach abschalte. Allerdings hat das zur Folge, dass ich viele Anrufe versäume. Bei näherer Betrachtung ist es vermutlich so, dass durch das Abstellen des Klingeltons das Versäumen der Anrufe mit Absicht passiert. Mein Unterbewusstsein will scheinbar nicht, dass ich mit Menschen, die nicht über meine Krankheit informiert sind, kommuniziere.
Wieder bei Frau Dr. Sislak. Bin nicht mehr ganz so nervös, allerdings noch immer sehr unruhig und kribbelig.
Sie meint, das kann auch durch die Antidepressiva kommen, auf die sich der Körper erst einstellen muss.
Ein neuerlicher Weinkrampf ist die Folge ihrer Frage: „Wie geht es Ihnen?" Es geht mir einfach nicht gut. Die körperlichen Beschwerden werden zwar wirklich weniger, aber es geht mir trotzdem nicht gut. Diese dauernden Knieschmerzen und das Kreuzweh sind komplett

verschwunden. Eine Situation, die mir eben gerade bewusst wird.
Ich habe schon gehört, dass jede körperliche Beschwerde einen psychischen Auslöser hat, aber dass die Veränderung bei mir so schnell und massiv eintritt, bezweifle ich. Dr. Sislak lässt mich einfach weinen und hört mir zu. Sie motiviert mich sogar, weiter zu weinen. Gegen Ende der Stunde beginnt die Rückführung.
Heute freue ich mich schon auf das Spazierengehen, wenn ich auch noch nicht weiß, wie lange und wohin.
Neben dem Eingang in den Wagner-Park ist ein Trinkbrunnen. Den habe ich das letzte Mal schon entdeckt und diesmal habe ich die Wasserflasche mit. Sicherheitshalber fülle ich sie beim Start des Rundganges an.
Heute habe ich mir als Ziel das Erreichen des Endes der langen Geraden vorgenommen, der Weg führt mich jedoch gleich in eine andere Richtung.
Ohne Nachdenken marschiere ich, wohin mich die Beine tragen. Irgendwann drehe ich um, da ich mich nicht mehr auskenne und die Wasserflasche leer wird. Wie lange bin ich gegangen? Ich weiß es nicht, die Uhr sagt, dass es zirka eine halbe Stunde war.
Am Heimweg bleibe ich wieder beim Supermarkt stehen, Dr. Sislak hat mir Bananen empfohlen, da sie natürliches Serotonin haben. Wie schon erwähnt, nehme ich jede Hilfe dankend an und diese Tipps empfinde ich ebenso als Hilfe. Eine speziell mit Schinken und Käse überbackene Semmel lächelt und fleht mich an, sie mitzunehmen. Eine Banane und diese Semmel sind mein heutiges Essen, machen mich aber satt.
Drei Tage später bin ich wieder in der Therapie. Es entsteht ein neuer Rhythmus, den ich als sehr angenehm empfinde. Mein inneres Fass füllt sich über die Tage zwischen den Sitzungen und in den Stunden schütten wir wieder ein wenig aus, um Platz zu schaffen. Die Tränen, die kommen, sind der Überschuss dieses Fasses, so kann ich es beschreiben. Dr. Sislak betont, diese Vorstellung gefällt ihr.
Meine Sprache wandelt sich teilweise in eine Bildersprache. In der heutigen Therapiestunde soll ein sehr prägendes Bildnis entstehen. Dr. Sislak meint, dass es in meinem Leben Zeit wird, den Bilderrahmen, den ich eben erst vor mir auf den Tisch gelegt habe, mit Mosaik-

steinen zu füllen und das Bild zu beginnen. Die Mosaiksteine sind die Geschichten meines Lebens, meine Packerln, die ich mit mir herumtrage. Es ist die Zeit gekommen, sie so in den Bilderrahmen zu legen, dass sie zusammenpassen und das Gesamte zu meinem Lebensbild werden lassen. Ich gehe sogar noch weiter und erkläre: „Ich habe dieses Bild begonnen zu gestalten und möchte es fertigstellen. Nebenbei baue ich schon das nächste Bild, aber mit dem Fertigstellen des ersten Rahmens habe ich einen Schnitt gemacht. Es wird eine Galerie mit vielen Bildern meines Lebens werden". Mit diesem Gleichnis kann sich Frau Sislak sehr gut anfreunden und wir belassen es dabei.

Bei meinem anschließenden Spaziergang muss ich die ganze Zeit an das Malen denken. Es lässt mich nicht los. Ich sitze wieder einmal vor einem weißen Blatt A4 Papier. Ich sitze und schaue. Lustig, wie Ölkreiden gespitzt werden können. Und dieser Spitzabfall lässt sich zu kleinen Kügelchen formen.

Fuzzie ist an meiner Tätigkeit sehr interessiert. Vor allem an den Kugeln. Sie beginnt damit zu spielen, also werfe ich sie weg, denn die bunten Fahrer am Parkettboden sind mühsam wegzuputzen.

Als ich mich wieder zum Zettel setze, merke ich, da ist doch schon etwas auf dem Papier. Ohne nachzudenken, zeichne ich weiter und es dauert gar nicht lange, mein erstes Bild ist fertig.

Ich bin richtig stolz darauf und betrachte es nun erst richtig. Ich wusste nicht, dass ich mich so gut an die Situation erinnern kann, in der ich zwei oder fast drei Jahre alt gewesen sein muss.

Während des Nachdenkens kommt Mama und wir überziehen das Bett neu. Eigentlich macht Mama das, ich stehe nur teilnahmslos dabei. Ich bin unfähig, irgendeine Arbeit in der Wohnung zu erledigen. Sie übernimmt auch das Staubsaugen.

Dr. Sislak hat zwischendurch gesagt, so wie es in einer Wohnung aussieht, widerspiegelt es das Seelenleben. In meiner Wohnung sind Chaos und Schmutz.

Nachdem Mama fertig ist, stelle ich ihr Fragen zum Bild. Woher ich das alles wissen kann? Mama kann mir leider keine Antwort darauf geben außer der Bestätigung, dass alles, an das ich mich erinnern kann, der Wahrheit entspricht.

Ich schildere Frau Dr. Sislak diese Hilflosigkeit und Unfähigkeit, die einfachen Aufgaben des Lebens zu bewerkstelligen. Sie erklärt mir, dass diese Antriebslosigkeit ein ganz deutliches Symptom der Depression ist und ich es immer wieder versuchen soll.

Zum Beispiel soll ich den Staubsauger mitten in den Gang stellen, und jedes Mal, wenn ich daran vorbei gehe, soll ich ihn ein Stück weiter Richtung Steckdose bewegen.

Mit der nächsten Weinattacke versuche ich ihr, mein Empfinden zu erklären. Ich vergleiche es mit dem Ausdruck eines EKGs, eines Menschen mit Rhythmusstörungen.

Ich fühle mich unter den Tränen, als würde ich eine Nulllinie haben. Medizinisch betrachtet ist eine Nulllinie der Tod.

Dr. Sislak unterbricht mich. „Sie haben keine Nulllinie! Sie sind nicht tot! Die Rhythmusstörungen sind vielleicht vorhanden, aber ich bin jetzt ihr Herzschrittmacher." Dieses Bild gefällt mir sehr gut und damit kann ich mich identifizieren.

Frau Dr. Sislak ist sehr erfreut, dass ich meine Hausübung gemacht habe, es findet sich keine Zeit, das Bild gleich zu bearbeiten. Zu massiv sind die Eindrücke, die aus mir kommen.

Diese Sitzung macht mich sehr müde. Ich bin erschlagen, als ich in den Wagner-Park marschiere. Diese Spaziergänge sind für mich zu „Erdungsspaziergängen" geworden. Ich erde mich dabei und komme wieder zurück in die reale Welt.

Zuhause angekommen habe ich einen Brief der Krankenkassa im Postkasten. Eine Vorladung für nächste Woche.

Ich bekomme Angst vor diesem Termin, allerdings muss ich da wohl hingehen.

Im alten Beruf wurde ich wegen meiner Gastritis einmal vorgeladen. Ein nicht sehr engagierter Arzt hat mich damals nicht untersucht oder nach meinen Befunden gefragt, sondern hat zu mir gesagt: „Sie sind 21. Sie können keine Gastritis haben. Ab morgen arbeiten Sie wieder. Auf Wiedersehen!" Schluck. Ich hatte damals,

zwei Tage nach dieser Vorladung, eine arthroskopische Untersuchung. Was will der Typ von mir? Mit der Gesundschreibung bin ich zu Dr. Führnsinn gefahren, der mich sofort wieder krankgeschrieben hat.
Mit diesen Erinnerungen halte ich den Brief der Kasse in der Hand und beginne teilweise aus Angst zu weinen.
Ich bin am Nachmittag wieder bei Mama. Die jüngste Tochter ihres Lebensgefährten ist da und ich beginne darüber nachzudenken, was sie von mir halten könnte. Mama erzählt mir, dass die vier Kinder wissen, dass es mir nicht gut geht, aber das genaue Krankheitsbild und die Symptome kennen sie nicht. Sie meint, dass die Kinder das gar nicht verstehen würden, womit sie vermutlich recht hat. Trotzdem grüble ich weiter und ich mache mir erstmals Gedanken, was andere über mich denken.
Eine weitere Spirale, wie sich bald herausstellen wird. Ein Denken, das Kopfweh bereitet.
Zum Glück bin ich am nächsten Tag wieder bei Sislak. Wir besprechen dieses Gefühl und diese Gedanken, und weil diese Spirale wider Erwarten recht schnell durchbrochen wurde, bleibt uns Zeit, das Bild zu bearbeiten.
Dazu setzen wir uns auf den Boden, das Bild liegt in unserer Mitte. Sie bittet mich, ihr meine Empfindungen zu erklären, beziehungsweise zu erzählen, welche Geschichte hinter diesem Bild steckt. Sie hört meinen Ausführungen sehr gespannt zu und schildert mir zum Schluss ihre Eindrücke und welche Schwingungen sie empfangen hat.
Sehr interessant, diese Sichtweise zu erfahren. Ich spüre, dass sich in mir etwas löst. Diese Geschichte wurde sortiert, ja diese Geschichte hat in meinem Mosaik den richtigen Platz bekommen. Diese Geschichte ist damit erledigt. So einfach geht das also?
Ich bekomme eine weitere Hausübung. Wieder ein Bild von einer Überschrift auf der Lebensliste zu malen. Sislak meint, ich kann mir eine Überschrift aussuchen, ich nehme aber gleich den nächsten Punkt.
Wieder funktioniert das Zeichnen nicht auf Anhieb. Aber weil ich diese Blockade ja schon kenne, verwende ich gleich das große Papier. Also, auf A3 funktioniert es nun.

Ich kann feststellen, wenn ich nicht an das Thema denke, sondern einfach die Hand zeichnen lasse, wird das Bild genau so, wie es sein soll. Die Hand signalisiert auch, wann das Bild fertig ist.
Bis auf eines gelingen auch in Zukunft alle Bilder schon beim ersten Mal. Dieses eine zeichne ich noch einmal, nur spiegelverkehrt und dann passt es. Zu Frau Dr. Sislak nehme ich das Original und das spiegelverkehrte Bild mit.
Es ist nicht nur so, dass mir die Gespräche, die Therapie im Allgemeinen sehr helfen, sondern ich merke, dass Frau Dr. Sislak zu einer der vier Säulen meines Lebens wird.
Die eine Säule ist Georg, der sich zusätzlich um meine Finanzen kümmert. Ich kann nicht einmal eine Überweisung machen, geschweige denn entscheiden, ob ich eine Versicherung wechseln soll oder nicht.
Die zweite Säule ist meine Mama, die dritte Ingrid – mein Engerl. Und eben Frau Dr. Sislak. Diese vier Personen werden von mir mit allen Informationen versorgt, die ich habe.
Jeder gibt mir Unterstützung und steht mir auf seine Art und Weise bei, wie es ihnen möglich ist.
Viele Personen stehen mit und zu mir, vielen Leuten vertraue ich und sie wissen, wie verletzlich und angreifbar ich momentan bin.
Doch nur diese vier Personen können mir etwas geben, das ich so sehr brauche. Ich kann es leider nicht sagen, was es ist, da ich es nicht weiß. Es ist etwas Unbegreifliches und Unerklärbares.
Meine Freunde stehen ebenso zu mir und doch ist es anders.
Dr. Sislak meint: „Sie haben sich ein fantastisches Auffangnetz gesponnen. Sie haben über so lange Zeit so viel in dieses Netz investiert, es ist nun Zeit, dieses Netz zu nutzen."
Das mache ich ab jetzt. Ich finde für mich ein Bild zum Netz. Ich stelle mir vor, dass ich auf diesem Netz stehe. Hier sind die Längsseile meine vier Säulen und die Verwandten, und die Querseile stellen meine Freunde dar. Keiner könnte ohne die anderen funktionieren oder das Netz würde Löcher bekommen und könnte mich nicht mehr tragen.

Ja, ich bin sehr stolz auf dieses Netz, weil ich weiß, dass ich wirklich sehr viel dafür getan habe. Zeit, Geduld, Nerven und auch Liebe. Meine Outings tragen jetzt Früchte und ich weiß, warum ich von Anfang an so offen mit meiner Erkrankung umgegangen bin.

Die meiste Zeit verbringe ich noch immer zuhause in meiner Höhle, doch hierher kommen mich immer wieder Leute besuchen, die ich auch gerne in meine Wohnung lasse. Es muss nur immer längere Zeit ausgemacht sein.

Spontanität funktioniert nicht, diese verunsichert mich und zerstört meine innere Ruhe.

Oft borge ich mir einen Beamer aus und wir machen Fußballabende, zu denen viele Freunde in meine Wohnung kommen.

In dieser Zeit bin ich weiterhin alle vierzehn Tage im Turnverein. Es ist meine einzige Bindung an die Öffentlichkeit. Das Training in der ersten Reihe halte ich nicht aus, doch im Hintergrund gibt es genügend administrative Tätigkeiten zu erledigen, wie Trainingspläne erstellen, Daten in die Karteien einzugeben und einfach nur zu telefonieren.

Lebensliste

Ein bisschen habe ich davon schon erzählt.
Was soll ich auf die Lebensliste schreiben? Stundenlang liegt dieser weiße Zettel vor mir.
Die erste Idee, die ich habe, ist, mir auf einem Schmierzettel alles aufzuschreiben.
Ich versuche, mit meinen Erinnerungen in die Zeit zurück zur Kindheit zu gehen.
Sofort fällt mir die Kindergartenzeit ein. Ich bin nicht gerne in den Kindergarten gegangen. Meine Tante hieß Silvia.
Heute weiß ich dank Jana, die selbst eine ist, dass die Berufsbezeichnung Kindergartenpädagogin ist und man den Vornamen verwendet.
So steht auf dem Lebenslistenschmierzettel bald „Muss in der Ecke stehen, da ich mir nach dem Klogehen nicht die Hände gewaschen habe" Soll das auf die Lebensliste? Ich weiß es nicht.
Doch der Hilfszettel hilft, wenn auch nur bedingt. Schon bald ist er voll und ich schreibe auf der Rückseite weiter.
Auf den eigentlichen Zettel, der meine Lebensliste werden soll, schaffe ich es nicht, etwas hinzuschreiben.
Wie schon erwähnt, wechsle ich den A4 Zettel gegen einen A3 und plötzlich kann ich schreiben. Mein Unterbewusstsein dürfte mir tatsächlich suggeriert haben, dass der erste Zettel zu klein ist und mich darum beim Schreiben blockiert.
In annähernd chronologischer Reihenfolge steht nun an Position eins: „Mir wird ein Kasten auf die Zehen gestellt". In einer Wurst geht es weiter. Ich kann nicht mehr aufhören zu schreiben.
„Der Dicke kommt in den Kindergarten" steht genauso oben wie „Franzi fährt mit der BRIO-Eisenbahn in die falsche Richtung" oder eben „Muss in der Ecke stehen, da ich mir nach dem Klogehen nicht die Hände gewaschen habe".
Weitere Punkte sind: „Tauffeier von Georg", „Mama weint am Telefon", „Mein Bruder hat eine Schwammerlvergiftung", „Ich muss in den Legasthenieförderunterricht", „Schlangenphobie", „Werde von meinem Cousin unterdrückt", „Erster Krimi mit Andrea", „Der Tod von

Großvati", „Paninipickerl gefladert", „Bein gebrochen", „Judokämpfen", „Schulische Entscheidung", „Lehre zum Vermessungstechniker", „In den Turnverein eingetreten", „Trennung von Nina, die mich 2,5 Jahre betrogen hat".

Weitere Themen, die in der jetzigen Situation nicht mehr diese große Bedeutung haben, beziehungsweise auf die ich nicht weiter eingehen werde, sind: „Heimweh auf diversen Ferienlagern", „Erste Wohnung", „Buddhismus und die Meditation", „Erfahre mit fünfundzwanzig, dass ich überdurchschnittlich intelligent bin", „Aussagen meines Onkels", „Bekomme den Titel `Gruppenpapa´ ", „Ingrid kennengelernt", „Kindheitstraum – der Staplerfahrer", „Tauchunfall", „Will mein Gehirn verkaufen", „Diverse Trennungen von diversen Freunden und Lebensbegleitern", „Kaufe mir ein Haus" und „Besuch im Legoland".

Ich zähle hier nicht alles auf und bin auch der Meinung, dass diese Liste ständigen Veränderungen unterliegt.

Die Punkte stehen im Augenblick zwar auf dem Zettel, doch können weitere folgen oder manche sich einfach auflösen, ohne dass ich sie behandle. Das sagt mir Dr. Sislak, als sie die Liste sieht. Die Liste füllt die ganze A3 Seite aus, alles ist klein geschrieben. Einzig auf der Rückseite steht die Überschrift „Franka".

Es hat für mich irgendwie eine komische Bedeutung. Vermutlich habe ich einiges vergessen, beziehungsweise wird diese Liste wohl nie fertig werden.

Alle Überschriften werden von mir gezeichnet und damit abgearbeitet werden. Die Bilder bespreche ich mit Dr. Sislak. Ich merke, dass mir viele Informationen zu diesen Geschichten nicht mehr in Erinnerung sind, doch auch, dass ich dieses Wissen eigentlich brauche. Die Bilder aus frühester Kindheit bespreche ich mit Mama und hole mir von ihr die Informationen.

Ich habe teilweise das Gefühl, dass Mama selbst ganz tief in ihren Erinnerungen kramen muss.

Einige Überschriften laden zum nochmaligen Nachdenken ein, um die Positionen in meinem Mosaik zu festigen. Zum Beispiel das erste Bild: „Mir wird ein Kasten auf die Zehen gestellt" ist etwas, woran sich Mama auch nur mehr ganz dunkel erinnern kann.

Auf meiner Zeichnung liegt Mama im Bett und zwei Männer verschieben einen Kasten. Ich war ein sehr umtriebiges Kind und musste überall in der ersten Reihe dabei sein. Mitten drinnen, statt nur dabei! Mama erzählt mir, dass sie hoch schwanger war und einen Hexenschuss hatte. Der Kasten musste verschoben werden, weil wir eine Waschmaschine bekommen haben. Einer der beiden Männer dürfte mein Onkel Sepp gewesen sein, der andere wahrscheinlich sein Freund.
Mein Erzeuger war es nicht. Der war zu diesem Zeitpunkt anderwärtig beschäftigt. So drücke ich es sehr vornehm aus.
Weil ich unbedingt helfen wollte, wurde mir der Kasten versehentlich auf die Zehen gestellt. Niemand wollte mir Böses.
Ich habe keine weiteren bleibenden Schäden davon getragen. Aber die Situation hat sich scheinbar in meine Hirnrinde eingebrannt.
Mama ist sehr beeindruckt, dass ich mich an diese Geschichte erinnern kann. Dieses Erlebnis hat eben vor zirka dreißig Jahren stattgefunden. Ich war zwei Jahre alt. Wir denken darüber nach, ob es möglich ist, dass ich eventuell irgendwo Fotos gesehen und mir daher eine Geschichte zusammengereimt hätte.
Es kann nicht sein, es ist eine manifestierte Erinnerung, ein Rucksack, den ich über so lange Zeit getragen habe.
Nun ist der Zeitpunkt gekommen, sie in mein Mosaik zu legen. In der Therapie arbeiten wir diese Erinnerungen auf und es fließen wieder viele Tränen. Die Hilflosigkeit, dass Mama hoch schwanger im Bett liegt und ich ihr nicht anders helfen kann außer diesen Männern beim Tragen!.
Und doch bin ich im Weg und so verletze ich mich und meine Verletzlichkeit wird mir vor Augen geführt. Eine sehr interessante Erfahrung.
Eine Überschrift nach der anderen. „Gleichenfeier im Haus" heißt die Überschrift, da ich mir hier nicht sicher bin, interviewe ich vor dem Zeichnen Mama. Sie sagt, es hat keine Gleichenfeier gegeben, aber Georgs Taufe wurde im Rohbau gefeiert.
Meine Eltern haben in dieser Zeit ein Haus gebaut, es jedoch nicht fertigstellen können. Bevor es so weit gekommen ist, haben sie sich getrennt und keiner der

beiden hatte genug Geld, das Haus fertig zu bauen. So wurde es verkauft.

Erst als ich den passenden Titel für mein Bild hatte, war es mir möglich, es zu zeichnen. Es ist eine schöne weiße Tafel im Raum mit Blumen und ein wenig Tischschmuck.

Die Festgäste sind nicht hier. Bei Dr. Sislak stellt sich heraus, dass die Personen „vor der Tür auf Einlass warten".

Ich bin es, der sie nicht ins Haus lässt. Warum mache ich das?

Frau Sislak fragt mich nach den komischen schwarzen Linien in den Ecken. Mir sind die noch gar nicht richtig aufgefallen, aber sie sind vorhanden und deutlich sichtbar.

Plötzlich ist mir klar, was die Linien bedeuten. Es sind die Unterputzstromleitungen, die in Eigenregie vom Vater gemacht wurden. Sie sind der Grund, warum ich die Leute nicht ins Haus lasse. Der Vater ist der Grund.

Zumindest löst mir diese Erkenntnis die Schwere des Bildes und es ist mir möglich, den nächsten Mosaikstein zu platzieren. „Der Dicke kommt in den Kindergarten" wird von mir gezeichnet.

Zu sehen ist, dass wir beide Hand in Hand in der Gruppe stehen. Dieses Bild ist eine aktive Erinnerung, für mich ohne Belastung, mit Freude und Dankbarkeit verbunden, da ich einen Freund fürs Leben gefunden habe, und damit ist dieses Bild in der Therapie leicht aufzulösen und ihm seinen Platz im Mosaik zu geben.

Ebenso wie die Begebenheit, als der Franzi die BRIO-Eisenbahn aufgebaut hat. Er hat bei diesem Holzspielzeug die Lokomotive am Ende des Zuges positioniert und die Waggons vor sich hergeschoben. Aber eine Lokomotive gehört doch nach vorne! Ich kann mich erinnern, er hat das damit begründet, dass er Verschub spielt. Wie auch immer, ich denke, diese Geschichte zeigt mir für mein weiteres Leben, dass ich nicht alles, was passiert, verstehen kann. Zumindest ist sie mir so massiv präsent geblieben, dass sie auf meiner Lebensliste steht und nun ein Teil meines Mosaikes geworden ist.

Weitaus schwieriger wird es mit der Geschichte: „Muss nach dem Klogehen in der Ecke stehen, da ich mir die Hände nicht gewaschen habe".
In meiner Erinnerung ist es so, dass wir neben dem WC ein Bidet hatten, in dem Wasser war, damit wir uns dort die Hände waschen konnten.
Mein Kindergarten war im Keller einer Wohnhausanlage untergebracht und die Räumlichkeiten waren eigentlich nicht für kleine Kinder eingerichtet. So waren die Waschbecken in einer für uns unerreichbaren Höhe aufgehängt und darum die Lösung mit dem Bidet.
Ich war damals am Klo und im Bidet war kein Wasser.
In der Gruppe zurück hat mich Tante Silvia gefragt, ob ich mir die Hände gewaschen hätte. Meine kurze Antwort: „Ja". Sie hat mich an der Hand genommen und mich zurück aufs WC geführt und mich gebeten, dass ich ihr zeige, wie ich das gemacht hätte. Tja, ich konnte mich noch so weit auf die Zehenspitzen stellen und strecken, am Waschbecken erreichte ich die Armaturen nicht.
Die Lüge ist aufgeflogen.
Als Strafe musste ich in der Ecke stehen.
Diese Zeichnung ist die, die ich zweimal zeichnen „musste". In der ersten Variante ist nur der Raum des Kindergartens zu sehen und eine tiefer gehende Darstellung ist nicht möglich.
Bei der Zweiten, der spiegelverkehrten, finde ich meine Position im Bild, die ich auch darstellen kann. Der Raum ist sehr düster und finster. Das Bild ist kalt. Nur beim Fenster, das wir in Wirklichkeit gar nicht hatten, sieht man Sonne, grüne Wiesen und den blauen Himmel.
Dr. Sislak hört meinen Ausführungen zu und bringt mich auf den Gedanken, dass es eventuell mein erster Liebesentzug und die erste Demütigung meines Lebens waren.
Tante Silvia hat mich gedemütigt und mir ihre Liebe entzogen. Habe ich ihr das etwa bis heute nicht verziehen? Diese beiden Fragen behandeln wir bis zum Ende der Therapieeinheit, kommen zu Antworten und damit zur Möglichkeit, die Mosaiksteine im Bild auf den richtigen Platz zu legen und sie in die korrekte Position zu drehen.

Die Quintessenz dieses Erlebnisses ist wohl, dass ich mich damals entschieden habe, in meinem Leben nicht mehr zu lügen.

So sehr weh es manchmal tut, so unangenehm und brutal die Wahrheit oft ist, dank meiner Kindergartentante habe ich in meinem bisherigen Leben fast immer die Wahrheit gesagt und war ehrlich. Welche Auswirkungen die Demütigung auf mein Leben genommen hat, das kann ich nicht sagen, gehabt hat sie es bestimmt.

Eine Geschichte mit immenser, mir unbekannten Tragweite ist „Mama weint am Telefon". Schon beim Zeichnen dieses Bildes fließen die Tränen in Strömen.

Vor meinem inneren Auge erscheinen Bilder, die ich in der untersten Schublade, im hintersten Zimmer, im tiefsten Keller versteckt habe. Mama sitzt mitten in der Nacht mit dem Telefonhörer im Vorzimmer. Sie weint bitterlich und ich stehe vor ihr. Ich sehe sie mit großen und fragenden Augen an.

Dieses Bild wird aus einem Blickwinkel gezeichnet, der aus meinen Augen stammt, allerdings müsste ich als Dreijähriger schon zweieinhalb Meter groß gewesen sein. „Deckenblick" ist meine Bezeichnung dafür.

Dieses Bild ist wider Erwarten so einfach zu zeichnen. Alles geht von allein und es ist schnell fertig. Mit den Erfahrungen der letzten Bilder betrachte ich es heute schon zuhause ganz genau. Ein paar Schuhe sind zu sehen.

Das Bild liegt vor uns, ich erzähle Sislak die Geschichte und sie fragt nach meinen momentanen Empfindungen.

Ich spüre von Trauer bis zur Hilflosigkeit, von Schmerz bis Ratlosigkeit, von Angst bis Leere einfach alles. Sislak weist mich darauf hin, dass ich als Kind in dieser Situation nichts verloren habe. Der kleine Bub sollte schlafen. Er ist, aus welchen Gründen auch immer, munter geworden und hat seine Mama weinen gehört. Er ist vollkommen erschlagen und überfordert von diesen Eindrücken.

Das kleine Ich ist vollkommen hilflos. „Die Schuhe" sind ihm zu groß. Ich kann die Bedeutung der Schuhe erkennen! Jetzt ist mir klar, warum sie auf diesem Bild sind.

Dieser Mosaikstein ist vermutlich genauso groß wie jeder andere, doch vom Gewicht her ist er wohl einer der

allerschwersten und er hat mehr Ecken und Kanten als andere.
„Schwammerlvergiftung meines Bruders" - wie soll man das denn zeichnen?
Immer wieder stehe ich vor dieser Frage und Aufgabe.
Drei Tage ist er unter akuter Lebensgefahr gestanden und ich war bei meinen Großeltern. Dass er sterben hätte können, das habe ich damals nicht verstanden, ich habe auch nicht verstanden, warum ich bei meinen Großeltern schlafen musste.
Mama hatte das große Glück – sie war auch vergiftet, jedoch nicht so stark -, dass sie bei Georg im Spital auf der Kinderstation bleiben durfte.
Die Erinnerung in mir ist nicht eine, die auf ein Spitalszimmer deutet oder an medizinische Geräte oder Medikamente. Es ist eine, die die allgemeine Situation von damals reflektiert.
Die Nervosität in der Familie und dass etwas passiert, was ich nicht verstehe. Irgendwie musste es aber auch um mich gehen, weil sich die Verwandten um mich sehr intensiv kümmern und Mama nicht da ist.
Mama erzählt mir, dass ich nur einmal im Spital auf Besuch war und ich weiß, dass ich keine Erinnerung an Spital oder Krankenzimmer oder –bett habe. Doch die Zeichnung beinhaltet all das, was ich nicht kenne.
In meiner Therapiestunde arbeiten wir heraus, dass es nicht wichtig ist, wie das damals war.
Ich bin einfach so unendlich froh, dass es gut ausgegangen ist.
Heute kenne ich die Tragweite und weiß, was es bedeutet, wenn man unter Lebensgefahr steht. Es war damals der erste Kontakt mit dem Tod, auch wenn ich das nicht verstanden habe.
In der Therapiesitzung führt mich Dr. Sislak ganz behutsam auf diesen Punkt. Die Augen geöffnet, ist meine Angst ungebrochen, aber begründet.
Die Tränen kommen aus Angst und Verzweiflung.
Mein Erdungsspaziergang heute ist sehr lange und ich komme nur schwer in die Realität zurück. Sogar zuhause angekommen, ist sie so weit entfernt von mir.
Mama und ich sprechen noch ein paar Mal über die damaligen Vorkommnisse und Eindrücke.

Dieser Teil meines Mosaikes ist im Gegensatz zu den anderen einer, an dem ich noch länger zu arbeiten haben werde.
Tod wird mich immer wieder in meinem Leben belasten und so weit führen, dass ich mit dem Tod Freundschaft schließen werde.
Heute akzeptiere ich, dass Tod ein Teil des Lebens ist. Er gehört zum Leben wie die Nacht zum Tag.
Mein Glaube ist einfach so, dass ich die Personen, die ich gerne wiedersehen möchte, auch wiedersehen werde. Dies passiert nur, wenn ich selbst sterben werde.
Wenn es Zeit ist, wird es so sein.
Bevor wir das Bild „Ich muss in den Legasthenieförderunterricht" bearbeiten, besprechen wir die nahe Zukunft.
Ich möchte am ersten Juni wieder arbeiten gehen und Dr. Sislak erzählt mir, dass ein normaler Krankenstand bei meiner Erkrankung drei bis sechs Monate dauert.
Angespannt lausche ich ihren Ausführungen, beschließe für mich selbst, der erste Juni wird gehalten. Ich gehe dann wieder arbeiten. Dr. Sislak ist sehr erstaunt, jedoch nicht überrascht, als sie erfährt, dass ich Legastheniker bin.
Meine Legasthenie äußert sich in einer massiven Rechtschreibschwäche sowie in einem sehr guten räumlichen Vorstellungsvermögen, aber auch in einer Bihändigkeit. Ich kann einen Schraubenzieher oder Hammer sowohl mit der rechten als auch mit der linken Hand bedienen. Für mich macht das keinen Unterschied. Die rechte Hand ist nur besser trainiert. Es ist mir sogar möglich, einen Stift in die rechte Hand und einen in die linke Hand zu nehmen und gleichzeitig in Spiegelschrift zu schreiben.
Der spezielle Förderunterricht bestand damals darin, dass wir zu dritt in eine Klasse gesetzt wurden, wo uns ein junger Lehrer nach dem normalen Unterricht noch eine Stunde in der Woche beschäftigte. Soweit ich mich erinnere, habe ich dort nicht wirklich viel gelernt.
Die Zeichnung entsteht. Darauf zu sehen sind eine fast leere Klasse, drei Schüler und ein Lehrer in einem rosa Anzug. Das erste Kind schläft am Pult, das zweite schaut beim Fenster hinaus und das dritte malt in einem Buch.

Ich weiß nicht, welches ich bin, ich vermute, ich bin alle drei. Vor ein paar Jahren wurde ich auf Legasthenie ein weiteres Mal getestet, und diese Schwäche besteht bis heute.
Dr. Sislak hat sich offenbar mit Legasthenie beschäftigt und beginnt zu lächeln, als ich mein Bild erkläre.
Ich schildere meine Empfindungen in dieser Klasse. Dass ich mich sehr unwohl fühle und ich nicht weiß, was ich dort machen soll. Mir wird auch klar, warum er einen rosa Anzug anhat. Weil er für mich einfach lächerlich ist. Dr. Sislak meint, dass die Forschung und das Wissen über die Legasthenie in meiner Kindheit noch nicht so weit fortgeschritten waren, wie das heute der Fall ist. Darum hat sie immer wieder die Erfahrung gemacht, dass man legasthene Kinder damals zwar erkannt hat, was man mit ihnen machen soll, wusste man jedoch noch nicht. Das alles weiß ich auch von meiner Mama, die sich nach meiner Schulzeit intensiv mit Legasthenie beschäftigt hat. So ist es nichts Besonderes, dass in den Förderklassen Junglehrer eingesetzt wurden, die sonst zu wenig Stunden Lehrverpflichtung gehabt hätten. Meist waren diese Lehrer vollkommen überfordert - so wie meiner im rosa Anzug. Dr. Sislak hilft mir jedoch dabei, ihn erstens nicht zu verurteilen, weil er es nicht besser wusste und zweitens die Legasthenie als Begabung zu erkennen und nicht als Krankheit.
Ja, ich bin soweit begabt, dass ich beide Hände in gleich starker Ausprägung einsetzen kann. Davon gibt es einige, aber nicht viele Menschen.
Ich bin also besonders begabt. Das ist eine vollkommen neue und einzigartige Erfahrung, die es gilt, als positiv anzunehmen. Die Mosaiksteinlegung im Zusammenhang mit der Legasthenie hat einen weiteren Auslöser.
Ich konnte mir bei Dr. Sislak nicht merken, wie der Titel der Hausübung lautet. Mit einer Eselsbrücke habe ich mir geholfen. Es gibt einen Mundartausdruck, den ich mir immer wieder in Erinnerung rufe, der mich nun lange Zeit begleiten wird: „auf die legast di nie." So hab ich mir die Hausübung gemerkt.
Wenn ich die Muße finde, dann lese ich über meine Erkrankung und finde ein weiteres Symptom, das auf

mich zutrifft. Es handelt sich um das Zurückziehen und Niemandem-zur-Last-fallen-wollen.

Es ist wirklich so, dass ich kaum mehr mit der Außenwelt kommuniziere. Das Handy ist seit Beginn an lautlos gestellt und egal, wer mich anruft, ich hebe kaum das Telefon ab, auch wenn ich den Anruf sehe.

In diesem unmittelbaren Zusammenhang steht auch, dass ich niemandem auf die Nerven gehen will. Im Skype kommuniziere ich zwar schon mit ein paar Freunden, aber ich will nicht einmal Mama zur Last fallen. Es ist so, dass ich niemandem erzählen will, dass es mir nicht gut geht.

Wenn ich Hilfe brauche, dann versuche ich so lang und gut es geht, alles selbst zu machen. Ist das nicht zu schaffen, dann schiebe ich es einfach auf, suche eine Alternative, die ich allein schaffen kann oder mache es überhaupt nicht. So zum Beispiel das Bett überziehen oder Staubsaugen, Zähneputzen und Duschen.

Diese Antriebslosigkeit ist ein ganz typisches Zeichen für meine Krankheit. Ich habe vierzehn Kilogramm abgenommen. Mama und Georg sind jetzt in Sorge. Anfänglich hat Mama noch gemeint, man hält das schon eine Zeit aus und ich war gutgebaut, doch nun sehe ich das erste Mal seit meiner Pubertät wieder meine Rippen. Darüber habe ich im Internet gelesen: Depressionen können mit massivem Gewichtsverlust, aber auch mit immenser Gewichtszunahme einhergehen. Bei mir zeigt sie sich mit Gewichtsverlust. Hungergefühl habe ich weiterhin keines. Nur Flüssigkeit nehme ich in großen Mengen zu mir. Flüssigkeit heißt klares, frisches Leitungswasser.

Die Tage, an denen ich bei Dr. Sislak bin, bekommen eine Routine, ich brauche Rituale, und wenn sie unterbrochen werden, ist das für mich und mein Empfinden sehr schlecht. Wenn ich am Weg nach Wien bin und im morgendlichen Stau stehe, muss ich Bananen essen und viel Wasser trinken, am Parkplatz vor dem Wagner-Park muss ich auf die Toilette gehen, etwas lesen, vor dem Haus von Dr. Sislak muss ich unbedingt Solitär am Handy spielen, am Weg zu ihrer Eingangstür muss ich einen Kaugummi nehmen, und erst jetzt kann ich bei ihr anläuten. Nach der Therapiestunde wieder ins Auto, am Parkplatz auf das WC, Erdungsspaziergang und

dann erst heimfahren. Am Heimweg bleibe ich fast immer irgendwo stehen und kaufe einige Lebensmittel. Dieses Einkaufen funktioniert nur in Wien. In Schotterbach bin ich nur in meiner Wohnung oder bei Mama, nirgends sonst.
Eine Zeichnung beinhaltet ein großes Familien-Geheimnis. Ich trage deren zwei mit mir umher und sie belasten mich wirklich.
Nachdem eines angesprochen wurde, muss auch das Zweite besprochen werden.
Dr. Sislak empfiehlt mir, die beiden niederzuschreiben und in ein Kuvert zu geben.
Zuhause sind die Geheimnisse weiterhin sehr präsent, und ich versuche, sie zu Papier zu bringen. Dies gelingt mir wider Erwarten nicht. Ich habe mittlerweile gelernt, in mich zu horchen und auf die Signale zu achten, die mir mein Unterbewusstsein und mein inneres Ich senden.
Ich bin es falsch angegangen, und erst als ich die beiden Geheimnisse einzeln behandle, ich ihnen mit positiven Gedanken gegenüberstehe und ihnen jeweils einen Brief schreibe und sie darin als Persönlichkeiten anspreche, funktioniert es. Dafür dann ganz leicht und sehr flott. Die Briefe stecke ich in ein Kuvert und adressiere sie auch.
Damit mein Inneres beruhigt ist, klebe ich die Briefe in die Kuverts. Sollte sie jemand finden und öffnen, würden sie sich beim Aufmachen zerreißen.
Mit diesen Briefen gehe ich zu Sislak und erzähle ihr von der spionagetechnischen Maßnahme.
Sie gibt mir den Gedankenanstoß, dass ich die Briefe nun vergraben könnte. Bei meinem Erdungsspaziergang sind die Briefe in meinem Rucksack und selbiger auf meinem Rücken.
Ich wollte schon länger wissen, was da für eine Trafostation mitten im Wald steht und biege dorthin ab. Der Weg führt mich daran vorbei auf einem Trampelpfad tiefer in den Wald. Diesen Pfad verlasse ich und es geht einfach irgendwohin ins Unterholz. Spinnweben hängen in meinem Gesicht und auf der Kleidung. Weiter und weiter geht es in den Wald, und dann ist der richtige Platz gefunden. Hier nehme ich einen Stein und ei-

nen Ast und versuche, in den harten Waldboden ein Loch zu graben.
Beide Briefe lege ich in die Grube, bedecke sie mit der ausgegrabenen Erde und verdichte alles mit dem Stein.
In mein Gehirn brennt sich dieser Platz ein, doch ob ich den Weg dort hin noch einmal wiederfinden würde, bezweifle ich.
Zurück zum eigentlichen Erdungsweg, gehe ich absichtlich einen anderen als auf dem Hinweg.
Der Rucksack ist leer und absolut leicht. Diese Last ist weg. Die Briefe hatten großes emotionales Gewicht. Ich fühle mich erleichtert, sogar etwas frei. Ich denke nicht, dass mir jemand mit diesen Geheimnissen eine Last auflegen wollte, doch waren sie für mich vielleicht doch zu schwer.
„Schlangenphobie" habe ich.
Angst, Ekel oder wie immer man diese Empfindungen bezeichnen möchte, belasten mich.
Es ist vorgekommen, dass ich im alten Beruf hinter einem Kollegen eine Böschung hinunter gegangen bin. Er blieb stehen und sagte: „Schau, eine Blindschleiche". Aus dem Stand sprang ich auf seine Schultern. Auch wenn Blindschleichen keine Schlangen sind, sehen sie so aus und es ist dieses komische Gefühl der Angst in mir.
In Indonesien im Dschungel gehe ich nur in der Mitte der Gruppe. Vor mir zwei vertraute Personen, die mich warnen würden und hinter mir die, die mich eher nicht warnen würden. Diese Reihenfolge habe ich schon absichtlich so manipuliert. Wissen tut das bis heute keiner der Mitreisenden.
In Florida waren wir in den Everglades. Sawgrasmills heißt das Naturschutzreservoir. Wir fahren mit so einer großen Badewanne mit Propeller in die Sümpfe und sehen riesige Alligatoren.
Zurück im Camp gibt es eine Führung durch eine angeschlossene Tieraufzuchtstation.
Damals hatte man die guten alten VHS-Camcorder und ich filmte in diesem Park. Georg und ein Freund stehen bei einem Glaskobel. Der Pfleger öffnet den Deckel und eine gelbe Python schlängelt sich nach oben. Meine Kamerahaltung wird sehr zittrig.

Es beginnt ein Wegzoomen und Wegzoomen und Wegzoomen. Irgendwann ist es aus, und man kann einen zirka fünfzig-Meter-Abstand zwischen dem Terrarium und mir erkennen.
Sehe ich im Fernsehen eine Schlange und schalte nicht schnell genug weg, dann kann ich davon ausgehen, dass ich einen Alptraum von diesen Tieren habe.
Alles, was größer als ein Regenwurm ist und keine Beine hat, fällt unter diese Kategorie.
Georg hatte einmal ein Erlebnis, als er mit meinem Moped nach Wien gefahren ist. Auf der Strecke ist ihm beim Lenker eine Schlange entgegen gekommen. Er hat das Tier gepackt und zur Seite geschleudert. Wenn mir das passiert wäre, dann hätte ich wohl einen Unfall gehabt. Ich wäre vom Moped gesprungen.
Ich soll also meine „Schlangenphobie" zeichnen. Das Bild habe ich sofort im Kopf und damit auch sehr schnell auf dem Papier.
Dr. Sislak betrachtet mein Werk einige Zeit, und ich erzähle ihr von der Geschichte.
Verbunden damit ist der erste Schritt in meine Unabhängigkeit. Ich habe mir als Kind ein BMX-Rad gekauft von meinem ersparten Geld. Fast zwei Jahre habe ich dafür gespart und war überglücklich, als ich es endlich mit nach Hause nehmen konnte.
Eines Tages bin ich mit meinem BMX im Wald unterwegs gewesen. Als ich an eine Lichtung komme, sehe ich eine Schlange eingeringelt am Boden liegen und sich sonnen lassen. Sie liegt mitten auf meinem Weg. Ich schreie sie an, sie soll verschwinden. Nichts passiert außer diesem ekelhaften Züngeln. Sie bewegt sich keinen Zentimeter, somit entschließe ich mich, neben ihr vorbei zu fahren. Als ich auf gleicher Höhe bin, springt sie plötzlich auf. Ich kann nicht mehr reagieren. Sie schlängelt sich in meinen vorderen Reifen. Kriecht in die Speichen, wird aufgehoben und in meiner Gabel zerschnitten. Sehr viel Blut und Gedärme verteilen sich über mein Fahrrad und über den Waldboden. Ich bin so perplex, dass ich im ersten Augenblick einfach weiterfahre und nicht realisiere, was gerade passiert ist. Etwas später wird mir erst klar, dass ich dieses unberechenbare Wesen soeben getötet habe.

Auf meinem Bild ist genau der Moment oben, wo die Schlange zerschnitten wird.

Dr. Sislak hält mir mein Töten vor Augen. Diese Gedanken habe ich über viele Jahre unterdrückt und nie zugelassen. Jetzt bin ich in einem Alter, in dem ich diese Gewaltausübung relativieren kann.

Ich habe getötet, obwohl ich nicht wollte. Es ist passiert und ich muss mir deswegen keine Vorwürfe machen.

Heute weiß ich, dass Schlangen taub sind. Ich hätte stundenlang schreien können, sie hätte mich nie gehört. Wenn ich auf den Boden aufgestampft hätte, dann hätte sie mich gehört. Schlangen hören mit dem Bauch, beziehungsweise spüren sie die Schwingungen im Boden. Ich spüre, dass diese Geschichte nur mit dem Kopf zu lösen ist. Das würde bedeuten, dass die Angst auch nur aus dem Kopf kommt.

Mir fällt ein weiteres Erlebnis mit Schlangen ein.

In meiner Volksschule war es Brauch, dass einmal im Jahr ein Schlangendompteur eine Vorführung mit seinen Tieren abgehalten hat. Die Burschen der vierten Klassen wurden aufgefordert, die große Würgeschlange zu schultern und sie durch die Aula zu tragen, damit alle anderen Schüler sie berühren können.

Ich wollte dies nicht tun. Mir grauste vor dem Tier, wurde jedoch dazu gezwungen.

Unser Direktor führte ein sehr strenges Regime, da fiel schon einmal ein Bub die Stufen hinunter, nachdem er eine Kopfnuss erhalten oder bei achtzig Kniebeugen solche Muskelkrämpfe hatte, dass er nicht mehr stehen konnte.

Mit diesem Wissen möchte ich nichts riskieren und stelle mich ganz ans Ende der Schlange, wo ich sie kaum berühren muss. Mir war schwindlig vor Ekel und mir rinnen Tränen vor Verzweiflung hinunter. Ich habe Dr. Sislak noch nie so erlebt. Sie wird richtig ungehalten und ist über diese Erziehungsmethoden ziemlich aufgebracht.

Genau kann ich ihre Worte nicht mehr wiedergeben, so ungefähr sagt sie zu mir: „Was ist denn das für ein Pädagoge? Das ist wohl das Allerletzte. Er selbst sollte von der Schlange gewürgt werden!" Ich habe fast das Gefühl, als würden bei dieser so guten, analytischen und distanzierten Psychotherapeutin Muttergefühle durchbre-

chen. Sie reagiert wie eine sehr besorgte Person, deren Verpflichtung darin besteht, gegen diesen Direktor vorzugehen.
Nach einiger Zeit kommt ihre Gelassenheit wieder zurück und sie führt mich dort hin, wo ich mit den Schlangen Frieden schließen kann. Wie es gehen könnte, weiß ich nun, ob es mir gelingen wird, wird sich zeigen.
Zuhause angekommen merke ich, dass sich in mir etwas verändert hat.
Ich bin zwar noch nicht so weit, dass ich Schlangen im Fernsehen suche, doch wenn sie da sind, kann ich das Programm laufen lassen und muss nicht mehr abschalten. Mit dem aktiven Hinsehen wird es vermutlich etwas dauern, aber die Erfolge, die ich jetzt schon sehen kann, geben mir Mut, meine Phobie irgendwann so weit unter Kontrolle zu haben, dass ich eines Tages das Haus des Meeres besuchen kann oder bei einem Tauchgang nicht mehr abbiegen muss, um einer Schlange auszuweichen.
Es geht sogar so weit, dass ich auf einem Erdungsspaziergang eine Blindschleiche am Weg liegen sehe, zwar wegschauen muss, aber daran sehr schnellen Schrittes vorbeigehen kann.
Für mich ist diese Geschichte ein Paradebeispiel dafür, dass es erstens Auslöser im Kopf gibt, denen man entgegen wirken kann und zweitens ist mein eingeschlagener Weg ein sehr harter, aber einer, der von Erfolg gekrönt ist.
Zuhause muss ich mich neuerlich der Informationsflut ergeben.
Es ist wie ein Zwang. Wie oft habe ich heute schon den Online-Kurier gelesen? Wie oft war ich schon auf diversen Sportseiten im Internet?
Mein Wissensdurst geht nun sogar so weit, dass ich mir jegliches Wissen aneigne. Ich weiß jetzt, dass ein Schmetterling zwölftausend Augen hat, dass Schweine nicht nach oben sehen können, Madonna nur unwesentlich größer als ein erigierter Elefantenpenis ist, sämtliche Schwäne in England Eigentum der Königin sind, ab einer Kälte von neunzig Grad Fahrenheit der Atem gefriert und zu Boden fällt, in Indien Spielkarten rund und Erdnüsse ein Teil von Dynamit sind. Das sind

nur ein paar Beispiele, sie lassen sich beliebig fortsetzen.
„Ich werde von meinem Cousin unterdrückt".
Wie zeichnet man denn so etwas? Wieder so eine Frage, die ich mir stelle.
Zuhause angekommen, liegt ein Zettel vor mir. Die Stifte müssen, wenn ich sie nicht brauche, auf einem eigenen Platz liegen, den ich erst im Laufe der Zeit gefunden habe. Ich richte mir die Ölkreiden her, spiele mit ihnen und mit meinen Fingern.
Schon ist der erste Strich gezeichnet. Ein weiterer und noch einer. Es entsteht ein Siegerpodest. Ganz oben steht mein Cousin, der um ein Jahr älter ist als ich. Ich selbst finde mich auf Position drei wieder. Rund um dieses Podest sind viele Dinge, die wir gemeinsam gemacht und erlebt haben. Sei es, als er mir Radfahren gelernt oder sich den Nagel durch den Schuh gestoßen hat, auf der Müllhalde, wo wir eigentlich nicht spielen durften. Auch die viele Zeit, die wir gemeinsam in den Ferien verbracht haben, in denen ich sehr oft bei seiner intakten Familie war und wo so viele Kinder in der Umgebung in meinem Alter waren, mit denen wir herumgetobt haben. Der Traktor der Großtante ist ebenfalls gezeichnet. Mit diesem Traktor habe ich als Zwölfjähriger Autofahren gelernt. Stundenlang sind wir am Feld draußen gewesen und haben Heu gewendet und eingeholt, am Heuboden Saltoübungen von den Dachbalken gemacht, im Stall Kühe gemolken oder Schweinehälften, die im Hof zum Ausbluten aufgehängt waren, bewundert.
So steht er nun auf dem Podest und ich zwei Stufen darunter. Er hat den Beruf des Installateurs erlernt und wurde in diesem Job nie glücklich. Nun arbeitet er für einen Botendienst und das erfüllt ihn mehr.
Die Bilder sind fertig, wenn sie fertig sind. Es gibt kein nachträgliches Ändern oder Ausbessern mehr.
Die Zeichnung kommt in den Rucksack und mit zu Dr. Sislak. Doch irgendetwas in mir wehrt sich gegen das Abarbeiten dieses Bildes. Die Situation verlangt es, es sind einfach zu viele aktuelle Themen, dass wir das Kunstwerk ruhen lassen.
Es bleibt bei Dr. Sislak. Dieses Spiel geht die nächsten vier Therapieeinheiten.

Bei der vierten Stunde scherzen wir beide schon darüber, dass wir dies wohl nie schaffen. Wenn ein Bild nicht bearbeitet wurde, bekomme ich keine neuen Aufgaben.
Jedes Mal beim Gehen nehmen wir uns das Bild für die nächste Einheit vor.
Ich sitze zu Hause und sehe fern, da vibriert das Telefon. Es ist mein Cousin. So sehr er mich damals ausgelacht und bloßgestellt hat, weil ich keinen wirklichen Lehrberuf erlernt habe, sondern in eine weiterführende Schule und eine Ausbildung als Vermessungstechniker gemacht habe, so sehr er mich als Sesselpupser bezeichnet hat, so dankbar ist er jetzt, dass ich damals in der Schule Programmierer gelernt habe und ihm nun seinen Computer reparieren kann.
Im Laufe dieses Wochenendes telefonieren wir öfter miteinander und siehe da, am darauffolgenden Montag, bei Dr. Sislak, können wir das Bild bearbeiten. Ich brauchte scheinbar das Erkennen, dass das Erlebte von damals nun nicht mehr präsent ist. Wir sind beide älter und vor allem erwachsener geworden. Ich denke, er kann sich gar nicht daran erinnern und weiß nicht, wie ich damals unter ihm gelitten habe. Dadurch, dass er sich bei mir gemeldet hat, hat er mir die Chance gegeben, ihm zu verzeihen. Ich konnte ihm verzeihen, obwohl es nie zwischen uns Thema war. Und den PC habe ich auch wieder hinbekommen.
Ich denke, diese unsichtbaren Bänder oder Damoklesschwerter, wie auch immer man sie nennen will, existieren und können gelöst, abgenommen werden, oder man schließt damit Frieden.
„Mit Andrea den ersten Krimi angesehen". Die Zeichnung ist diesmal sehr einfach angelegt. Man sieht einen Wandverbau, darin einen Fernseher und Andrea und mich davor am Boden sitzen. Dr. Sislak meint, ich soll doch versuchen, den Film heute noch einmal zu sehen. Dazu müsste ich wissen, welcher Film das war.
Ich habe schon früher versucht, ihn zu finden. Es ist mir nicht gelungen. Vermutlich ist es ein Film von Hitchcock oder von Agatha Christi, er war schwarz-weiß und die Personen sind mit einem Tuch von hinten erdrosselt worden.

Ich weiß, dass die Situation in der Realität eine andere war als auf meinem Bild. Auf dem Bild ist Mama ebenfalls oben. Sie sitzt und strickt. Dabei bin ich mir sicher, dass wir den Film nur gesehen haben, weil Mama nicht da war und Andrea auf mich und meinen Bruder aufgepasst hat.

Zum jetzigen Zeitpunkt kann ich noch nicht sagen, ob und was dieses Bild mir sagen wird. Es liegt bei Dr. Sislak.

Viele Punkte auf der Lebensliste habe ich vor mir, viele Dinge werden wohl noch einige Kraft kosten, viele Situationen in meinem Leben werden nicht auf der Liste stehen, doch ich kann jetzt sagen, dass diese integrative gestalterische Therapieform für mich die vollkommen richtige ist. So wie ich anfänglich nicht wusste, wie ich dies alles anpacken soll, so weiß ich jetzt, dass der eingeschlagene Weg hart, steinig, beschwerlich, jedoch unbedingt notwendig ist. Diesen Weg zu gehen war die richtige Entscheidung. Heute würde ich nichts anders machen wollen.

Zurück zum Start!!!

Heute ist der Tag, an dem ich bei der Krankenkasse vorgeladen bin. Das Schlafen funktioniert sowieso noch nicht richtig, darum bin ich wieder sehr zeitig munter.
Ich habe um neun Uhr Termin. Gestern habe ich mein Vorgehen mit Mama abgesprochen. Es ist vermutlich nicht die klügste Entscheidung, bis vor die Haustür mit dem Auto zu fahren. Ich fühle mich jedoch außerstande, mit den öffentlichen Verkehrsmitteln hinzukommen.
Um halb acht mache ich mich auf den Weg, denke, es sollte sich inklusive Staus gut ausgehen. Diese Erfahrungswerte stammen noch aus der Zeit als Vermessungstechniker, ich konnte mich bis jetzt darauf verlassen. Den Weg zu wählen, ruht ebenfalls aus dieser Zeit. Obwohl der Verkehr sehr flüssig ist, wird es trotzdem knapp, denke ich, als ich auf den Gürtel einbiege.
Von hier noch zwanzig Minuten etwa. Fünf Minuten später parke ich ein, zwei Gassen weiter entfernt als die eigentliche Adresse ist.
In meiner Hand halte ich die Vorladung und alle Befunde, die ich gesammelt habe.
Schweren Schrittes geht es zum Eingang der Krankenkasse. Ein Gebäude, das geschätzt Ende der Siebziger errichtet wurde, mit einem ausladenden Eingangstor. Die ganze Erscheinung des Gebäudes hat das Flair einer Bahnhofshalle und alle Leute hier schauen mich an.
Mit all meinem Mut und der Erwartung, dass ich gleich in einem Arztwartezimmer stehen werde, trete ich ein. Gar nichts. Nur viele Personen, die auf und ab gehen. Keiner grüßt, keiner nimmt Notiz von mir.
Wo gehöre ich hin? Ich kann keine Anzeigetafel oder Wegbeschreibung finden und versuche aus meinen Unterlagen Klarheit zu erlangen.
„Guten Morgen. Die Krankenkasse führt eine interne Evaluierung durch und würde Sie um Ihre Mitarbeit bitten. Sie bekommen von mir einen Laufzettel, den Sie bitte auf jeder Position, die Sie aufsuchen, abstempeln und unterschreiben lassen. Unsere Mitarbeiter wissen Bescheid, was sie zu tun haben. Wenn Sie uns wieder verlassen, geben Sie bitte den Laufzettel bei uns ab".
Was bitte? Was wollen die und vor allem wieso von mir? Ich habe keine Ahnung, was hier abläuft, lasse die In-

formation einfach in mir wirken, nehme den Laufzettel in die Hand und marschiere Richtung Aufzug.

Am Weg dorthin entdecke ich auf der Einladung, dass ich in den ersten Stock muss. Bing, der Aufzug ist da und ich kann allein nach oben fahren. Neuerliches Bing, und die Aufzugstür geht auf.

Bong, jetzt stehe ich in einem Wartezimmer und fünfzig Augenpaare sehen mich an.

Es ist vermutlich kein alltäglicher Anblick, wenn ein unrasierter - mit Kapperl, Sonnenbrille und Kapuze - Mann aus dem Aufzug kommt.

Ich habe doch etwas in Erinnerung von Express-Schalter oder so und darum lese ich die Einladung noch einmal. Ich denke, dass ich ihn schon zum hundertsten Mal lese, und da steht es wirklich: Erster Stock, Express-Schalter.

Wo ist dieser Express-Schalter? Da ich ihn nicht finde, bleibt mir nichts anderes übrig, als zum normalen Schalter zu gehen.

Ich stelle mich in der Schlange zum ersten Schalter an und warte. Daneben ist noch ein Schalter offen, die Dame dahinter sieht sehr freundlich aus und ich probiere es. Es klappt.

Sie gibt mir Auskunft und erklärt mir den Weg. Aja, diesen Laufzettel will sie ebenfalls von mir haben. Nachdem sie ihre Unterschrift darauf gesetzt hat, marschiere ich an der Wand entlang und versuche mich an ihre Wegbeschreibung zu erinnern. Zuerst nach links, dann noch einmal nach links und dann sollte ich schon da sein?

Tatsache, hier steht es ganz groß und eigentlich vom Lift einsehbar: Express-Schalter. Hier ist keine Schlange, es sind auch keine Leute da, nur ein etwas schrullig dreinschauender Mann.

Ich übergebe meine Einladung und den Laufzettel. Er liest sich die Punkte durch und greift zum Telefon. Seinen Namen kann ich nicht verstehen, aber er sagt dann: „Der junge Mann wäre hier. Gut, sag ich ihm. Auf Wiederhören".

Er legt auf, gibt mir die Einladung zurück und sagt, ich müsse in Zimmer zweihundertzweiundsechzig. Innerlich muss ich schmunzeln, denn das ist meine Personalnummer aus Vermessungszeiten.

Ich frage ihn noch, wo dieses Zimmer sei und er erklärt mir, dass ich in den zweiten Stock müsse und dann rechts, noch einmal nach rechts und den Gang entlang, bis ich zur Zimmernummer zweihundertzweiundsechzig komme.

So kratze ich wieder an der Wand entlang zum Aufzug zurück. Bing, und ich bin wieder allein im Lift.

So schnell es geht, bereite ich mich darauf vor, beim nächsten Bing neuerlich in einem Wartezimmer zu stehen. Bing.

Nichts ist hier. Kein Wartezimmer, keine Leute, außer Bürotüren gar nichts.

Also nach rechts. Ein paar Schritte weiter, wieder nach rechts und jetzt den Gang entlang.

Zweihundertachtundvierzig, zweihundertneunundvierzig, zweihundertfünfzig. Ich zähle die Zahlen nach oben, die Türen werden immer weniger, nur meine Zahl kommt nicht.

Das letzte Zimmer, Gott sei Dank, hier ist es. Ich klopfe vorsichtig an. Keine Regung. Vielleicht ist dies wieder ein Wartezimmer. Ich klopfe noch einmal und öffne vorsichtig die Tür.

Kein Wartezimmer, sondern eine Praxis, in der vollkommen verloren eine Frau sitzt, die mich hereinbittet und mir einen Sessel anbietet. Ich lege ihr meine Einladung vor. Habe ich von dem Mann meinen Laufzettel wieder zurück bekommen? Ja, er ist da. Sie bekommt ihn auch, liest sich die Einladung durch und dreht sich zu mir.

„Mein Herr, welche Beschwerden haben Sie?" Ich lege die Sonnenbrille ab und wie schon die Male zuvor treten in derselben Geschwindigkeit die Tränen hervor. Ich kann mich nicht mehr zusammenreißen. Total erschöpft breche ich ein. Alles kommt in mir hoch. Alle Informationen, alle Erlebnisse und Erfahrungen der letzten Tage und Wochen erzähle ich ihr. Von dem Artikel in der Online-Zeitung bis zum gestrigen Tag.

Immer wieder beginnt sie etwas in ihren PC zu tippen oder sieht etwas in meinen Befunden nach.

Ganz kurz kommt mir der Gedanke, dass ich hier vielleicht noch gar nicht bei der Ärztin bin, sondern bei einer Schreibkraft, die eine Bestandsaufnahme für die weiteren Untersuchungen macht.

„Und welche Therapien machen Sie, beziehungsweise welche Medikamente bekommen Sie?"
„Mutan und Xanor und ich bin bei Dr. Sislak in integrativer gestalterischer Therapie", schluchze ich. Ich bin so müde.
Wieder habe ich keine Taschentücher mit und ich bitte sie um eines. Sie muss erst aus ihrer privaten Handtasche eines suchen, aber sie wird fündig.
Ich merke, wie sie versucht, die Untersuchung zu einem Ende zu bringen. Aber für mich ist diese Sache noch nicht zu Ende. Ich erzähle weiter und weiter.
Es fühlt sich so an, als ob ich beim "Mensch- Ärgere- Dich- nicht" soeben mit allen Figuren zurück zum Start gekickt wurde. Diese Information keimt gerade in mir, sie ist neu, und da es gerade sonst niemanden gibt, erzähle ich ihr diese Erfahrung ebenfalls.
Sie würgt mich nun wirklich ab, füllt dieses ominöse Formular von Dr. Sislak weiter aus und erzählt mir, ich müsste wieder zurück zum Express-Schalter.
Sie ruft den Herren dort an und erzählt ihm, dass ich wieder komme und dann zu einem weiteren Arzt müsse.
Weder ihren Namen noch einen anderen in diesem Haus merke ich mir, denke, die sind nicht so wichtig.
Danach erklärt sie mir, dass dieser weitere Arzt der Chefarzt ist, der die Therapiebewilligung – wofür dieses eigenartige Formular scheinbar ist – ausstellt. Für die Rückerstattung der privaten, vorgezahlten Aufwendungen und Therapiekosten müsse ich zu einem anderen Schalter, das erklärt mir jedoch der Mann im ersten Stock. Um sicherzugehen, wiederhole ich die Anweisungen und dann verabschiede ich mich.
Wieder zurück zum Aufzug. Wie oft bin ich heute schon damit gefahren? Kurz überlege ich sogar, die Stufen zu steigen. Da ich mir mit dem Weg nicht sicher bin, verwerfe ich diesen Plan sehr schnell. Die Erinnerung an den Weg zum Express-Schalter ist vorhanden und da stehe ich bei dem so grantig wirkenden Mann.
Er nimmt neuerlich meinen Laufzettel und das Formular entgegen, notiert überall etwas darauf und schickt mich zwei Türen weiter.
Ich kann nicht mehr. Was wird mich hinter dieser Tür wieder erwarten?

Angeklopft, eingetreten, begrüßt und hingesetzt. „Sie kommen also aus Zimmer zwo sechs zwo?" „Ja". „Dann bekomme ich bitte das Therapieformular und den Laufzettel."
Unbeschreiblich, wie diese Zettel durch die Finger wandern.
Das Ansuchen unterschreibt er blind, bei dem Laufzettel tut er sich wesentlich schwerer, es gelingt ihm jedoch.
Das Formular bleibt bei ihm, er gibt mir den Laufzettel zurück und mit derselben Bewegung reicht er mir die Hand zur Verabschiedung. „Sie müssen jetzt zum Schalter eins. Gute Besserung, auf Wiedersehen."
Ich denke so bei mir: Okay, und nun? Nachdem nichts mehr kommt, verlasse ich dieses Zimmer und drücke mich wieder an die Wand, um durch das Wartezimmer zum Schalter eins zu gelangen.
„Ich wurde zu Ihnen geschickt, weiß jedoch nicht genau, was ich jetzt hier machen soll".
Es ist die freundliche, etwas ältere Dame von vorhin, die den Schalter gewechselt hat. Sie nimmt mir alle Papiere wieder ab und liest sie sich durch. Sie sagt: „Ach, wir müssen die bürokratischen Dinge noch erledigen."
Noch mehr Bürokratie? „Sie können uns hier ein Formular unterschreiben, dann können wir Ihnen die Auslagen immer auf das von Ihnen angegebene Konto überweisen. Außerdem bekommen Sie von mir den Plan zur weiteren Vorgangsweise, wenn Sie Kosten einreichen oder sonstige Fragen an die Kassa haben. Also sehen Sie, alles ziemlich unspektakulär."
Gesagt, getan und nach weiteren zehn Minuten bin ich bei ihr fertig. Ich bin sogar vollkommen fertig und mit diesem Besuch bei der Krankenkasse auch.
Ein letztes Mal wird mir der Laufzettel zurück gegeben und sie verabschiedet sich höflich von mir.
Hinein in den Aufzug und ab ins Erdgeschoss. Die Studenten vom Eingang arbeiten immer noch auf Hochtouren und fangen alle Personen ab, die das Gebäude betreten.
Schon von der Ferne sehe ich den Haufen, auf dem alle abgegebenen Laufzettel liegen. Ein paar Schritte und ich erreiche dieses Pult, lege meinen oben auf und verlasse das Gebäude.

An der Luft fällt mir ein großer Stein von der Brust. Ich versuche mich zu erinnern, was ich in den letzten eineinhalb Stunden erlebt habe. Es kommt jedoch nichts.
Ich war wirklich so lange bei der Kasse? Der Parkschein lügt nicht, es waren eineinhalb Stunden und nun sitze ich endlich wieder in meinem Auto. Auf direktem Weg fahre ich nach Hause. Alles um mich herum erscheint wie in Trance.
Auf den letzten Kilometern rufe ich Mama an und erzähle ihr, was mittlerweile wieder in meine Erinnerungen zurückkommt.
Zuhause schalte ich den Fernseher ein und lege mich auf die Couch. Wenn ich so viel Radio höre wie heute im Auto, spüre ich, dass ich damit vollkommen erschlagen bin und mich Musik oder Radio müde im Kopf macht.
Die einzige Musik, die ich zurzeit hören kann, ist von Silly – Hurensöhne, von Frank Sinatra – My Way und von einer Gruppe schwedischer Musikanten – Hallelujah (ist ein Song aus dem Film Shrek). Jede andere Musik erzeugt absoluten Stress.
Eine weitere Erfahrung, die ich mache: Irgendwo im Internet habe ich gelesen, dass Fernsehen bei Depressionen gar nicht gut ist. Video oder DVD oder Computerspielen macht nicht so viel aus. Ich merke, dass ich nicht wirklich, beziehungsweise sehr selten fernsehe. Der Fernseher läuft zwar immer, aber ich sehe kaum aktiv hin. Es ist ein Zwang, dem ich vollkommen ausgeliefert bin. So wie es eben viele Zwänge gibt, die mich unter Kontrolle halten, gegen die ich nichts in der Hand habe und die ich nicht ändern kann. Teilweise fühle ich mich von diesen Zwängen ferngesteuert ohne eine Möglichkeit, dagegen anzukämpfen. Die Angst vor allem und jedem hält mich ebenso fest im Griff. Mein Lebens-EKG zeigt im Augenblick sehr stark nach unten. Meine Stimmung wird immer finsterer. Ich weiß nicht, was es auslöst, und das macht mich fertig. Die Gedanken kreisen und es ist eine Spirale, aus der ich nicht ausbrechen kann. Die Frage nach dem Warum frisst mich auf. Auch in der Therapie wird es nicht besser.
Ich fahre immer noch sehr gerne zu Frau Dr. Sislak und natürlich merkt sie, dass es mir nicht so gut geht. Allerdings spüre ich, etwas passiert.

Ich kann nicht sagen, wie viele Taschentücher ich in dieser Zeit verbrauche und der Portier im Wagner-Park ist sicher schon beunruhigt, weil dauernd jemand mit schwarzer Sonnenbrille, Kapperl und tief in das Gesicht gezogener Kapuze im Stechschritt durch den Park marschiert.

Dr. Sislak gibt mir diverse Tipps, die ich umzusetzen versuche, so gut es geht. Die meisten funktionieren, und sie erzählt mir aus ihrem Erfahrungsschatz, dass dieser Rückfall, den ich habe, leider dazugehört.

Sie hat mich schon früher darauf vorbereitet, dass so eine Situation kommen kann, ja vermutlich kommen wird. Jetzt ist er also da. Wenn mir jemand vor einem Jahr erzählt hätte, was ich durchmachen werde, dann hätte ich ihn wohl für verrückt erklärt.

Mir kann doch so etwas nicht passieren! Und nun mache ich es schon zum zweiten Mal durch. Ja, es ist so. Wenn ich schon irgendeinen Fortschritt gemacht und gesehen habe, dann sind alle diese positiven Erkenntnisse verschwunden. Mein Leben reduziert sich auf Atmen, Denken und Schauen. Und das, obwohl ich innerlich so zerrissen bin. Der viel gelobte Kämpfer ist verschwunden. Wohin kann er sich nur verkrochen haben?

Eine weitere Meinung

Ich sitze im Wartezimmer Dr. Führnsinns, um mit ihm alle Fort- und Rückschritte zu besprechen.
Nach dieser Vorladung bei der Krankenkasse geht es mir wieder sehr schlecht. Gestern, am Sonntag, war so ein Tag, wo Mama gekommen ist und mir gedroht hat, wenn ich nicht noch eine Xanor-Tablette nehme, dann bringt sie mich ins Spital. Führnsinn hört mir gespannt zu und versucht mich aufzubauen. Leider gelingt das nicht.
Am Nachmittag bin ich bei Mama, um von ihr einen Strohhalm zu bekommen, der mich vielleicht näher zum Licht bringt.
Innerlich spüre ich einen Drang. Es ist der Drang, da ich wieder am Anfang stehe, fachärztliche Hilfe in Anspruch zu nehmen. Wenn ich wieder von vorne beginnen muss, dann ist jetzt vielleicht der Augenblick gekommen, einen Schnitt zu machen und mit einem Spezialisten über meine Krankheit zu sprechen.
Wenn man Ohrenschmerzen hat, dann geht man schließlich auch zum Ohrenarzt und nicht zum Zahnarzt.
Dr. Sislak und Dr. Führnsinn haben mir diese Option schon angeboten. Vielleicht ist wirklich der Moment gekommen? Ich sitze in Mamas Wohnzimmer, von Angst gequält und mit Tränen in den Augen.
Mama kommt ins Zimmer, sieht mich an und fragt mich, warum ich weine. Ich sehe sie an und sage ihr, ich möchte zum Psychiater gehen. Denke, sie hätte mit allem gerechnet, aber nicht mit dieser Antwort oder Aussage.
Sie sammelt sich: „Weißt du schon, zu welchem?" Ich habe mich soeben entschieden, einen Facharzt aufzusuchen. Woher soll ich jetzt schon wissen, wohin und warum? Und ich kenne mich doch gar nicht aus.
Wir sprechen ein wenig, warum ich zu dieser Entscheidung gekommen bin. Wieder einmal ist es so, dass ich mir in einem Gespräch mein Befinden, meine Entscheidung, mein Denken und Empfinden selbst erkläre.
Eines ist mir geblieben, wenn ich eine Entscheidung getroffen habe, dann stehe ich dahinter. Der Weg bis zur Entscheidungsfindung ist nicht mehr so wie früher.

Ich brauche viel länger, um dort hinzukommen und habe meine vier Säulen, bei denen ich Rat einhole. Zum Psychiater zu gehen, habe ich aus meinem Bauch entschieden. Es ist gut so.
Mama braucht nicht lange und bringt mir zwei Telefonnummern von Ärzten in der Umgebung. Ich suche im Internet nach den beiden, kann jedoch kaum Informationen finden.
Sislak hat mir Dr. Schubert genannt. Sie schickt immer wieder Patienten zu ihm, kennt ihn aber nicht persönlich.
Wie ich später erfahren werde, ist das umgekehrt genauso. Ich suche nach dem Namen Schubert. Da gibt es schon mehr Informationen. Er ist neurologischer Leiter eines großen renommierten Spitals in Wien. Wie entscheidet man sich für einen Arzt, von dem man nichts weiß? Was spricht für den einen, was für einen anderen? Ich kann mich nur auf die Empfehlung von Sislak verlassen. Mit ihr habe ich ja schon einen Goldgriff gemacht.
Seine Ordination ist nicht weit von Schrotterbach entfernt und trotzdem in der Anonymität Wiens. Ich nehme mein Telefon in die Hand und wähle.
Nach kurzem Läuten meldet sich eine Damenstimme: „Ordination Dr. Schubert. Was kann ich für Sie tun?"
Ich beginne weinerlich und zittrig mein Anliegen vorzutragen. Die Stimme am anderen Ende ist sehr beruhigend und freundlich. Sie macht mir Mut und gewinnt mein Vertrauen. Ich habe hier ebenfalls Glück und bekomme in den nächsten Tagen noch einen Termin. Ich spüre eine gewisse Unruhe und Nervosität hochkommen. Infragestellen und Hinterfragen versuche ich zu unterlassen.
Ich bin am Start und beginne von Neuem. Zu diesem neuen Spiel gehört ein weiterer Mitspieler, den ich erst kennenlernen muss, der aber zum Gelingen eine große Rolle spielen kann.
In den nächsten beiden Tagen bin ich weiterhin sehr angespannt und nervös, kann nicht schlafen, und die Gedanken drehen sich nur um den bevorstehenden Besuch beim Psychiater. Ich merke, der Ausdruck Psychiater ist einer, der mir große Probleme bereitet und ich entscheide mich, ihn fast ausschließlich als Fach-

arzt zu bezeichnen. Mein Umfeld reagiert auf Facharzt wesentlich entspannter als in den Momenten, wo ich vom Psychiater spreche.

Meine Tränen fließen täglich mehrmals, doch ich lasse es einfach zu. Ich kann nichts unterdrücken und möchte das auch nicht mehr.

Es ist Mittwoch. Heute habe ich kaum viereinhalb Stunden geschlafen. Und wenn ich schlafe, dann ist es noch immer in diesem komischen Eineinhalb-Stunden-Rhythmus, den ich mir nicht erklären kann. Hunger habe ich kaum. Trotz allem verrinnt die Zeit wie im Flug und es ist kurz nach drei.

Ich setze mich ins Auto und fahre zu Dr. Schubert. Er hat seine Privatpraxis in einem Ärztezentrum. Dort war ich noch nie, und als ich eintrete, kann ich seine Ordination nicht finden. Es ist so finster in den Gängen, dass ich die Schilder kaum lesen kann, doch die Sonnenbrille kann ich trotzdem nicht abnehmen.

Oh, hier gibt es noch eine Treppe in den zweiten Stock. Es gilt herauszufinden, wohin diese Stufen gehen. Hier sind weitere Ordinationen, auch der Eingang zu Dr. Schubert. Ich trete ein und alles herum ist steril und nüchtern.

Eine etwas pummelige Frau sieht mich an und fragt: „Kann ich Ihnen helfen?"

Mit Angst in der Stimme sage ich meinen Namen. „Bitte, kommen Sie nur weiter, ich würde gerne mit Ihnen ein paar Daten aufnehmen. Nennen Sie mir bitte Ihren vollen Namen." Weiter geht es mit Geburtsdatum, Sozialversicherungsnummer, Wohnadresse, Arbeitgeber, Krankenstand seit wann und sonstige andere bürokratische Fragen.

Ich bin es fast schon gewohnt und lasse in einer untypischen Gelassenheit alles über mich ergehen. Sie fragt nach dem Grund, warum ich herkomme und ich denke bei mir, das habe ich ihr doch schon am Telefon gesagt, oder habe ich mit jemand anderem gesprochen? Gut, also „Depressionen". Sie notiert diese Information genauso nüchtern wie alle anderen und bittet mich, kurz im Wartezimmer Platz zu nehmen.

Es dauert ein paar Minuten, dann geht die Tür auf und ein großer Mann mit schütterem Haar und Brille steht vor mir.

Egal, wie ich mir einen Psychiater vorgestellt habe, er entspricht sicher nicht diesem Bild. Eigentlich ist er eine beeindruckende Persönlichkeit, sogar etwas furchteinflößend. Aber er ist sehr freundlich und bittet mich, Platz zu nehmen. Seine erste Frage geht gleich in die Tiefe: „Was bringt Sie zu mir?"
Neue Ordination, selbes Spiel: Mit der Handbewegung des Sonnenbrillenabnehmens kommen mir die Tränen. Der einzige Unterschied zu den vorhergehenden Gesprächen mit den anderen Ärzten: Ich bin wirklich tief verzweifelt. Bis jetzt war der Gang zum Psychiater der letzte Ausweg für mich. Ich habe nun kein Backup mehr, auf das ich zählen kann. Glaube ich in diesem Moment. Das macht mich noch viel trauriger.
Langsam versuche ich, Dr. Schubert meine Situation zu erklären. Ich erzähle ihm alles, was mir wichtig erscheint. Er horcht sehr aufmerksam zu und hinterfragt einige Punkte. Schnell merke ich, dass er viel Erfahrung hat.
Es handelt sich um ganz gezielte Punkte, die ihn interessieren. So zum Beispiel, warum ich der Meinung bin, dass ich schon viel länger unter dieser Erkrankung leide, sie aber noch nie eine so massive Ausprägung hatte. Da für mich solche Fragen nichts Neues mehr sind, beantworte ich sie nach bestem Wissen und Gewissen. Ich denke, es bringt gar nichts, um den heißen Brei zu reden. Ich habe in den ersten Minuten schon das Gefühl von ihm bekommen, dass er weiß, welche Fragen er wie stellen muss, um die Wahrheit zu hören, beziehungsweise ob die Antworten schlüssig sein können.
Nach den diversen Frage- und Antwortspielen bittet er mich, aufzustehen und mit geschlossenen Augen mit den Zeigefingern der beiden Hände auf meine Nasenspitze zu finden.
Ich muss mit zugemachten Augen auf einem Bein stehen und er testet meine Knie- und Ellbogenreflexe mit dem altbekannten Hammer.
Da ich meine Masai Barefoot Technology (MBT) Schuhe seit den massiven Problemen mit meinen Knien trage, fällt mir die Übung mit dem einbeinigen Stehen relativ schwer. Ich muss die ganze Zeit wackeln. Dr. Schubert

berücksichtigt dies nach einer kurzen Erklärung von mir. Danach darf ich mich wieder hinsetzen.
Dr. Schubert erklärt mir, dass diese Untersuchung deshalb gemacht wurde, um eine eventuelle Nervenschädigung auszuschließen und das kann er jetzt.
Er kann aber auch eine mittel-schwere Depression diagnostizieren. Es ist gut zu wissen, dass neurologisch soweit alles in Ordnung ist, ich aber trotzdem krank bin. Ich erinnere mich, dass ich diese Aussage schon von Führnsinn und Sislak bekommen habe, aber eigentlich nicht weiß, welche Bedeutung diese Diagnose hat. Was kann ich verlieren? „Was bedeutet mittel-schwer? Was ist der Unterschied zwischen mittel und schwer?" Ich frage wieder, obwohl ich in solch einer Situation schon einmal war.
„Wenn ich als Diagnose schwere Depression, die bei Ihnen zutreffend ist, schreiben würde, dann müssten Sie stationär aufgenommen werden. Da bleibt uns kein Spielraum mehr, Sie auf dem eingeschlagenen Weg zu halten, sondern ich müsste Sie aus Ihrem Umfeld holen. Doch so weit ich das jetzt einschätze, sind Sie mit Ihrer Mama, mit Ihrem Bruder und mit Ihren Freunden in einem tollen Netz verstrickt, das Ihnen so viel Rückhalt geben kann, den Sie nun sicher dringend benötigen. Es wäre kontraproduktiv, Sie davon zu lösen". Diese Sätze werden mich sehr lange begleiten. Ich werde sie nicht vergessen und in späterer Folge wird die stationäre Aufnahme mein neues Backup werden.
Dr. Schubert bespricht die schon eingeschlagene Medikamententherapie. Er ist der Meinung, dass die Antidepressiva, die ich von Führnsinn verschrieben bekommen habe, gute Medikamente sind, stellt mir jedoch die Möglichkeit eines Umstieges auf ein anderes Präparat in Aussicht.
Er fragt nach der Verträglichkeit der Xanor. Genauso wie mit den Antidepressiva ist es bei diesen Angstlösern und Beruhigungstabletten leider so, dass sie eine längere Anlaufzeit haben. Bei Mutan kann dies zwischen vier und acht Wochen dauern. Nachdem ich auf die niedrigste Dosis von Mutan eingestellt bin, meint Dr. Schubert, es wäre gut, diese etwas zu erhöhen. Also eine Tablette in der Früh und eine zu Mittag.

Führnsinn meinte doch, die Anlaufzeit sei vier bis sechs Wochen. Ich beschließe, mir deswegen keinen Kopf zu machen. Was sind schon zwei Wochen? Wie lange bin ich nun schon im Krankenstand?

Ich erzähle Dr. Schubert von meinem Schlafproblem. Von diesem Eineinhalb-Stunden-Rhythmus und dem aktiven auf-die-Uhr-Sehen und Uhrzeit-Merken.

Nach kurzem Nachdenken erklärt mir Schubert, dass es wissenschaftlich betrachtet ganz leicht zu erklären sei. Eine Traumphase dauert zirka eineinhalb Stunden. Das bedeutet also, dass ich einschlafe, in die RAM-Phase eintrete, dann in die Traumphase komme und die Sequenz mit der Aufwachphase beende. Unter normalen Umständen wird man nach der letzten Phase nicht munter, bei mir ist dies jedoch anders. Vermutlich werde ich schlecht träumen und davon aufwachen. Da ich aber so müde bin, sehe ich auf die Uhr und schlafe dann weiter.

Diese Erklärung klingt für mich schlüssig. Einzig, dass ich mir die Träume nicht merke, gibt mir zu denken.

Dr. Schubert hat auch hierfür eine Erklärung. Das kommt von den Xanor. Ihr Nachteil ist, sie wirken zwar relativ schnell, doch die Wirkdauer ist eher kurz.

Er verschreibt mir zum Schlafen ein neues Medikament. Die Tabletten, die ich für die Nacht nehmen soll, heißen Temesta. Die Wirkdauer hält bei diesem Präparat länger an, dafür brauchen sie etwas länger, bis sie ihre Wirkung entfalten. Ich bin sehr gespannt, ob das bei mir wie beschrieben eintritt.

Überall gibt es einen Haken, so auch bei Temesta, sie haben genauso eine Anlaufzeit wie scheinbar alle Medikamente, die psychische Erkrankungen behandeln sollen.

Zum Schluss empfiehlt mir Dr. Schubert, die Xanor in der Früh zu nehmen.

Damit ich nichts vergesse, wiederhole ich alles Besprochene: Xanor und Mutan in der Früh und zu Mittag, abends Temesta.

Im Vorzimmer steht die nette Sprechstundenhilfe hinter ihrem Pult auf und gibt mir einen Rechnungszettel über den Tresen. „Einhundertvierzig Euro bitte. Sie bekommen in den nächsten Tagen den Befund und die Honorarnote von uns zugesandt", sagt sie mir ganz trocken.

Ich bezahle und mache mich auf den Weg Richtung Tiefgarage. Erst jetzt wird mir bewusst, welchen Haufen Geld ich gerade übergeben habe.
Die Zeit vergeht, doch mein Antrieb, meine Angst und meine Traurigkeit haben sich seit dem Zurück-zum-Start bei der Krankenkasse nicht verändert.
So sehr und brav und hart ich arbeite, ich kann keine Veränderungen erkennen. Am wohlsten fühle ich mich in meiner Höhle, und alles Tun ist mit großen Anstrengungen verbunden.
Früher war für mich das Aufstehen, egal um welche Uhrzeit, kein Problem. Den Wecker stelle ich mir trotz Krankenstandes weiterhin um sechs Uhr in der Früh und spaziere dann auf die Couch. Die Angst, dass ich sonst nicht mehr aus dem Bett komme, dass sich der Tag/Nachtrhythmus umstellt, ist so massiv, dass ich keine andere Möglichkeit sehe, diesem Problem Herr zu werden.
Duschen funktioniert nur, wenn ich einen Termin auswärts habe. Mama kommt mich regelmäßig abholen und besuchen.
Ich kann bis heute nicht verstehen, woher sie diese Kraft nimmt, ich will es auch nicht verstehen. Ich bin einfach nur dankbar!
Einige Wochen später bin ich wieder bei Dr. Schubert vorgeladen. Dieses Mal finde ich schon schneller hin.
Trotz Termines muss ich im Wartezimmer Platz nehmen.
Ich bemerke zum ersten Mal, dass ich nichts richtig scharf sehe. Mein Blick ist auf ein kleines Quadrat mit runden Ecken reduziert. Ich besitze dieses offene Gesichtsfeld nicht mehr und das beunruhigt mich.
Endlich kann ich zu Dr. Schubert. Die nachgeworfenen Blicke der vielen Leute, die mit mir gewartet haben, kann ich förmlich spüren. Die Tür ist zu und ich darf Platz nehmen.
Schubert ist eigentlich ein sehr lustiger Mensch. Er hat meine Karteikarte von seiner Sprechstundenhilfe bei meinem Eintritt übergeben bekommen und studiert sie nun. „Wie geht es Ihnen?", ist seine erste Frage. Ich erkläre ihm, dass ich das Gefühl habe, ich mache zwar Fortschritte in der Therapie, aber auch, dass ich einen

Rückfall habe, und schildere ihm mein Befinden genauer.
Seine zweite Frage: „Wie vertragen Sie die Temesta? Und wie geht es mit dem Mutan?" Das Schlafen geht wirklich besser und das erzähle ich ihm genauso, wie ich von dem schildere, was ich damals in dem Artikel gelesen habe und mich bis heute beschäftigt.
Dort stand geschrieben, dass der Serotoninspiegel im Blut bei depressiven Menschen zu gering ist. Da Serotonin ein Botenstoff ist, kann es keine Übertragung zwischen den Nervenenden geben. Allerdings besteht die Möglichkeit, dass genügend Serotonin vorhanden ist, die Übertragung jedoch nicht funktioniert, da das Serotonin nicht durch die Zellmembran dringen kann, weil diese zu stabil ist.
Dr. Schubert bestätigt mir die Aussage des Artikels.
Seit vielen Tagen beschäftigt mich die Frage: Bekomme ich das richtige Medikament? Ich frage ihn gerade heraus: „Sie bestätigen also, dass es zwei Varianten des Problems mit dem Neurotransmitter gibt? Woher wissen wir, dass ich das richtige Medikament bekomme?"
Sichtlich überrascht über diese Frage erklärt mir Dr. Schubert: „Sie brauchen keine Angst zu haben, die Antidepressiva wirken gegen beide Formen der Ausprägung. Warum jedoch beschäftigen Sie sich mit solchen Fragen?" „Ich kann nicht anders. Ich habe Angst und ich bin beunruhigt".
Er erklärt mir nun genau von der fachlichen Seite, welche Prozesse wie im Gehirn passieren, doch eigentlich weiß ich das schon. Von diesen Gesprächen macht er sich immer wieder Notizen, die scheinbar für ihn relevant sind. Unabhängig von meinen Erzählungen ist er der Meinung, dass wir die Medikation verändern.
Da ich mich nicht auskenne, stimme ich in der Hoffnung auf Veränderung zu.
Er verschreibt mir nun zwei neue Antidepressiva. Die Mutan kommen weg, dafür in der Früh nun Cipralex und zusätzlich am Abend Mirtabene. Die Xanor behalte ich bei und zum Schlafen weiterhin die Temesta.
Die beiden Letztgenannten fallen unter den Oberbegriff Benzodiazepine und jede Information dazu beschreibt einen großen Suchtfaktor. Dieses Wissen eigne ich mir allerdings erst zu einem späteren Zeitpunkt an, denn

sonst hätte ich Dr. Schubert natürlich sofort danach gefragt.
Ich habe noch immer Probleme mit der Einnahme von Medikamenten, obwohl ich die Antidepressiva mittlerweile als zu meinem Leben zugehörig akzeptiert habe. Temesta soll mich einfach durchschlafen lassen.
Nachdem ich ihn schon gebeten habe, mir etwas zu verschreiben, damit ich endlich wieder einmal ins „Leo" komme, sehe ich dieses neue Medikament als eine Hilfe an, um diesen dauernden Gedankenstrom zu durchbrechen, meine innere Unruhe etwas zu beruhigen, meinem inneren Ich und mir ein wenig Zeit zu gönnen, in der ich keine Angst haben werde.

Mamas Anordnung, dass ich aufstehen soll oder ich ins Spital eingeliefert werde, ist einer, der nicht nur mich immer wieder fesselt, Dr. Schubert greift ihn auch auf.
Er weist mich darauf hin, dass eine stationäre Aufnahme ebenso Thema wie eine Kur oder Ähnliches nicht als letzter Ausweg gesehen werden muss, sondern zur Überwindung dieser Krise jetzt schon beitragen kann.
Er unterstreicht aber noch einmal, dass es kontraproduktiv wäre, mich aus einem sicheren Umfeld zu reißen und mich der neuen Situation auszusetzen.
Innerlich spüre ich, dass ich mir diese Option weiterhin als Backup behalte. Sie beruhigt mich, falls der eingeschlagene Weg nicht von Erfolg gekrönt sein sollte.
Im Großen und Ganzen ist Dr. Schubert mit meinem Arbeiten zufrieden. Dass die Fortschritte nicht so deutlich sind, wie ich das gerne hätte, begründet er damit, dass dies eben der normale Verlauf der Krankheit sei und sie von Auf und Ab gezeichnet ist. Damit schlägt er in dasselbe Horn wie Dr. Sislak.
Er rechtfertigt noch einmal die Veränderung der medikamentösen Therapie und schreibt mir ein Rezept für die neuen Arzneien auf.
Er ist Wissenschafter und Arzt, der die Wirkung der Medikamente in den Vordergrund der Heilung stellt, obwohl er sehr wohl und immer auf die Notwendigkeit der Psychotherapie pocht.
Es fällt mir zwar sehr schwer, aber ich gestehe es mir selbst ein, dass ich einen Rückfall erlitten habe und mein Weg von vorne beginnt.

Wenn man vor einer steil aufwärts liegenden Wiese steht, bei der der Morgentau noch auf den Gräsern hängt und man nach oben geht, kann es passieren, dass man ausrutscht und wieder hinunter fällt, dann ist man plötzlich wieder am Start.
So fühle ich mich auch. Der Unterschied zum ersten Aufstieg ist, man kennt einen Teil des Weges schon und weiß ungefähr, wo der sichere und wo der unsichere Tritt ist.

„Warum lachst Du nicht mehr?"

Ein weiterer Tag beim Turnverein.
Der ist für mich in gewisser Weise ein Rettungsanker geworden. Die meisten alten und lang gedienten Trainer wissen mittlerweile von meiner Erkrankung. Ich sitze wieder im Büro und mache meinen Telefondienst.
Heute ist ein ewiges Kommen und Gehen, da wir Einschreibetermin haben. Die Trainer aus meinem Team laufen bei mir im Büro aus und ein.
Hier eine Frage, da eine Anregung und manch ein produktives Gespräch und manch ein weniger produktives.
Willy ist heute seit Längerem wieder bei mir im Team. Er ist einer der ganz Jungen, die ich unter meine Fittiche genommen habe. Ich kenne ihn schon, seit er ein Baby war, denn er wohnt in derselben Wohnhausanlage wie ich.
Es ist ein sehr ruhiger Moment, als Willy ins Büro hereinkommt. Er schaut mir über die Schulter, was ich so treibe.
Das Telefon ist aufgelegt und ich fühle mich ziemlich beobachtet von ihm. Eine rhetorische Frage von ihm beantworte ich lapidar, nicht aussagekräftig.
Dann sehen wir uns an. Plötzlich sagt Willy: „Warum lachst du nicht mehr?"
Auf diese Frage gibt es keine Antwort. Bis zu diesem Augenblick habe ich bei einigen Personen kein Outing gemacht, aus Schutz für sie.
Aufgrund seiner Frage will und kann ich Willy nun erzählen, was mit mir los ist. Sicher nicht so ausführlich wie bei anderen, doch die für mich wichtig erscheinenden Aussagen sind dabei.
In seiner jugendlichen, fast noch kindlichen Art versucht er mich zu verstehen und nachzuvollziehen, wie es mir geht. Ich weiß nicht, ob ihm dies gelingt.
Er fragt mich nach einer Suizidgefahr, die ich noch immer ausschließen kann. Sehr lange dauert unser Gespräch nicht, dann muss er in den Turnsaal, und bei mir läutet wieder das Telefon.
Vor dem Gehen sagt er noch: „Wenn du was brauchst, dann melde dich bitte bei mir. Und wenn ich die Katze füttern soll, mach ich es sehr gern!"

Etwas so Herzliches habe ich schon länger nicht mehr von Personen außerhalb meiner Familie und meinem Auffangnetz gehört. Und doch wird mich diese Frage nicht mehr loslassen: „Warum lachst du nicht mehr?" Sie bekommt Macht über mich.

Ich muss die ganze Zeit darüber nachdenken, bis heute taucht diese Frage immer wieder in meinen Gedanken auf.

Eines Tages, während ich wieder auf der Couch liege, kommt Mama zu mir und sieht mich an. Sie sagt: „Ich würde gern wieder einmal zu dir kommen und du lächelst und liegst nicht teilnahmslos auf der Bank." Ja, das würde ich auch sehr gern, aber es geht nicht.

Ich habe das Lachen verlernt. So fühle ich mich zumindest. Bei meinem Freund, dem Spongebob, gibt es eine Folge, in der sein Lachgetriebe kaputt wird. Ist mein Lachgetriebe ebenfalls kaputt? Wenn ja, gibt es einen Mechaniker, der es reparieren kann?

Da ich die Antwort tief in mir kenne, tut sie mir sehr weh. Ich weiß zwar, wie es mein Umfeld meint, doch ich würde lügen, wenn ich nicht sage, dass es Druck ist, den ich durch diese Aussagen spüre.

Alles bewilligt

Nach einer Sitzung bei Frau Dr. Sislak und einem kurzen Einkauf im Supermarkt fahre ich nach Hause.
Wie schon sehr viele Male zuvor vergesse ich auch heute, in den Briefkasten zu sehen.
Dies fällt mir immer erst ein, wenn ich in der Wohnung bin und durch alte Werbeprospekte daran erinnert werde. Wenn ich weiß, dass mich Mama besuchen kommt, dann nimmt sie mir die Post mit. Es kommt ebenso vor, dass ich die Post erst am nächsten Tag hole, oder ich bereite mich längere Zeit darauf vor, noch einmal vor meine Eingangstür zu gehen. So ist es heute auch.
Ich lege mich auf die Couch, denke an den Postkasten, kann jedoch nicht vor die Tür gehen. Die Misere liegt aber darin, dass ich den Drang verspüre zu wissen, was im Briefkasten ist. Wenn mir nun jemand sagen würde, es liegt nur Werbung drinnen, hätte ich kein Problem damit, die Post erst morgen zu holen. Da es jedoch niemand sagt und ich es wissen muss, was drinnen ist, bleibt mir nur der Gang zum Briefkasten. Aber dann muss ich vor die Tür, und das kann ich nicht so von jetzt auf gleich.
Irgendwann funktioniert es, ich stehe bei der Tür und öffne sie einen Spalt. Höre ich jemanden im Stiegenhaus, schließe ich schnell wieder und warte einige Minuten. Ich erkenne, dass ich anderen Leuten absichtlich aus dem Weg gehe. Ich will niemanden sehen, beziehungsweise will ich von niemandem gesehen werden!
Und so schaffe ich es irgendwann und halte plötzlich meine Post in der Hand. Natürlich viel Werbung und zwei Briefe.
Werbung werfe ich ungelesen in den Müll. Früher habe ich die Prospekte sehr gern gelesen und war immer wieder auf Schnäppchenjagd.
Im ersten Brief ist ein Erlagschein mit einer gewaschenen Überweisungsverpflichtung an die Gemeinde drinnen.
Dann öffne ich den zweiten Brief. Schon am Kopf erkenne ich, dass es sich um ein Schreiben der Krankenkasse handelt. Komisch, es ist doch noch gar nicht so lange her, dass ich dort vorgeladen war. Gut, ich habe eben bis jetzt keine Erfahrungen mit Krankenständen

über vier Wochen gemacht. Wird schon so passen. Der Brief wandert auf die Couch neben mich. Ich vergesse ihn.
Georg kommt einen Tag später vorbei und entdeckt ihn. Erst jetzt erinnere ich mich wieder daran und dass ich ihn nicht gelesen habe. Dies hole ich nun nach.
Das ist eine Überraschung! Damit hätte ich nicht gerechnet. Ich habe es schwarz auf weiß, dass mir die Behandlungen bewilligt worden sind. Ich bekomme eine Rückvergütung für meine therapeutischen und fachärztlichen Auslagen. In Zukunft muss ich die Honorarnoten der Spezialisten sammeln und einfach einschicken. Es wird sich zeigen, dass es nach dem Einreichen ungefähr drei Wochen dauert, bis ich auf mein Konto die anteiligen Honorarnoten überwiesen bekomme. Bei diesen Beträgen kommt mir wieder das Weinen, diesmal jedoch nicht krankheitsbedingt, sondern weil ich für eine Therapieeinheit siebzig Euro bezahle und dafür einundzwanzig Euro rückvergütet bekomme.
Ich bezahle jeden Euro für mich sehr gern, nur dieser minimale Kostenersatz der Kasse regt mich etwas auf. Andererseits weiß ich von meinen vielen Recherchen im Internet, dass die Erkrankungen Burnout erst seit 2001 und Depression erst seit 2003 anerkannt und damit unterstützt werden. Da habe ich dann doch Glück gehabt.
Es ist zwar eine große finanzielle Belastung, doch mein Leben hat sich mittlerweile so verändert, dass ich mir sehr viel Geld spare, weil ich keinen Alkohol mehr trinke und eigentlich nicht mehr ausgehe. Somit wird mein Budget einfach umgeschichtet, und die kalkulierten Ausgaben für abendliche Events werden in die Behandlung und Gesundung meines inneren Ichs verwendet.
Den größten Brocken habe ich allerdings noch nicht berücksichtigt. Es handelt sich hierbei um die Kosten für Medikamente. Momentan nehme ich zu den beiden Antidepressiva, den Angstlöser- und Beruhigungstabletten für meine Krämpfe, die ich abends im Bett bekomme, Magnesium, sowie Calmabene zum Durchschlafen, Passedan und Neurogastreutropfen zur Beruhigung.
So viel Chemie. Dabei bekomme ich in der Apotheke in Schrotterbach zehn Prozent Ermäßigung. Wenn ich all diese Ausgaben mit den acht Therapieeinheiten, mei-

nem Facharzttermin sowie der Cranio-Sacral -Therapie zusammenrechne, dann komme ich auf zirka siebenhundertfünfzig bis achthundert Euro.
Soviel Geld habe ich vermutlich nie in einem Monat zum Weggehen ausgegeben. Es ist alles bewilligt, das zählt.

01-06-2009

Ich sitze bei Dr. Führnsinn im Wartezimmer.
Diese gedrückte Stimmung hat sich nicht wirklich verändert. Ich fühle mich beobachtet und erdrückt. Alles außerhalb meiner Höhle macht mir Angst, und damit kann ich nicht umgehen.
Kein Antrieb für irgendetwas und alle Handlungen sind nur mit Zwang zu betreiben. Als ich bei ihm im Untersuchungszimmer sitze, ist es wieder so weit.
Ich breche zusammen und weine. Führnsinn verlängert meinen Krankenstand auf Ende Mai. Erleichtert mache ich mich auf den Weg nach Hause.
Hier kann ich sofort meinen Schutzmantel an der Garderobe ablegen. Diese Ausflüge machen mich so müde, und weil ich in der Nacht nicht richtig gut schlafen kann, bin ich vollkommen erledigt. Bis zum Einunddreißigsten habe ich noch zwei Wochen Zeit.
Gleich am nächsten Tag bin ich wieder bei Dr. Sislak und berichte ihr von der Krankschreibung. Wir besprechen, wie wir weiter machen wollen und ich sage ihr, dass ich gern in zwei Wochen wieder arbeiten möchte. Sie sieht mich verwundert an und will von mir wissen, ob ich mir da sicher sei.
Klar bin ich mir sicher, sonst würde ich es nicht sagen. Unter dieser Voraussetzung arbeitet Dr. Sislak nun mit mir in eine andere Richtung. Die Zeichenaufgaben stellen wir für den Augenblick ein. Dr. Sislak stellt mir einen neuen Blickwinkel vor, den der Drang ins Büro zu gehen erklären könnte, und doch habe ich große Angst vor diesem Schritt, irgendetwas belastet mich empfindlich. Sie meint, ich soll versuchen, diesen Schritt nicht als Entscheidung zwischen Ja oder Nein zu sehen, sondern als Versuch. Sie hat diesen Weitblick, den ich im Augenblick an mir so sehr vermisse. Ich stelle meine Entscheidung infrage, doch ich will das durchziehen.
Am Wochenende vor dem Ersten bin ich am Samstagabend bei Andrea und Herbert. Wir essen eine Kleinigkeit und dann reden wir stundenlang über dies und jenes und alles andere. Beide sind der Meinung, dass die Idee des „Versuches eines Wiederbeginnes" eine sehr gute ist, denn ich habe damit keinen Druck, etwas zu erfüllen, das mir vielleicht nicht gelingen wird.

Sehr müde fahre ich heim, die Gedanken sind irgendwo und es ist der erste Abend, an dem ich vergessen habe, Mama anzurufen, bevor ich ins Bett gehe.

Dieser Standartanruf ist ein wirklich liebgewonnenes Ritual und für Mama in gewisser Weise eine Beruhigung, weil sie dann weiß, wie es mir geht.

In der letzten Einheit bei Dr. Sislak, vor dem Tag X, stellt sich plötzlich heraus, dass ich eine Verpflichtung meiner zweiten Familie gegenüber spüre. Ich habe so viele Outings betrieben, ihnen gegenüber habe ich außer einem kurzen Anruf nichts dergleichen unternommen.

In der letzten Nacht vor dem Tag X schlafe ich sehr schlecht und wenig. Dementsprechend müde bin ich, als ich aus dem Bett steige. Die Antriebslosigkeit ist heute wieder massiv. Wie früher läutet der Wecker um halb sieben. Um dreiviertel sitze ich im Auto und fünf Minuten später bin ich im Büro.

Ich gehe sofort in unseren Sozialraum. „Hier bin ich also wieder!" Etwas später kommen die Kolek und unser Kücken, Daniel.

Viele Fragen, die sie an mich haben, aber keine, die mir neu wäre. Bereitwillig erkläre ich alles und erzähle ihnen, welche Erfahrungen ich gemacht habe. Immer wieder rinnen mir die Tränen herunter und ich spüre, wie die Angst in mir immer größer wird. Zu der Angst kommt Unbehagen hinzu. Alles, was ich sehe, ist zwar sehr vertraut, und doch ist alles so fremd. Die Arbeit ist in so weite Ferne gerückt. Schon die Vorstellung, jetzt in mein Büro zu gehen, den PC aufzudrehen und einen Kugelschreiber in die Hand zu nehmen, jagt mir einen Schauer über den Rücken. Die Kolleginnen und Kollegen bringen mir großes Verständnis entgegen und ich habe das Gefühl, dass sie sich wirklich Sorgen um mich machen.

Immer wieder schenken sie mir Wasser in mein Glas. Kirveliavitius bricht das Eis und fragt: „Und gehst jetzt wieder heim! Oder?" Davor habe ich so Angst gehabt. Selbst wollte ich sie mir nicht stellen und schon gar nicht beantworten. „Ich weiß es nicht. Ich bin so müde", ist meine Antwort.

Kolek erkennt als Erste meine Ausweglosigkeit und nimmt das Heft in die Hand: „Na sicher gehst heim. Du bist krank, also ab in den Krankenstand".
Ich entscheide, wirklich wieder heimzufahren. Schließlich kommt Hr. Töpferl zur Tür herein, um sich seinen Morgenkaffee abzuholen und ist positiv überrascht, als er mich sieht.
Das ganze Spiel beginnt wieder von vorne. Wieder Fragen und dieselben Antworten. Ein Novum ist, dass er zu mir während des Gespräches sagt: „Willkommen im Club."
Bis heute verstehe ich diese Aussage nicht und irgendwann werde ich ihn darauf ansprechen. Hat er etwa selber Depressionen? Auch er stellt mir dann die Frage, ob ich gesundgeschrieben sei.
Doch mein Entschluss ist gefallen. Ich kann es sehr deutlich spüren. Kirveliavitius bestätigt mich: „Der Bub bleibt mir zu Hause. Soll sich auskurieren, und wenn er wieder gesund ist, dann soll er kommen. Bringt ja nix, wenn er dann in drei Monaten wieder zu Hause ist und gar nicht mehr kommt."
Jetzt habe ich keine Zweifel mehr. Die Entscheidung ist nicht nur gefallen, sie ist auch richtig! Und die von mir so gewünschte Bestätigung und Unterstützung ist da. Nun brauche ich kein schlechtes Gewissen mehr zu haben.
Gut, nach zwei Stunden ist also mein Arbeitstag wieder zu Ende. Mein Versuch ist gescheitert. Ich sitze im Auto, fahre zum Führnsinn und erzähle ihm von meinen letzten beiden Stunden.
Er schreibt mich sofort für einen weiteren Monat krank und bittet mich, in zwei Wochen wieder zu kommen. Dann fahre ich mit großem Drang nach Hause. Ich will unbedingt in meine Höhle und nichts mehr hören und sehen. Der Schutzmantel ist heute aus Blei. Er ist so unendlich schwer, dass ich kaum mehr Kraft habe.
Nur mehr Fernseher einschalten, Spongebob suchen und auf die Couch legen. In den nächsten Stunden versuche ich, das Erlebte Revue passieren zu lassen. Plötzlich ist mir klar, warum der erste Juni so wichtig für mich war. Ich habe ein weiteres Outing durchgezogen. Es scheint nie um die Möglichkeit des Arbeitens gegan-

gen sein, auch nicht um einen Versuch. Es war wichtig, meiner zweiten Familie zu erklären, was mit mir los ist.
Ich war es ihnen schuldig. Ich habe mich vor ihnen geoutet.
Von zu Hause aus schreibe ich Kolek eine Mail, in der ich sie frage, ob sie noch über mich geredet haben. Ihre Antwort lautet: „Du siehst sehr schlecht aus. Wir machen uns große Sorgen. Deine Augen sind so groß und leer. Schau bitte, dass du wieder auf den Damm kommst und nimm dir die Zeit, die du dazu brauchst. Wir sind immer für dich da." Ich muss wieder zu weinen beginnen. Mama kommt und ich erzähle ihr von meinen Erlebnissen, genauso wie ich Georg per Mail Bescheid gebe.
Georg hat noch immer große Probleme, zu verstehen. Ich bin so müde, dass ich am Nachmittag auf der Couch einschlafe, eine Stunde später wieder munter werde, jedoch keine Verbesserung verspüre. Ein paar Tage später bin ich wieder bei Frau Dr. Sislak und berichte ihr von meinem Versuch. Sie sieht es nicht so schlimm und erinnert mich wieder an ihre Meinung, dass ich noch nicht bereit dazu bin. Es ist viel zu früh. Ich hätte überhaupt keine Stabilität und Ausgeglichenheit, aber sie versteht sehr gut, dass ich mich erklären wollte.
Sie sagt mir: „Ich bin sehr stolz auf Sie, dass Sie dies geschafft haben!"
Ein klein wenig ärgert mich, dass sie recht hatte, ich wollte ihr es doch beweisen, dass es bei mir anders ist als bei allen anderen Menschen. Ich bin doch ein starker Kämpfer. Während ich über diesen „Arbeitstag" nachdenke, fällt mir auf und ein, dass ich keinen Schritt in mein Büro gemacht habe.
Ich habe vor meinem Büro Angst.

Meister der Sprüche

Jeden Tag hören wir Floskeln und neue unbekannte Sprüche.
Wie schnell ist so ein Satz vollkommen unüberlegt ausgesprochen und nur so dahin gesagt? Wie oft sprechen wir einen Satz aus und wissen gar nicht, was er ausdrückt? Im Laufe der Jahre habe ich immer wieder Sprüche als Lebensweisheiten angenommen und sie zu meiner Philosophie gemacht. Vermutlich sind es mein verschrobenes Denken, meine Krankheit, die es zulassen, dass ich in den Sprüchen einen Halt suche.
In der Therapie werden viele Situationen und Ergebnisse mit verbalen Bildern und mit Gleichnissen erklärt, da es die Begreifbarkeit wesentlich vereinfacht.
Genauso gibt es auch immer wieder Sprüche, die ich höre und über die ich nachdenken muss. Sie fesseln mich, und in meiner augenblicklichen Situation versuche ich, in ihrem Inhalt Kraft zu finden und sie zu leben oder umzusetzen. Oft lerne ich dadurch einfach nur, und es gilt nichts umzusetzen.
Vielleicht ist das Beschäftigen damit jedoch einfach nur ein Selbstschutz. Mein Gehirn möchte mich von meinen gewälzten Problemen ablenken und sich einige Zeit ausrasten.
Je philosophischer die Weisheit ist, umso länger bleibt er in meinen Gedanken.
So gibt es aus dem Buddhismus die Aussage: „Ich weiß, dass ich nichts weiß".
Ich weiß nicht, wie viele Stunden ich über diesen Ausspruch gegrübelt habe, und ich bin zum Schluss gekommen, man kann ihn nicht durchblicken. Ich bin soweit gekommen, dass ich jetzt der Meinung bin, dass ich nichts weiß, aber es ist nicht wichtig.
Wir werden permanent mit Informationen vollgestopft, wir studieren und lernen, um mit einem Magister oder Doktortitel abzuschließen. Wir treten in Berufe ein, die unser Wissen fordern, und wir bilden uns weiter.
Die Frage, die sich mir aufdrängt, ist: Woher weiß die Blume, wie sie zu wachsen hat?
Wir kommen auf die Welt und lernen. Wir müssen zuerst lernen, dass unsere Eltern am Anfang nur Gutes für uns tun wollen, dann müssen wir aufs WC zu gehen

lernen und zu sprechen, zu essen, zu laufen und Entscheidungen zu treffen.
Wenn man die Lernphasen eines Kleinkindes mit denen jedes anderen Lebewesens vergleicht, dann braucht der Mensch viele Male so lang. Sind wir also diese tolle Spezies?
Wir lernen als Nächstes, dass wir andere Menschen respektieren müssen, doch im Kindergarten geht es sehr oft unfair zu.
In der Volksschule erzählt uns ein mitunter schon sehr alter Lehrer, wie viel eins und eins ist. Keiner stellt es infrage.
Die Schule hat mir nie Spaß gemacht. Abgesehen von meinen schulischen Leistungen habe ich vermutlich in diesen jungen Jahren sehr vieles -nicht Altersgemäßes - gelernt.
Eine Trennung der Eltern, keinen Vaterbezug. Ich habe immer versucht, das Beste und Positive zu lernen.
Dann kommt der Tag, an dem ich vor die Entscheidung gestellt werde, eine Aufnahmeprüfung in der AHS zu machen oder in die (gewöhnliche) Hauptschule zu gehen. Mama würde mich sehr gerne im Gymnasium sehen und spricht mir zu. Meine Entscheidung ist gefallen. Ich werde die Hauptschule besuchen. Mama bietet mir an, die Aufnahmeprüfung trotzdem zu machen und dann zu entscheiden, wohin es gehen soll. Meine Antwort: „Klar mache ich die Aufnahmeprüfung, wenn du das möchtest, aber ich werde nur meinen Namen auf das Formular schreiben." Nach diesem Ausspruch sieht Mama die Aussichtslosigkeit ein und lässt mich in die Hauptschule gehen. Dort interessiert mich das Lernen genauso wenig wie die vier Jahre zuvor in der Volksschule.
Kaum sind diese Jahre vorbei, geht es schon wieder um die Entscheidung: Was mache ich jetzt? Ich würde gerne den Polytechnischen Lehrgang machen und dann als Lehrling beginnen. Diesmal ist Mama stärker. Wir haben uns einige Schulen in Wien angesehen. Eine interessiert mich dabei. Schon verbringe ich die nächsten beiden Jahre in einem Haus, wo man Programmierer wird. Nachteil dieser Schule ist, es ist eine Privatschule und kostet sehr viel Geld, und darum steht vor dem Schulbeginn eine große Neuerung an.

Für diese Ausbildung ist es nötig, dass mein Vater einen finanziellen Beitrag leistet, und so tritt er nach langer Zeit plötzlich in mein Leben. Er versucht sich zu wehren, ich lerne wieder weiter. Ich eigne mir in dieser Programmiererschule sehr großes Wissen über eine Programmiersprache an, die heute eine tote Sprache ist. Ich lerne Betriebswirtschaft und Rechnungswesen, das ich eigentlich nie wieder in meinem Leben brauchen werde. Auch Staatsbürgerschaftskunde ist eines dieser ungeliebten Unterrichtsfächer.
Die schulischen Leistungen spiegeln mein Interesse an diesen Unterrichtsgegenständen wider.
Mit Mühe und vielen Nachhilfestunden in den Sommerferien schaffe ich die zwei Jahre und habe eine Berufsausbildung. Datenverarbeitungskaufmann. Schon während der Schulzeit spüre ich, dass dieser Beruf keine Zukunft für mich hat. Auf dem PC kenne ich mich aber aus!
Ich mache einen Berufseignungstest und bekomme mein Gefühl bestätigt. Es sagt mir die ganze Zeit, ich sollte einen Beruf ausüben, der es zulässt, dass ich mit einem PC arbeite, aber nie nur in einem Büro sitzen muss.
Wieder ein Wissen, mit dem ich nichts anfangen kann. Weiter geht es damit, dass ich die Ausbildung zum Fachtechniker für Vermessungswesen beginne und abschließe. Hier sollte ich so viel lernen, zur staatlichen Abschlussprüfung sollte mein Wissen von Polygonzugsberechnungen, über Vorwärts- und Rückwärtsschnitte bis hin zu Vermessungsgesetz und Normschriften reichen. Ich habe die Prüfung geschafft. Mehr gibt's dazu nicht zu sagen. Mein Wissensdurst war damals mehr in die Richtung Turnverein, Sport und Freunde.
Ich glaube, Mama war sehr froh, als die Schulzeit ein Ende gefunden hat. Ich habe am letzten Schultag viele meiner Hefte und Bücher und andere Schulunterlagen in unserem Garten verbrannt.
Danach habe ich den Zivildienst gemacht und hier das erste Mal etwas gelernt, das mich auch interessiert hat. Die Arbeit mit den geistig und mehrfach behinderten Menschen hat mir große Freude gemacht, und anstatt dass ich in dieser Einrichtung geblieben wäre, bin ich

leider wieder zurück in den alten Beruf zurückgegangen.

Mein Gefühl, das diesen Beruf begleitet hat, wurde täglich schlechter. Ich fühlte mich wie ein Vagabund, der kein Zuhause mehr hat. An einem Tag in Wien, den nächsten im Waldviertel und das Wochenende in der Steiermark.

Der Druck wurde so groß, dass ich wieder eine Berufseignungsuntersuchung gemacht habe. Sieben Stunden wurde ich beim WIFI auf Herz und Nieren getestet. Heraus gekommen ist, dass ich einen Beruf mit mehr Verantwortung suche. Etwa in einer Führungsetage oder im Management.

Die größte Neuerung und schwerste Information ist, dass man überdurchschnittliche Intelligenz festgestellt hat. Und das mit fünfundzwanzig!

Ein Wissen, das mir noch fremd ist und ich nicht mehr vergessen werde. Irgendwann konnte ich mich von der Vermessung lösen, erfüllte mir einen Kindheitstraum, als ich eine Saison als Staplerfahrer arbeitete, und ich schaffte einen Quereinstieg in meinen momentanen Job. Diese Tätigkeit entspricht dem, was beim WIFI heraus gekommen ist und macht mir sehr großen Spaß. In den letzten Jahren habe ich mir viel Fachwissen, aber auch „unnötiges Wissen" angeeignet. Ich weiß, dass ein Schmetterling zwölftausend Augen hat, dass Elefanten nur zwei Stunden schlafen, jeder von uns durchschnittlich zwei Moleküle der letzten Ausatemluft von Caesar erhält und Schweine nicht nach oben sehen können.

Dazu fällt mir eben nur der Spruch „Ich weiß, dass ich nichts weiß" ein. Es ist nun ein Leichtes, die Antwort auf die Frage zu finden.

Ein weiterer Spruch derselben Richtung ist: „Ich lüge immer!" Immer wieder habe ich Leute damit provoziert. Jedoch ist er genauso ein Paradoxon. Er ist ein Widerspruch in sich, und ich versuche, ihn schnell loszulassen.

Mein ganzes Leben versuche ich, ohne Lügen auszukommen und dies gelingt. Ich war und bin immer ehrlich, wofür ich einerseits gefürchtet bin und andererseits geschätzt werde, da jeder davon ausgehen kann, ich veräpple ihn nicht.

„Alles im Leben ist Veränderung! Das ist fix!" Diesen Spruch entwickle ich mit Herbert gemeinsam.
Vielleicht gibt es ihn schon, oder jemand hat bereits ein Patent drauf. Eine abgewandelte Version verwendet Alf Poier in seinem Buch, „Alles vergeht – nur die Vergänglichkeit bleibt". Ich finde unsere Version jedoch schöner.
Viele Vorgänge sind Veränderungen, die wir nicht beeinflussen können, doch ich kann das nicht akzeptieren. Ich möchte meine Welt retten, indem ich keine Veränderungen zulasse.
Es gelingt nicht, ich werde traurig. Es macht mich depressiv. Vielleicht hat es mich sogar in die Krankheit getrieben, die mein Leben nun vollkommen unter Kontrolle hält.
Ich hoffe, dass ich eines Tages diese „Veränderungs-Lebensfalle" erkennen kann und es mir egal wird, wenn eine Veränderung in mein Leben tritt.
„Keine Erwartungen sind die besten", dieser Ausspruch begleitet mich schon sehr lange.
Ich glaube, es war der Erste, den ich gehört habe, als ich begonnen habe, mich mit dem Buddhismus zu beschäftigen. Über lange Zeit ist es mir gelungen, meine Erwartungen zu minimieren und sogar den Ausdruck aus meinem Wortschatz zu streichen.
Ohne Erwartungen gibt es keine Enttäuschungen. Wenn ich mir erwarte, dass die Sonne morgen scheint und sie tut es nicht, bin ich traurig, weil meine Erwartungen nicht eintreffen.
Erwarte ich es mir nicht und sie scheint, dann ist es eine sehr angenehme, positive Überraschung.
Irgendwann taucht dann aber der Gedanke auf: Wenn ich an die Zukunft keine Erwartungen habe, was macht das Leben dann für einen Sinn? Ich habe Vorstellungen von meinem Leben, ich möchte Glück und Zufriedenheit erfahren, ich will leben und genießen. Diese „Erwartungen" sind Dinge, die man selbst in der Hand hat.
Glück ist für mich, den Wind auf den Wangen zu spüren, die Wiese zu riechen und die Vögel zu hören. Ich habe mich auf den Weg gemacht, dies wieder zu lernen. Wieder achtsam durch das Leben zu gehen und zu genießen.
„Denken macht Kopfweh", „Das geht mir an die Nieren", „Das schlägt mir auf den Magen", „Da bekomme ich die

Gänsehaut",... Als ich darüber nachdenke, finde ich noch einige dieser körperbezogenen Aussagen. Die Menschheit hat sie gefunden, weil es Tatsachen sind.

Eines Tages hat Dr. Sislak zu mir gesagt: „Man kann nicht schwimmen lernen ohne Wasser!" Und wie recht sie damit hat. So viele Dinge muss ich in meinem Leben neu lernen.

Genau dieser Satz drückt das aus, wie ich mich immer wieder fühle. Ich muss hier durch, um dann schwimmen zu können. Dieses beschriebene Gleichnis finde ich einfach sehr treffend.

Der Dicke soll nicht unerwähnt bleiben! Von ihm habe ich: „Zuerst schließen wir die Augen, dann sehen wir weiter". Es ist ein banaler Spruch, trotzdem spiegelt er sehr überzeugend das Verhalten der meisten Menschen wider.

Immer wieder gibt es Personen, die sich von der Realität wegdrehen und sie verleugnen. Wie viele sind es, die sich nicht ihren Problemen stellen, sondern sie mit Drogen oder Alkohol verdrängen oder den Weg gehen und sich umbringen?

In meinem Leben ist der Moment gekommen, in dem ich die Augen nicht mehr verschließen kann. Außerdem möchte ich meine Augen offen halten und mit aller Aufmerksamkeit und Achtsamkeit die Dinge sehen, vor denen ich davon gelaufen bin.

Großvati hat immer gesagt: „Jeder hat sein Pinkerl zu tragen." Vielleicht ist es mir nun möglich, die Last etwas zu erleichtern?

Mein augenblicklich größtes Pinkerl ist sicher die eigene Akzeptanz meiner Erkrankung. Sollte sie sich einstellen, wird das Gewicht leichter werden.

Und ich wünsche mir, dass die Krankheit Depression diesen Respekt bekommt, den sie verdient. Ich wünsche mir, dass sie nicht mehr totgeschwiegen, sondern in der Gesellschaft akzeptiert wird und eine Sensibilisierung der Bevölkerung stattfindet. Ich wünsche mir viele offene Augen!

Mit Arthur Schopenhauers Worten zu sprechen: „Es gibt nur zwei Dinge, die unendlich sind. Das Universum und die menschliche Dummheit."Schlicht, ehrlich, lustig, wahr und treffend!

Auf einer Internetseite entdecke ich: „Wer mit einem Fuß in der Vergangenheit steht und mit dem anderen in der Zukunft, der pinkelt auf die Gegenwart". So einfach, so primitiv und trotzdem so viel Wahrheit.
Er bringt mich dazu, dass ich versuche, meine Beine wieder in der Mitte zu schließen und mich damit in meinem Leben zu zentrieren. In der Therapie stehe ich zwar mit beiden Beinen sehr oft in der Vergangenheit, doch entlässt mich Dr. Sislak nie, bevor ich wieder in der Gegenwart bin.
Manchmal bewegen sich meine Gedanken in die Zukunft. Sie befassen sich mit meinem Weg zur Gesundheit. Sie führen mich aber auch zu der Angst, neuerlich eine depressive Phase durchmachen zu müssen. Dr. Sislak sagt mir immer wieder, dass man wohl nie vor solchen Phasen gefeit ist, aber so eine massive wird mir vermutlich erspart bleiben. Ich werde die Lebensfallen erkennen und es selbst entscheiden können, ob ich hineinstolpere oder außen rundherum gehe. Sie bezeichnet dies als Minimalerfolg der Therapie.
Für mich steht fest, ich will ganz gesund werden. Ein Wissen, das Sicherheit und Mut gibt, den eingeschlagenen Weg weiter zu gehen. Damit erkenne ich auch den Spruch: „Wo eine Tür zu geht, geht eine andere auf".
Im Leben gehen immer Türen zu, doch wer offen ist, für den öffnen sich auch wiederum Türen. Es liegt an jedem selbst, ob man den Mut aufbringt, in die neu geöffnete Tür einzutreten.
In meinem Fall sehe ich es so: Dadurch, dass sich die Tür der Krankheit schließt, öffnet sich die Tür der Gesundheit. Ich bewege mich mit kleinen Schritten auf die Öffnung zu und ich möchte gesund werden. Damit wird sich wieder eine Tür schließen.
Einer der schönsten Sprüche, die ich in der letzten Zeit gehört habe, ist: „Die Sonne scheint immer! Nur manchmal ist sie hinter den Wolken oder es ist Nacht."
Für mich erkenne ich, dass es im Leben dunkle Seiten gibt, aber ist es auch noch so finster, so weiß ich, dass die Sonne trotzdem scheint, und sie wird auch für mich wieder mit vollem Glanz scheinen!
Oft gelingt es mir, mithilfe der Sprüche meine eigenen Empfindungen meinem Umfeld etwas zu erklären. Ich verspüre massiven Drang, mich zu vermitteln. Viele

können sich dadurch etwas besser vorstellen, was in mir vorgeht. Wenn ich mir durch die Sprüche selber Klarheit verschafft habe, finde ich leichter die Worte, die zu den Erklärungen notwendig sind. Das Umfeld erklärt mir dann, dass es damit sehr gut gelingt.

Viel später werde ich erfahren, dass es fast allen Menschen mit Depressionen ähnlich geht. Man möchte sich mitteilen, aber man findet die Worte nicht. Man liest dann einen Spruch, und mit dieser Aussage kann man vieles klarstellen.

Frische Luft

Ich bin nie gern spazieren gegangen. Früher vermutlich, weil ich als Vermessungstechniker den ganzen Tag auf den Beinen war, jetzt- weil ich älter geworden bin.
Dann, weil mir mein Knie einen Strich durch die Rechnung gemacht.
Nach dem Radfahren zum Beispiel ist es immer wieder so angeschwollen, dass es so dick wie mein Oberschenkel wurde.
Erst ein Osteopath, der ärztliche Betreuer von Wien West, hat mir Verspannungen in den Faszien gelöst, und die Beschwerden sind besser geworden.
Die Störung in den Bindegewebshäuten kann man sich ähnlich wie die Energie- oder Blutkreisläufe im Körper vorstellen. So wie der Cranio-Sacral - Therapeut diese energetischen Störungen behandelt, so behandelt der Osteopath die in den Faszien.
Ein Chirurg und Arzt der Handballnationalmannschaft hat mir damals schon zu einer Arthroskopie des Knies geraten.
Mit Ausbruch der Depression ist mein Körper wie in einen Notbetriebsmodus gefahren. Ich hatte keine Beschwerden mehr mit meinem Bewegungsapparat.
Immer wieder gehe ich nun gern spazieren. Vor allem nach den Therapiestunden im Wagnerpark, aber auch eine Runde durch den Wald, bei mir zu Hause. Oft habe ich gehört, dass Bewegung bei Depressionen ein gutes Heilmittel ist.
Susi hat mich zum Essen eingeladen und ich fahre gegen Mittag zu den Stiels. Anfänglich sind wir noch mehr Leute, die Kinder verabschieden sich jedoch nach dem Essen. Susi schlägt vor, dass wir eine Runde spazieren gehen. Ich willige ein und wir machen uns auf den Weg.
Schon beim Essen hat Susi mich nach meinem Befinden gefragt und ich habe einen groben Überblick gegeben über meine Gefühle, die Vorkommnisse in der Therapie und über die Dinge, die mich belasten. Zu dem Zeitpunkt war aber noch nicht der richtige Moment, um weiter und tiefer in die Materie vorzudringen. Am Weg dauert es etwas, bis wir an dieses Gespräch anschließen können.

Ich bin in der Phase, wo ich mich sehr stark mit dem Tod meines Großvatis, ihres Vaters, beschäftige. Als er starb, war ich gerade auf der Heimfahrt von meinem letzten Arbeitstag, bevor ich zum Zivildienst einberufen wurde. Zweimal läutete der Pager, doch ich fand keine Telefonzelle. Irgendetwas muss vorgefallen sein, dachte ich bei mir, als ich in meine Gasse einbog. Im Stiegenhaus stürmte ich nach oben und sperrte hastig die Tür auf. Mama stand in Tränen aufgelöst in der Küche: „Großvati wurde ins Spital gebracht", war ihre knappe Antwort. Ich packte Mama und wir fuhren zu den Stiels ins Haus, wo aus allen Himmelsrichtungen die Familienmitglieder eintrafen.

Großmutti hat uns die Situation genau geschildert. Die Großeltern waren auf dem Weg zum Seniorenfasching. Eine Nachbarin ging mit ihnen und Großvati, der immer gut zu Fuß war, fiel zurück. Als Großmutti sich zu ihm umdrehte und fragte, was denn los sei, sagte er: „Ich weiß nicht, mir geht es nicht so gut. Ich werde wieder heimgehen." Dann brach er zusammen.

Großmutti rannte zu den Stiels, um die Rettung zu rufen. Er wurde reanimiert und mit einem Notarzthubschrauber ins Spital gebracht. Nach den Erzählungen von Großmutti fuhren sie, Susi und ich ins Krankenhaus.

An vieles von dieser Fahrt kann ich mich nicht mehr erinnern, nur eines hat sich in meine Hirnrinde eingebrannt. Mir war ganz wichtig, den beiden zu vermitteln, dass, wenn wir Großvati nun sehen werden, er eventuell an viele Geräte und Schläuche angeschlossen ist. Ich wollte sie auf diesen grässlichen Anblick vorbereiten.

Irgendwann waren wir im Spital angekommen. Jetzt wird meine Erinnerung wieder etwas heller, eigentlich fängt sie hier wieder an. Wir stehen vor dem Empfangsschalter und ich erkundige mich nach dem Raum, wo Großvati liegt.

Der Portier gibt mir die Auskunft, dass er auf der Intensivstation sei. Wir begeben uns also dort hin. In großen Lettern steht auf der Eingangstür zur Intensivstation: Kein Eintritt.

Ich läute. Die Tür geht auf und eine Schwester sieht uns an. „Wir sind die Angehörigen von Herrn XY." „Kommen Sie bitte weiter", sagt die Schwester und

bringt uns in ein Zimmer. Aus dem Augenwinkel sehe ich noch, dass „Schwesternzimmer" auf der Türbeschriftung steht. Drinnen sitzt die zweitälteste Tochter von Großmutti und Großvati, die aus der anderen Richtung ins Spital gekommen ist.
Es ist Tante Alex. Sie sitzt da und weint. In mir drinnen spüre ich, was uns in den nächsten Sekunden erwarten wird und ich bin darauf gefasst, als die Schwester uns erzählt, dass Großvati gestorben ist.
Großmutti will es nicht wahrhaben. Susi bricht zusammen und auch Tante Alex wieder in Tränen aus. Die Schwester bringt uns irgendwelche Beruhigungstabletten. Ich verweigere sie aus dem Grund, dass ich noch Autofahren müsste. Wir bleiben noch einige Zeit im Spital und weinen einfach nur.
Die Schwester dürfte erkannt haben, dass ich der bin, der die meiste Fassung hat, und bringt mir Unterlagen. Ansehen kann ich sie mir jedoch nicht.
Irgendwann verlassen wir das Krankenhaus und ich fahre mit derselben Crew wie vorher nach Hause. An diese Fahrt habe ich wieder kaum Erinnerungen. Ich weiß nur noch, dass ich funktioniert habe, bis wir bei den Stiels angekommen sind.
Danach weiß ich noch, dass ich ins Stehcafe gefahren bin und mich mit einem Freund getroffen habe. Es ist genau der Freund, der im Kindergarten mit der BRIO-Eisenbahn in die falsche Richtung gefahren ist, Franzi, und nun beim Zivildienst ist.
Er war bei der Reanimation dabei und wusste, wie viel Großvati mir bedeutet. Irgendwann war ich zuhause.
Ich habe damals noch bei Mama gewohnt. Eine sehr komische und schwere Nacht. Mit Andrea und Großmutti war ich beim Bestatter, wo wir den Sarg ausgesucht haben. Eine sehr skurrile und unwirkliche Situation. Dann ging es zum ersten Tag Zivildienst.
Dort stellte ich mich gleich mit der Bitte vor, dass ich drei Tage später freihaben möchte, da die Beerdigung stattfinden würde. Die Zeit verschwimmt.
An das Begräbnis selbst ist mir geblieben, dass Georg, Lisa und ich ministriert haben. Großvatis Wunsch war es, dass Georg das Kreuz vor dem Sarg trägt und ich bewundere ihn bis heute, dass er die Kraft hatte, diesen Wunsch zu erfüllen. Nach dem Sarg die Großmutti mit

den vier Töchtern, dann die Enkel und Schwiegersöhne und danach ein Rattenschwanz von geschätzten dreihundertfünfzig Freunden. Ja, er hatte wirklich so viele Freunde. Bis zu dem Zeitpunkt, als wir vor dem Loch stehen, in das der Sarg verschwunden ist, halte ich die Hände von Lisa und Flo.
Erst viel später wird mich Lisa daran erinnern, dass ich vor dem offenen Grab gesagt habe: „Pfiat di." So wie immer, wenn ich mich von den Großeltern verabschiedet habe.
Diese ganze Geschichte besprechen Susi und ich auf unserer Wanderung durch den Wald. Susi erzählt mir, sie kann sich erinnern, dass ich mit dem Auto gefahren bin und dass sie es bis heute nicht versteht, wie ich so einwandfrei funktionieren konnte. Weiters erzählt sie mir, dass sie nicht einmal mehr gewusst hat, dass es das Spital in Mödling war.
Immer weiter gehen wir in den Wald und die Geschichte wird immer tiefer. Susi ist sehr beeindruckt, wie ich nun meine Vergangenheit anpacke und sie bietet mir an, dass ich immer eine offene Tür bei ihr haben werde.
Irgendwie habe ich das Gefühl, dass ich mich gegen die Regeln und Tabus der Familie auflehne. So auch gegen das totgeschwiegene Thema von psychischen Erkrankungen.
Ein weiteres Thema in diesem Gespräch ist die Kindererziehung. Susi fragt mich, ob ich es beurteilen könnte, wie uns Mama erzogen hat. Sie ist der Meinung, dass es zwei Arten gibt, wie man Kinder beschützen kann. Die eine Variante ist, dass man sich schützend vor sie stellt und nichts an sie heranlässt, die andere ist die, dass man sie Erfahrungen machen lässt und ihnen die Sicherheit bietet, immer ein warmes geborgenes Zuhause zu haben.
Ich muss bis heute über diese Aussage nachdenken. Meine Erinnerungen an meine Kindheit sind die an eine sehr glückliche, doch wenn ich zwischen beiden Varianten entscheiden muss, dann habe ich die Erste erfahren. Ich denke, Mama ist uns die beste Mutter gewesen, die man sich wünschen kann und ich liebe meine Mama. Doch vielleicht mussten wir die Härte des Lebens auf eine Weise erfahren, wie es sie nicht jeder erlebt.

Aber es war ein anderes Leben, es war eine andere Zeit, es war ein anderes Dasein, es war damals wunderbar, wir waren sehr geborgen und geliebt.
Es war eine glückliche Kindheit.
Langsam findet unser Spaziergang ein Ende; für mich war er ein sehr lehrreicher, unterhaltsamer, entspannender und vor allem erfüllender.
Laut Aussage von Susi ist es bei ihr genauso gewesen.

Das andere Tun

Von Anbeginn meiner Erkrankung bin ich nicht nur in Psychotherapie, sondern ebenso in Cranio-Sacral - Therapie in der Praxisgemeinschaft ProClo.
Es war, wie schon früher kurz angedeutet, ein Ratschlag Mamas und nach meiner anfänglichen Skepsis ist sie ein weiterer Strohhalm zu meiner Gesundung geworden.
Ich muss mit diesen Behandlungen sehr vorsichtig sein, denn sie wühlen manchmal schon ziemlich in der Psyche herum.
Was kann man sich nun unter Cranio-Sacral vorstellen? Wenn man diesen Begriff auf Wikipedia sucht, ist die Kritik nicht die beste, ich denke, man kann sich aber nur selbst ein Urteil bilden, wenn man es ausprobiert hat.
Es gibt verschiedenste Behandlungsweisen beziehungsweise die unterschiedlichsten Erlebnisse, die man dabei machen kann. Die Behandlung an und für sich erfolgt so, dass der Therapeut die vom Gewebe ausgestrahlten Signale verstärkt oder vorhandene Blockaden in den Energiekreisläufen behebt, gestörtes Gewebe entstört.
Bei meiner ersten Einheit lerne ich Ralph kennen und höre, was wirklich passiert. Die Frage nach dem „Warum bist du hier?" ist geklärt und ebenso, dass ich einfach endlich gesund sein möchte. „Ich bin hilflos und möchte alles dafür tun, dass sich mein Zustand verbessert!" Nach weiteren kurzen einführenden Worten, der Aufforderung, meinen Gürtel abzulegen und alle einschneidenden Kleidungsstücke zu entfernen, beginnen wir.
Massage dürfte das somit keine werden, denke ich bei mir, als er beginnt, meinen Körper auszuloten, denn mehr Gewand muss ich nicht ablegen.
Zum Ausloten nimmt er mich an den Fußfesseln und es passiert nichts, was ich deuten könnte. Einige Augenblicke später stellt er sich neben mich und öffnet wie ein Priester seine Hände. Gespannt warte ich, was nun passiert. Er legt seine Hände auf meinen Brustkorb und sagt dazu, dass mein Körper ihm hier die meisten Signale sendet. „Schauen wir, was sich zeigt", sind die nächsten Worte.

Ich vermute, da ich mich in den letzten Tagen so ausführlich mit der Depression beschäftigt habe und sie mein Leben mittlerweile voll und ganz unter Kontrolle hält und ich ja schließlich wegen dieser Diagnose überhaupt gekommen bin, sind das Herz und die Angst der Grund, warum sich Ralph mein Herz zeigt. Nach seiner Aufforderung versuche ich, mich vollkommen zu entspannen und alles zuzulassen.
Bis heute kann ich nicht wirklich sagen, was passiert, aber es passiert etwas und ich spüre Veränderungen in mir.
Ich beginne fürchterlich zu weinen. Im ersten Moment denke ich, dass es die Trennung von Franka ist, die mir zu schaffen macht. Ralph fragt immer wieder nach, was ich empfinde, was ich spüre, was in mir vorgeht. So gut es geht, versuche ich, ihm diese Fragen zu beantworten. Plötzlich steht Großvati vor mir.
Ich bin sehr überrascht und auch Ralph fragt nach, warum er da sein könnte. „Er fehlt mir so sehr!", ist meine Antwort, später soll ich aber erfahren, dass er auf mich aufpasst. Auch jetzt noch. Dreizehn Jahre nach seinem Tod. Seine Uhr, die ich sonst immer im Hosensack trage, ist bei den anderen Sachen am Sessel neben der Liege. Immer deutlicher wird das Bild von ihm. Alte Geschichten werden in meine Erinnerung gerufen. Geschichten, an die ich schon lange nicht mehr gedacht habe.
Ralph löst nun den Griff und beginnt meinen Kopf zu bearbeiten. Es ist keine Kopfmassage, aber trotzdem entspannt mich seine Handhaltung weiter.
Eines meiner Lieblingserlebnisse mit meinem Großvati kommt.
Dieses Erlebnis war, als die Großeltern eine neue Fassade am Haus bekommen haben. Georg und ich waren an diesen Tätigkeiten sehr interessiert und haben die Arbeiter die meiste Zeit beobachtet. Nachdem das Gerüst abgebaut, die Baustelle aufgeräumt und alle Arbeiter abgezogen waren, mussten wir zeigen, dass wir dies ebenso können. Nichts leichter als mit einem Hammer Löcher in die neue Fassade zu machen und danach in einem Kübel Erde und Wasser zu vermischen und mit diesem Gemenge die geschlagenen Kerben zu verputzen. Stolz präsentieren wir Großmutti und Großvati unser

Werk, allerdings fiel das Lob sehr dürftig aus. Als Belohnung bekommen wir Strafen. Meine Strafe ist, dass ich hundertmal den Satz „Ich darf mit dem Hammer keine Löcher in die Fassade machen und sie danach mit Matsch zuschmieren", schreiben muss. Und weil Georg noch nicht schreiben kann, muss er zehnmal ein Bild zeichnen mit demselben Inhalt. Wir werden erst erlöst, als Mama nach der Arbeit kommt und uns abholt. Auch bei Mama halten sich das Verständnis und die Freude sehr in Grenzen, was bei uns beiden Buben natürlich absolutes Unverständnis auslöst. Wir ziehen uns die Schuhe an und verabschieden uns von Großmutti. Dort wartet Großvati auf uns und sagt zum Abschied: „Das nächste Mal musst du Zement nehmen, sonst hält das nämlich nicht!" Ich werde diesen Satz nie vergessen. Ich unterstelle ihm, dass er gern mitgemacht hätte, allerdings: Die Vernunft und sein Verstand haben es ihm verboten.
Doch genauso war er immer und deswegen von vielen Leuten geschätzt. Er war oft wie ein lieber Lausbub und hatte immer dieses verschmitzte Lächeln im Gesicht. Leider kann ich es nicht genau sehen, aber ich glaube, Ralph muss nach dieser Geschichte schmunzeln. Mir rinnen weiter die Tränen herunter.
Gegen Ende der Einheit führt mich Ralph langsam aber sicher wieder in die Realität zurück. Dazu fragt er mich, ob es irgendeine Erinnerung gibt, in der ich mich besonders beschützt von ihm fühle? Tatsächlich gibt es eine. Ich stehe als Einjähriger am Brunnen der Großeltern und Großvati hat schützend seine Hand um meine Schulter gelegt. Davon gibt es auch ein Foto, die Erinnerung an diese Situation besteht eigentlich nur über das Foto und nicht an die Situation selbst.
Bei der Rückführung ist es so, dass ich mit meinem heutigen Alter am Brunnen stehe und Großvati wieder schützend seine Hand um meine Schulter gelegt hat. Dieses Foto bleibt vor meinem inneren Auge und ich habe nun ein wunderbares Bild, in dem ich in dunklen Stunden das Gefühl bekommen werde, er beschützt mich noch immer.
Ralph sagt mir, ich solle mir noch ein wenig Zeit nehmen und dann zu ihm nach vorne kommen. Dann verlässt er die Kabine.

Ein paar Minuten später bin ich fertig, sitze bei ihm und wir machen eine kurze Nachbesprechung, in der mir Ralph erklärt, dass es sehr leicht sein kann, dass die Nachwirkung noch ein oder zwei Tage anhält. Ich spüre jetzt schon, dass ich wieder sehr unruhig bin, doch es ist eine angenehme Unruhe. Er fragt, ob wir uns schon einen weiteren Termin ausmachen sollen und dass ich mir eine Überweisung vom Hausarzt holen soll, um ein wenig Geld von der Kasse zurück zu bekommen.
Das Ausmachen eines weiteren Termines werde ich zu einem späteren Zeitpunkt nachholen, da ich noch nicht weiß, wie Dr. Sislak dazu steht und wie stark die Behandlung anschlagen wird, beziehungsweise welche Nachwirkungen eventuell auftreten. Momentan möchte ich nur mehr heim und ich mache mich sofort auf den Weg.
Je weiter der Tag voranschreitet, umso aufgewühlter wird mein Körper. Die Beine kribbeln sehr stark, sie zittern und es brodelt in ihnen und im Kopf bin ich unglaublich müde. Auch wenn sich scheinbar in mir sehr viel tut, eine Veränderung im Befinden oder beim Schlafen kann ich nicht erkennen.

Die zweite Einheit beginnen wir mit einem Rückblick auf die erste. Die Nachwehen werden besprochen und Ralph meint, dass es ein Zeichen ist, dass die Cranio-Sacral - Therapie gewirkt hat.
Wir beginnen mit dem Ausloten des Körpers. Heute zeigt sich wieder die Herzregion, also beginnt Ralph dort mit dem Öffnen. Schnell bekommt die Behandlung diesmal ein Gesicht. In der Einheit ist Franka sehr präsent. Ich lasse es zu und bejahe alles. Immer wieder will Ralph Dinge von mir wissen und erkundigt sich nach den Eindrücken, die ich habe. Auch heute rinnen die Tränen in Strömen, doch ich finde es sehr befreiend.
Plötzlich ist mein Blick blau. Alles um mich ist meerestiefenblau.
Ich fühle mich, als hätte ich mein Tauchzeug an und befinde mich zwanzig Meter unter der Meeresoberfläche. Ich bin leicht und fühle mich frei.
Ralph findet das sehr interessant und so, als wenn ich mein momentanes Dasein hinter mir lassen kann.

Vor mir taucht diese alte Meeresschildkröte auf, die ich in Indonesien gesehen habe. Sie liegt, wie damals, in den Korallen und schläft. Wie sehr ich sie beneide. Ich möchte auch in dieser unendlich scheinenden Welt in den Korallen liegen und schlafen.
Ralph fragt: „Kannst du dich in die Schildkröte hineinfühlen?"
Ja, es funktioniert. Nun bin ich die Schildkröte, liege in den Korallen und schlafe. Mein Schlaf wird durch diese lästigen Taucher gestört. Einer kommt sogar so nahe zu mir her, dass er mich fast berühren kann.
Dies ist mir zu viel und ich beschließe, in das tiefe Blau abzutauchen. So hebe ich mich aus meinem Schlafplatz, schlage zwei Mal mit meinen Brustflossen und sinke ab. Die Taucher versuchen hinter mir nachzukommen, doch ich bin schneller.
Es ist ein absolut befriedigendes Gefühl. Diese Stille ist sehr angenehm und der Schwerelosigkeitszustand erfüllt mein Herz. Mit diesem Glücksgefühl holt mich Ralph wieder zurück ins Jetzt.
Wie gehabt, bietet er mir noch etwas Zeit auf der Liege an und zu kommen, wenn ich bereit bin.
Mit diesem wunderschönen Gefühl verlasse ich die Ordination und fahre zu Mama. Meine Beine beginnen wieder zu zittern und sind kraftlos. Doch bleiben mir die Erinnerung und das Gefühl, im Ozean in die Weiten verschwinden zu können.
Mein Wunsch, ins Leo zu kommen, kann ich mir zumindest in einer kleinen Art und Weise mit diesem Gefühl erfüllen und das wiederum erfüllt mich mit etwas mehr Blick für das Positive und erzeugt etwas Antrieb in mir.
Die Intervalle zwischen den Cranio-Sacral - Therapieeinheiten pendeln sich auf alle vier Wochen ein. Außer wenn Dr. Sislak im Urlaub ist oder sonst verhindert, dann schaue ich, dass ich in dieser Zeit einen Cranio-Termin dazwischen schieben kann.

Vor der nächsten Einheit meldet sich mein Knie wieder und Ralph meint, das können wir uns ansehen.
Er lotet meinen Körper aus und dann beginnt er mit einer Kniebehandlung und tatsächlich wird der Schmerz immer schlimmer. Es äußert sich, indem ich einen ste-

chend brennenden Schmerz verspüre. Vor meinem inneren Auge sehe ich einen schwarzen Punkt und rund um ihn einen Feuerkreis.
Es sieht fast so aus wie eine Sonnenfinsternis, in der der schwarze Punkt der Mond ist. Die Sonne strahlt und versucht an dem Punkt vorbeizukommen. Eine Deutung, was gut und was böse ist, kann ich jedoch noch nicht treffen. Anfänglich dachte ich, der schwarze Punkt ist das Böse, doch nun sieht es so aus, dass die Sonne nicht nur die Wärme abstrahlt, sondern die Hitze, beziehungsweise das Brennen und Stechen verursacht. Und dieser Schmerzherd will an meinem Freund, der mich beschützt, dem Mond, vorbei.
Es ist ein Kampf in meinem Knie. Wie bei jeder Sonnenfinsternis ist es in mir genauso, dass die Sonne gewinnt und vorbei kommt. Der Schmerz strahlt aus und wandert in den Oberschenkel. Er wollte nie in die Wade, er will nach oben.
Im Oberschenkel hat er keine Barrieren, die er überwinden muss, und so ist er schnell im Hüftgelenk. Scheinbar dürften Gelenke größere Hindernisse für ihn sein als die Knochenautobahnen. Auch im Hüftgelenk kann ich einen schwarzen Punkt erkennen.
Aus diesem Punkt wird eine undurchdringliche Mauer, die sich durch mein ganzes Becken zieht. Der Schmerz gibt aber nicht auf, sondern manifestiert sich im linken Hüftgelenk. Wie aus Protest strahlt er auch wieder zurück in den Oberschenkel.
Hier wird er so stark, dass ich sehe, wie meine Knochenhaut zerfetzt wird, der Knochen abbricht und meine Muskeln und Haut abreißen. Über all diese Vorkommnisse halte ich Ralph am laufenden, er fragt immer nur: „Kannst du es zulassen? Kannst du es bejahen? Es kann dir nichts passieren!" „Ja, ich kann es zulassen" und ich sage „Ja" zu den Bildern.
Nachdem somit das linke Bein verloren ist, drängt der Schmerz nun an der imaginären Mauer entlang in das rechte. Dort nimmt er sich nicht so viel Zeit wie im anderen Bein, sondern beginnt gleich mit seiner Zerstörung und Verwüstung. Alles wie im linken Fuß. Jetzt bin ich also beinlos.
Ralph beginnt mit der Rückholphase, viel mehr hätte ich wohl nicht mehr vertragen. Wieder rufe ich mir die

Erinnerungen an den Großvati und seine Hand, an die Situation am Brunnen und das weite blaue Meer in das Bewusstsein, und ich spüre meinen Körper langsam wieder.
Ralph verlässt die Kabine und gibt mir Zeit, um mich wieder zurechtzufinden. Als ich bei ihm vorne sitze, sagt er mir, dass es heute eine sehr intensive Behandlung war und dies auf der einen Seite zeigt, dass ich mich absolut darauf einlasse, andererseits allerdings auch lange Nachwirkungen haben kann.
Ich darf mich nicht wundern, wenn es heute oder morgen noch Schmerzen hervorruft. Mit diesem Wissen verabschiede ich mich und mache mich auf den Weg heim.
Zuhause sind die Schmerzen in den Beinen unverändert und ich schlafe sofort auf der Couch ein. Als ich munter werde, bin ich genauso müde wie davor.

Bei der nächsten Einheit versucht Ralph, alle Energieknoten zu öffnen und damit die Flüsse ohne Behinderungen fließen zu lassen. Dies soll mich stärken und mir dabei helfen, die vorhandenen Problemstellungen zu lösen.
Heute wechselt er sehr oft die Handpositionen, ich spüre, dass sich etwas tut. Ich kann es nur noch nicht deuten, was da geschieht. In meinem Körper entsteht eine markante Linie, die sich von der Schädeldecke bis in das Steißbein zieht und ihn damit sehr scharf trennt. Die linke Seite ist wohlig warm, herzlich grün, geborgen und schwer. Die rechte Seite ist dürr und vertrocknet, wesentlich verkürzt, brüchig und alt.
Ralph macht trotz meiner Erzählungen weiter, erkundigt sich aber immer wieder, ob sich mein Befinden ändert. Das passiert nicht, diese klare Trennung wird nur noch deutlicher, und die karge Wüste auf der rechten und die strahlende blühende Frühlingswiese auf der linken Seite werden intensiver und deutlicher.
Nachdem ich wieder zurückgeholt wurde, bleibt Ralph etwas bei mir sitzen. Wir plaudern über das Erlebte. Er ist sehr beeindruckt, wie die Behandlungen bei mir anschlagen und wie gut ich mitarbeite. Meine Vorprägung durch die Meditation ist hier seiner Meinung nach

sehr von Vorteil, weil ich es gelernt habe, mich auf mein Innerstes zu konzentrieren.
Zum heutigen Bild meint Ralph, ob ich schon von Kinesiologie gehört hätte? „Ja, habe ich". Es gibt verschiedenste Ansätze, die aber unterm Strich alle zum annähernd selben Ergebnis kommen. So gibt es im Körper wirklich so eine Trennung, die ich heute gesehen habe. Einmal werden sie als Yin und Yang, einmal als weiblich und männlich und in der Kinesiologie als Mutter und Vater angesehen. „Ich weiß nicht, ob du damit etwas anfangen kannst?" Ich muss schmunzeln und sage: „Natürlich kann ich damit etwas anfangen.
Meine linke Körperseite ist so gesehen meine Mama, die rechte der Vater". Die warme, wohlige, kraftspendende, blühende Seite ist ganz stark mit meiner Mama verbunden und das Vertrocknete, Dürre, Verkümmerte bleibt meinem Vater. Das ist auch im realen Leben so, denk ich bei mir, als ich die Praxis verlasse.
Eine Stunde mit sehr interessanten Erfahrungen, wovon ich jedoch noch keinen Nutzen sehen kann. Mit der Zeit wird sich das ändern und ich freunde mich mit diesen Erfahrungen an. Sie sind, wie sie sind, aber sie sind gut.

Vier Wochen später bin ich wieder auf der Liege. Ich erzähle Ralph von dem, was sich in mir verändert hat. Dass die Nachwirkungen zwar gewöhnungsbedürftige, aber schöne Erfahrungen sind. Weil das letzte Mal so interessante Dinge an die Oberfläche gekommen sind, will er heute in dieselbe Richtung weitermachen und so beginnen wir mit dem Ausloten an den Fußfesseln und danach in der Pfarrershaltung den gesamten Körper. Ralph legt eine Hand auf meinen Bauch und die andere unter mich, sodass ich mit dem Rücken auf seiner Hand liege.
Ich verschwimme wieder mit der Realität und spüre, wie seine Hand von der Bauchoberfläche in mich versinkt. Der Handabdruck bleibt scharf auf der Bauchdecke, nur die Hand verschwindet in mir.
Es ist ein sehr eigenartiges Gefühl, weil es nicht schmerzt, mein Gehirn mir aber sagt, dass ich große Schmerzen haben sollte. Wenn man diese scharfen Kanten der versunkenen Finger betrachtet, haben sie in

gewisser Weise Ähnlichkeit mit den steil abfallenden Klippen von Moher. So schroff und doch klar abgeschnitten.
Weiter zeigt sich heute nichts mehr.
Ich habe wieder sehr starke Nachwehen. Mein Körper kribbelt intensiv und die vorher blockierten, jetzt gelösten Energieblockaden geben den Fluss frei. Ich denke, das ist das Kribbeln, das ich spüre, das mein Körper so lange Zeit nicht gekannt hat, und dieses Gefühl der Verbesserung muss ich erst akzeptieren und leben lernen.
Meine Erlebnisse mit Cranio-Sacral - Therapie sind, wenn ich mit Distanz darüber nachdenke, doch etwas eigenartig, auf der anderen Seite gehören sie vermutlich einfach so. Ich habe zu wenig Erfahrung damit oder mich mit zu wenigen Leuten, die ebenfalls Cranio machen, ausgetauscht, um zu wissen, ob sie ähnliche Erlebnisse haben.
Das nächste skurrile Erlebnis bleibt nicht aus, sondern entsteht schon in der folgenden Einheit.
Diesmal probieren wir etwas anderes. Ralph lotet mich zwar wieder aus, sagt aber dann: „Wir warten heute, was sich zeigt." Er sitzt neben mir und wartet. Ich warte ebenso. Plötzlich sehe ich ein Rohr, das in einer Wiese steht. Als ich genauer hinsehe, steht das Rohr nicht, sondern steckt in der Wiese. Ich gehe darauf zu und blicke hinein. Im Rohr erkenne ich eine rote, geleeartige Masse, die undurchsichtig ist. Sie verändert sich immer wieder. Zuerst sieht sie so aus, als würde sie mich freundlich anlachen, dann schlägt es um und sie grinst mich böse an. Dieses Lachen ist einmal so und dann wieder anders. Ein Gefühl überkommt mich, dass die Masse aus dem Rohr heraus muss, doch sie kommt nicht. Ich versuche sie zu locken, sie anzubrüllen, sie zu bitten und sie anzuflehen. All das, was ich probiere, verläuft in einem erfolglosen Versuch.
Ralph ermuntert mich, weiterzumachen. Es fällt mir jedoch nichts mehr ein. Das Einzige, was ich sehe, ist, dass die Masse immer aufgewühlter und schon richtig aggressiv wird. Durch die verstärkten Wabbelbewegungen passiert es, dass sie mir einen Blick hinter sie erlaubt. Doch dieses Rohr hat kein anderes Ende und

somit die Masse auch nur diesen einen Ausweg nach oben.
Eine Idee bleibt noch, ich entferne mich von der Öffnung und beobachte das Ende von etwas weiter weg. Dieser Versuch bleibt aber ebenfalls unbelohnt, die Masse ist nicht dumm. Sie weiß, dass ich warte, und kommt deswegen nicht heraus. Es ist ein so schmaler Grat, ich will sichergehen, dass sie endlich weggeht, auf der anderen Seite will ich nicht weggehen, da sie sonst nicht verschwindet.
Ich entscheide mich, weiter zu warten und zu beobachten. Einige Zeit vergeht, es passiert nichts. Knapp vor dem Aufgeben beginnt sich dieses Bild, das ich sehe, zu drehen.
Mein Gehirn ist vollkommen überfordert mit dieser Situation, denn eben gerade war ich noch in dem Bild, vor dem Rohr und plötzlich ist es wie ein Foto, das ich in den Händen halte und das ich drehe.
In mir keimt warme und große Hoffnung auf. Dieser Drehimpuls ist ganz minimal, Millimeter für Millimeter dreht sich das Bild.
„Ralph, ich denke, das ist die Lösung! Ich vermute, so muss die Masse aus dem Rohr herausrinnen!"
Das Bild bleibt stehen und die Stunde ist um. Ralph holt mich zurück, und als ich wieder vorne bin, sagt er zu mir: „Es war sehr interessant heute, was uns gezeigt wurde. Ich denke, wir werden bei einem anderen Mal wieder dort hinkommen oder vielleicht auch nicht. Mach dir keine weiteren Gedanken darüber. Lass es, wie es ist, und erinnere dich, dass es eventuell ein Symbol war, das dir heute geschickt wurde. Vielleicht war es deine Krankheit, die du heute gesehen hast. Sie steckt in diesem Rohr, und es ist vielleicht noch nicht der Moment gekommen, dass sich die Krankheit lösen kann. Doch du bist auf dem richtigen Weg. Das Bild hat sich zu drehen begonnen, jedoch braucht es Zeit".
Ein sehr schöner Ansatz, der mir zwar zu denken gibt, aber auch große Hoffnung in sich birgt.
Zuhause lasse ich das Erlebte Revue passieren. Der erste Gedanke, der mir kommt, ist, falls ich reinkarniert werde, möchte ich Cranio-Sacral - Therapeut werden. Ralph ist nur neben mir gesessen und dann ist es einfach geschehen, und wenn man bedenkt, dass jede Ein-

heit fünfzig Euro kostet, dann ist das doch ein guter Job.

Beim heutigen Termin ist es Nachmittag und in der Praxisgemeinschaft ist kaum etwas los.
Ralph schlägt wieder etwas Neues vor. Wir gehen in den Turnsaal und stellen dort gemeinsam eine Liege auf.
Er sagt: „Ich möchte heute alle Signale, die dein Körper zeigt, unterstützen und wir wollen sehen, was uns gezeigt wird."
Ich lege mich auf den Rücken, er beginnt mit dem Ausloten und der Pfarrershaltung. Kurz darauf hat er beide Hände unter meinem Rücken. Ich muss fast lachen, als er meine Körpersignale unterstützt und die Schwingungen so verstärkt, dass ich plötzlich um einhundertachtzig Grad verdreht auf der Liege bin. Mein Kopf liegt nun am Fußteil, Ralphs Hände weiterhin unter mir. Einige Augenblicke später beginnt er, mich von der Liege zu lösen. Mein Körper vermittelt, dass er von der Liege möchte, woraufhin mich Ralph immer näher zu sich zieht. Bald liege ich auf seinen Knien und dann in seinen Armen. Ralph hebt mich auf den Boden. Der Lachreflex verschwindet erst in dem Moment, als ich in einer ruhigen Lage am Boden bin und mir bewusst wird, dass ich genauso am Boden liege wie vor fast zwanzig Jahren, als ich mir Schien- und Wadenbein gebrochen habe.
Ganz weg ist das Lachen, als ich einen Schmerz an der Stelle spüre, wo die Knochen gebrochen waren. Die Schmerzen sind so massiv, als hätte ich mir eben gerade den Fuß gebrochen. Mir stehen Tränen vor Schmerzen in den Augen.
Ralph ist sehr beeindruckt von meiner Erinnerung an die damalige Situation. Ich erzähle ihm, wie es war, als ich beim Fußballspielen auf diesen Pressball gegangen bin. Gegen den Donald und seine hundertzwanzig Kilogramm. Selbst hatte ich etwa fünfzig Kilo, wenn ich nass aus der Dusche gestiegen bin. Wir haben beide voll durchgezogen. Sein Bein hat es ausgehalten, meines nicht. Ich kann mich noch erinnern, dass ich ein Knacksen gehört habe und umgefallen bin. Als ich aufstehen wollte, hat es noch einmal geknackst und ich bin wieder umgefallen. Mein Blick ist nach unten gegangen

und da habe ich das Malheur entdeckt. Der Fuß hing leicht nach hinten weg und mir war klar, dass ich nicht mehr weiterspielen konnte.
Donald hat sich gleich bei mir entschuldigt und sich große Vorwürfe gemacht. Auch später, als ich nach zwei Wochen Liegegips und dem von den Ärzten nach einer Woche noch einmal gebrochenen und eingegipsten Bein wieder in der Schule war, hat er sich immer wieder entschuldigt. Ich sagte schon im Turnsaal zu ihm: „Donald, mach dir keinen Kopf! Das ist eine Verletzung, die passiert einfach. Dich trifft keine Schuld!" Es war für mich nie ein Thema, dass ich jemandem an diesem Unfall Schuld zuschreiben würde. Es ist einfach passiert.
Doch während ich jetzt zwanzig Jahre später wieder so am Boden liege, die Schmerzen in mir spüre und in meinen Erinnerungen die Situation von damals vor mein inneres Auge projiziere, beginne ich aufs Neue darüber nachzudenken, ob ich Donald wirklich verziehen habe?
Ja, das habe ich mit meinem Verstand gemacht, aber scheinbar mein Körper noch nicht.
In der Situation, in der ich damals und auch jetzt am Boden liege, kommt Donald wieder auf mich zu und mein Körper bekommt die Chance, Donald zu vergeben und diese nutzt er.
Mein Fuß schmerzt jetzt so sehr, dass Ralph beginnt, mich langsam zurückzuholen.
Nachdem ich aus der Praxis draußen bin, ist der Schmerz nur mehr sehr schwach.
Zuhause angekommen wird er immer stärker und stärker. Am Abend ist es so massiv, dass ich nicht einschlafen kann. Ich humple zu meiner Hausapotheke, wo noch eine Aircastschiene liegen sollte. Als ich die anlege und das Bein somit ruhiggestellt ist, schlafe ich irgendwann ein. Die Schmerzen bleiben bestehen.
Die folgenden vier Wochen begleitet mich die Aircast.

Beim nächsten Therapie-Termin schildere ich Ralph von den Nachwirkungen. Er erzählt mir, dass er schon oft von Effekten, die auftreten, gehört hat, aber selten von so massiven wie bei mir. Er ist beeindruckt, denn es ist ein Zeichen, dass ich sehr gut mitarbeite und auf die Behandlung eingehe. Auch heute beruft er sich auf die

Vorkenntnisse in der Meditation. Er bittet mich, falls es wieder auftritt, dass ich mich schnell bei ihm melde. Die Nachwirkungen sollen nicht belastend werden. Da müssten wir sofort etwas dagegen tun.
Ich habe heute Abend einen großen Auftritt.
Ich werde für meine Tätigkeit beim Turnverein ausgezeichnet. Mein Wunsch, etwas für innere Kraft zu tun? Gibt es so etwas? Ja, und schon liege ich auf dem Bett. Unter mir wie immer mein LEGO-Handtuch.
Es dauert gar nicht lange und sofort entschwebe ich. Ich konzentriere mich auf meine Atmung und horche in mich hinein. Die Reise beginnt, indem Ralph meinen Oberkörper behandelt. Auch in der neunten Einheit kann ich noch immer nicht sagen, was bei diesem Handauflegen genau passiert, doch ich finde, es ist für das Gelingen nicht wichtig.
Heute reden wir schon weniger. Mein Blick verschwimmt, und obwohl ich die Augen offen halte, sehe ich kaum etwas. Die Spots, die in die Decke eingelassen sind, erlebe ich einige Zeit als Lichtpunkte, bis auch sie verschwinden.
Jetzt im Nachhinein betrachtet ist das wohl eine dieser tiefen Versenkungsstufen, von denen im Buddhismus oft gesprochen wird. Kurz bin ich wieder zurück, als Ralph den Griff an der Brust löst und einen neuen am Kopf anbringt.
Doch jetzt ist es wie schon öfter: Einen Weg, den man gegangen ist, den findet man leichter wieder und damit bin ich schnell in mir und auf dieser Reise zum inneren Ich. Was genau ich finde, weiß ich nicht mehr, ich spüre nur, dass sich etwas in mir tut. Es ist, als ob ich eine Energiequelle gefunden, diese angebohrt und angezapft hätte.
In weiter Ferne spüre ich, dass Ralph seinen Griff von der Schädeldecke bis hin zum Kinn immer wieder umpositioniert. Irgendwann löst er den Griff komplett und holt mich mit seinen Worten dann doch ins Hier und Jetzt.
Die Stunde ist vorbei. Heute brauche ich extrem lange, bis ich vorne bei ihm im Büro bin, ich schaffe es aber.
Ich bekomme ein sehr großes Glas Wasser und Ralph schildert mir seine Eindrücke, die er während der Behandlung hatte. Er meint: „Ich kann bei dir eine sehr

starke Linie feststellen, die allerdings von einer großen Last behindert wird."
Nachdem ich zu Hause bin und über diese Aussage nachdenke, komme ich zu dem Schluss, dass er gemeint haben könnte, dass ich alles meinem Wunsch nach Gesundheit unterordne, somit sehr zielorientiert meinen Weg gehe, der allerdings von dieser massiven Krankheit unpassierbar scheint. Alles, was ich in meinem Leben anpacke, setze ich sehr geradlinig und mit vollem Einsatz um. Das war schon immer so, doch momentan funktioniere ich nicht.

Ralph bestätigt mir meinen Gedankengang bei der darauf folgenden Einheit. Er reduziert ihn allerdings auf den momentanen Werdegang und nicht auf mein ganzes Leben. Sonst hat diese Behandlung aber wirklich phantastisch funktioniert, dass ich bitte, auch heute wieder so eine durchzuführen.
Beim letzen Mal hatte ich einen Anlassfall, auf den ich mich mit unserem Tun vorbereitet habe, heute möchte ich die Kraft rein für mein Dasein und meine Arbeit mit mir verwenden.
Bevor wir starten, erzähle ich, dass ich wieder einen Rheumaschub haben dürfte. Meine Schulter schmerzt bei jeder Bewegung und so wie ich mich jetzt fühle, bin ich schon zwanzig Jahre meiner Zeit voraus.
Erstmalig wurde diese Erkrankung vor zehn Jahren diagnostiziert und mit Infiltrationen behandelt. Diese würde ich mir nun gern ersparen und ich habe die Hoffnung, dass sich die Schmerzen vielleicht mit der Cranio-Sacral - Therapie behandeln lassen.
Ralph sieht sich das an und kommt zum Schluss, dass es sich wirklich um einen orthopädischen Defekt handelt. Er meint, wir könnten eventuell etwas Physiotherapeutisches probieren, besser wird aber eine Muskulaturstärkung sein.
Wir starten dann mit der Cranio.
In althergebrachter Manier lotet Ralph mich aus und bearbeitet danach die gezeigte Region. Auch heute ist es wieder die Herzgegend, doch auf der rechten Seite.
Mir fällt das Konzentrieren sehr schwer. Die Erfahrungen der Versenkung treten nur schleppend ein und meine Augen sind sehr unruhig. Sie trocknen stark aus

und immer wieder fällt meine Aufmerksamkeit auf das Blinzeln.

Etwas später gelingt es mir doch und die versenkten Lampen in der Decke verschwimmen und treten aus meinem Blick.

Ralph löst den Griff und bearbeitet meinen Kopf. Diese massive Entspannung führt so weit, dass mein Blick einschläft. Teilweise fühle ich mich so, wie wenn man schon sehr müde ist, jedoch noch nicht einschlafen will. Mein Kopf wehrt sich gegen ein Schlafen und immer wieder reiße ich mich aus diesem Zustand. Das innere Gefühl ist sehr schwer, aber absolut entspannt.

Es ist wieder eine Quelle gefunden worden, die ich nun erneut anzapfen kann. Ralphs Kopfbehandlung lässt die Quelle sprudeln.

Als die Einheit dem Ende zugeht, werde ich von ihm zurückgeführt. Wieder brauche ich sehr lange, bis ich nach vorne kommen kann.

Ralph sagt: „Heute war dein Gewebe in sehr großer Aufruhr. Es wäre interessant gewesen, was sich heute gezeigt hätte. Du warst innerlich auch sehr unruhig und du brodelst wie ein Vulkan. Anders ausgesprochen, du trägst eine sehr schwere Last in dir". Seine Ausführungen sind für uns eigentlich nichts Neues, doch beunruhigt es mich insofern, als dass ich nun eigentlich schon sehr lange mit mir arbeite, die Erfolge aber leider etwas beschränkt sind.

In keiner Weise möchte ich mein Tun und Handeln infrage stellen. Die Aufgaben mit der nötigen Geduld zu schaffen, fällt mir momentan nur sehr schwer.

Diese Gedanken werden mich in der Psychotherapie vor neue Hindernisse stellen.

Um eines weniger

Ich sitze wieder bei Dr. Schubert in der Praxis.
Der große, furchteinflößende Mann erkundigt sich nach meinem Befinden. Grundsätzlich ist zu sagen, dass die Psychotherapie gut anspricht, das Durchschlafen mit den Temesta etwas besser geworden ist, aber weiterhin Schlafstörungen vorhanden sind, der Antrieb ein wenig steigt, die beklemmenden Empfindungen und die Angst weiterhin bestehen. Aus dem Haus kann ich nur mit Zwang gehen und der permanente Gedankenfluss will nicht abreißen. Am liebsten bin ich auf der Couch und schaue einfach stundenlang in den Fernseher. Hierbei ist vollkommen unwichtig, was läuft, denn ich sehe es nicht. Die Kiste muss flimmern und es müssen Töne herausströmen.
All diese Informationen kann ich ihm allerdings ohne Tränen geben, und das sehen wir beide als massiven Fortschritt. Natürlich sind es ganz kleine Schritte, denen Dr. Schubert wesentlich mehr Bedeutung verleiht, als ich das machen kann. Er sieht mich nur einmal im Monat und hat einen viel distanzierteren Blick als ich. Außerdem ist er eben ein Facharzt und ich bin eine kranke, betroffene Person.
Ich komme heute wieder mit sehr speziellen Fragen, die meiner Meinung nach eben nur ein Facharzt beantworten kann. So geht es darum, welche organischen Beeinträchtigungen die Medikamente haben können. In Deutschland hat es den Fall gegeben, dass ein Psychotherapeut Patienten vergiftet haben soll.
Zu der Frage der Beeinträchtigung meint Dr. Schubert, dass sie bei den Antidepressiva eher unbedenklich ist, aber natürlich ist es ein Eingriff in den Körper-Chemie-Haushalt, doch dieser ist notwendig.
Die Frage nach dem Psychotherapeuten aus Deutschland beantwortet er ganz lapidar, dass dies kein Therapeut ist, sondern ein Scharlatan. Seine Therapieformen waren sektenähnlich und seine Methoden Experimente mit verschiedensten bewusstseinserweiternden Medikamenten und auch Drogen. Dr. Schubert ist der Meinung, dass die Medien eine sehr bedenkliche Geschichte aufgeblasen haben und die Berichterstattung darüber sehr reißerisch ist. Der Therapeut ist in der Szene kein

Unbekannter, seine Methoden wurden immer schon angezweifelt und mit Argusaugen beobachtet. Er findet es sehr tragisch, dass wieder einmal etwas passieren musste, damit etwas passiert, aber darüber brauchen wir uns keine Gedanken machen. Ich bin in guten Händen.

Ein weiteres Thema ist, dass Dr. Schubert über eine stationäre Aufnahme nachdenkt. Ich habe von Susi gehört, dass eine Bekannte von ihr in einem Rehabilitationszentrum für depressivkranke Menschen war. Dieses Zentrum kennt auch Dr. Schubert und meint, er wird sich erkundigen und mir Informationen zukommen lassen.

Vor der stationären Aufnahme habe ich noch immer sehr großen Respekt. Ich will mir mein letztes Backup nicht nehmen lassen.

Bevor ich die Praxis verlasse, beschließen wir, dass ich probieren soll, die Xanor abzusetzen.

Dies funktioniert schleichend, das heißt, ich soll mich mit dem Gedanken anfreunden und dann die morgendliche Tablette halbieren. Nach zehn Tagen soll ich diese halbe Tablette ganz weglassen. Wenn es nicht geht, dann kann und soll ich sofort wieder eine Tablette nehmen. Der Vorteil der Xanor ist, dass sie sehr rasch wirken, die Wirkdauer aber mit drei bis vier Stunden zeitlich reglementiert ist.

Die sonstige Medikation behalten wir bei, er meint sogar, dass wir die abendliche Mirtabenetablette von dreißig Milligramm auf vierzig erhöhen können, falls sich durch das Absetzen Zustandsveränderungen einstellen. Dr. Schubert ist der Meinung, dass ein Arbeitengehen noch in weiter Ferne ist und er wird mir den Befund mit der Empfehlung einer Krankenstandsverlängerung ausstellen. Ich bekomme noch ein Rezept von ihm und mache mich auf den Weg nach Hause.

Erst in der Wohnung wird mir bewusst, dass ich ein Medikament, das mir über die letzten drei Monate das Leben um so vieles vereinfacht hat, plötzlich nicht mehr brauchen soll.

Es macht mir eigentlich Angst und ich spüre eine Unruhe in mir aufkommen. Je länger ich darüber nachdenke, umso schlimmer wird es und darum beschließe ich, nicht mehr darüber zu grübeln. Einerseits freue ich

mich darüber, dass ich endlich einen dieser ungeliebten Wegbegleiter los bin, andererseits habe ich wirklich Angst davor, ob ich es ohne ihn schaffen kann.
Georg wartet schon sehr interessiert auf das Untersuchungsergebnis und ist etwas echauffiert darüber, dass ich weiterhin im Krankenstand bleiben soll. Er ist der Meinung, dass mir ein Ausbruch aus dem täglichen tristen Alleinsein wesentlich besser tun würde. Doch in Wirklichkeit ist die Arbeit für mich persönlich auch kein Thema. Ich mache zwar schon die Erfahrungen, dass ich von mir nicht nahe stehenden Personen als arbeitsscheu bezeichnet werde, doch erstens weiß ich, dass dies nicht zutrifft und zweitens ist es einfach nicht möglich. Arbeiten ist in den letzten Monaten vollkommen aus meinen Gedanken verschwunden. Zwar schreibe ich immer wieder Mails mit meinen Kollegen und hin und wieder versuche ich diverse Anfragen von zu Hause aus zu erledigen, doch mein Engagement hält sich absolut in Grenzen. Die Kollegen schirmen mich auch vollkommen ab und versuchen so gut wie möglich meine Agenden zu übernehmen.

Edi hat es geschafft

Mein „zweiter" kleiner Bruder, der Edi hat es geschafft.
Dagmar und er sind Eltern geworden. Am dreiundzwanzigsten September erblickt ein kleiner Bub das Licht der Welt.
Ich freue mich unheimlich mit den beiden, kann jedoch meine Freude nicht wirklich transportieren. Darum ist es mir ein großes Bedürfnis, dies hiermit nachzuholen.
So kommt der Kleine eben zu besonderen Ehren:
„Ich freue mich sehr, dass du da bist, und ich hoffe, wir werden sehr viel miteinander erleben können!"
Eine zusätzliche Freude für mich ist, dass Georg der Taufpate sein darf.

Belohnungen

Dr. Sislak und Ralph haben mir unabhängig voneinander verschiedenste Bücher empfohlen, und ich habe mir über Andrea einige ausgeborgt.
Sie liegen in der Wohnung herum und warten darauf gelesen zu werden. Ich schaffe es jedoch kaum, die abonnierte wöchentliche Sportzeitschrift zu lesen.
Momentan kann ich weder Konzentration noch Ruhe dafür finden. Eines Tages macht es Klick in meinem Kopf.
Heute habe ich wieder Termin bei Dr. Sislak und ich stecke eines dieser Bücher ein. Während ich warte, greife ich in den Rucksack und versuche mein Glück.
Siehe da, es läuft und das gar nicht schlecht. Die ersten Seiten fresse ich förmlich, und als es soweit ist und ich die letzte Etappe zu Dr. Sislak in Angriff nehme, habe ich zwanzig Seiten gelesen. Zuhause angekommen lese ich weiter.
Ich lese und lese und zwei Tage später ist das Buch ausgelesen und ich starte mit dem nächsten. Es wird fast zur Sucht. Trotzdem muss der Fernseher weiterhin laufen, aber es ist so, dass ich in dieser Zeit nun nicht mehr ins Narrenkastel schaue, sondern eben lese.
Die Bücher, die ich empfohlen bekommen habe, zum Beispiel von Eckhart Tolle – „Jetzt" und Kurt Tepperwein – „Loslassen, was nicht glücklich macht". Weil ich von diesen beiden Schriftstellern und Schreibweisen sehr angetan bin, besorge ich in der Zwischenzeit weitere Werke, die in diese Richtung gehen. Andrea ist beruflich bedingt sehr mit Literatur verknüpft und bewandert und steht mir mit Rat und Tat zur Seite.
So komme ich auch zu dem Buch von Peter Orban – „Die Kraft, die aus der Herkunft stammt". Dieses Buch ist grundsätzlich sehr interessant, jedoch nicht wirklich leicht zu lesen, und ich brauche etwas länger.
Da mich diese Materie sehr interessiert, aber durch und durch schwere Kost ist, muss ich zwischendurch immer wieder anderes lesen. Ob es z. B. von Charlotte Roche – „Feuchtgebiete" oder von China Keitesi – „Sie nahmen mir die Mutter und gaben mir ein Gewehr" ist. „Feuchtgebiete" ist ein Buch, das lese ich an einem Freitagnachmittag in einem Zug durch, nicht, weil es mich so

sehr interessiert hat, sondern weil ich es überdurchschnittlich ekelhaft finde und es wohl nicht ausgelesen, wenn ich es weggelegt hätte.
Das Buch von China Keitesi erzählt die Geschichte einer Frau, die als Kindersoldatin im Bürgerkrieg kämpfen musste. Eine sehr traurige Geschichte, die mich persönlich rührt. Ich finde es sehr schlimm, mit welchen Mitteln Menschen ihren eigenen Profit erzwingen und wie sie wortwörtlich über Leichen gehen, um ihr vermeintliches Ziel zu erreichen.
Für einen sportinteressierten Menschen wie mich ist ein weiteres sehr interessantes Buch das von Armin Assinger – "Auch Sieger haben Angst". Ich habe es schon am Anfang dieses Jahres begonnen zu lesen, aber mit dem Ausbruch meiner Krankheit beiseitegelegt und vergessen. Jetzt kann ich sogar Parallelen zwischen den Zuständen eines Spitzensportlers vor dem Start zu einem Rennen und zum Start meines Rennens erkennen. Ich vermute, dass der unbewusste Hindernisgrund schon im Titel steckte: Angst.
Überhaupt besteht mein Lesestoff immer wieder aus Biographien, da ich der Meinung bin, man kann viel vom Leben anderer Personen lernen. Und ich habe wirklich schon viele Biographien gelesen, bevor ich auf jene von Ariane Barth – "Im Rotlicht" und Sonia Ross – "Fucking Berlin" gestoßen bin. In beiden Büchern geht es um Gewalt und Sexualität. Um einen Zuhälter beziehungsweise eine Frau, die sich ihr Studium mit Prostitution finanzieren.
Dr. Sislak ist sehr überrascht und verwundert, warum ich mich so für das Rotlicht-Milieu interessiere. Ich selber kenne den Grund bis heute nicht, doch komme ich von dem Genre weiterhin nicht los.
Um mich selbst und meinen Geist nicht zu kurz kommen zu lassen, ist ein weiteres Buch von Kurt Tepperwein – „Leben im Hier und Jetzt", auf meiner Leseliste. Diese Bücher beschäftigen sich sehr stark mit der Psyche und dem Dasein der Menschen. Oft werden Geschichten von betroffenen Personen geschildert und Lösungsansätze für Lebensfragen gegeben. Die Musikgruppe STS singt in einem ihrer Lieder: „... hob i a Ahnung griagd, wie mas vielleicht schafft ..." Jene Bücher stoßen in dieselbe Kerbe. Sie zeigen Möglichkeiten, wie

man Lebenskrisen überwinden kann. Natürlich sind sie nur Ratgeber, keine Allheilmittel, und wenn man gegenüber der Idee, dass man in der Psyche auf gefährliche Ebenen stoßen kann, nicht aufgeschlossen ist, eine Lektüre, die nicht gefällig sein wird.
Genauso ist es mit Alf Poier. Ich persönlich mag ihn und seine verschrobene Denkweise sehr gern, darum lese ich sein Buch, „Mein K(r)ampf, ein geistiges Sterbebuch". Dieses Werk ist meiner Meinung nach phantastisch. Er schreibt zwar über mehrere Seiten Sätze, die keinen Zusammenhang haben und ohne Sinn scheinen. Wenn ich genauer über die Worte und die Aussagen nachdenke, dann werden sie plötzlich klarer. Bei ihm bin ich trotzdem der Meinung, dass man ihn lieben oder hassen kann. Dazwischen gibt es nichts und ich verstehe, dass viele Menschen ihn nicht verstehen. Ich fühlte immer schon- und so ist es geblieben, dass wir auf einer geistigen und spirituellen Ebene verbunden sind.
Während der Zeit, als ich diese Zeilen schreibe, lese ich gerade von Elfrida Müller-Kainz – „Loslassen". Ein sehr schönes Werk, das einen neuen Ansatz zur Lösungsfindung bietet. Dieser Ansatz wird in diversen Religionen gefunden. Ich kann mich zwar mit dem Geschriebenen nur schwer anfreunden, da ich ehrlich gesagt nicht erkenne, wie mir Religion helfen kann. Der Glaube an Gott ist für mich etwas, das sich in der Evolution des Menschen entwickeln musste, da es in der Natur viele Dinge gibt, die nur mit dem Glauben erklärbar waren.
Heute glaube ich daran, dass ich meinen Großvati und andere geliebte Menschen wiedersehen werde. Gott ist für mich weiterhin unbegreiflich, und damit ist es ein Thema, das man nur glauben und nicht wissen kann.
Seit einigen Tagen beschäftigt mich der Gedanke, mir einen Boxsack anzuschaffen. Im Internet suche ich danach und lasse mir von mehreren Seiten Angebote schicken. Bis zu dem Zeitpunkt hatte ich keine Idee, wie kompliziert mein Vorhaben ist. Nicht nur, dass es verschiedene Größen der Sandsäcke gibt, es gibt sie mit und ohne Füllung und mit Ketten- oder Seilaufhängung. Vom Trainer bekomme ich den Tipp für ein Sportgeschäft, das sich auf Kampfsportarten spezialisiert hat. Es gibt eine Vielzahl von Trainingsgeräten, und ich bin ziemlich überfordert. Der Besuch hat aber zur Folge,

dass ich zumindest einen oberflächlichen Überblick in dieser Materie bekomme. Es dreht sich nicht nur um den Sack, ich erfahre, dass es auch bei den Boxhandschuhen viele Modelle gibt. Ich recherchiere parallel dazu weiterhin im WorldWideWeb. Bei meiner Suche stoße ich auf Internetflohmarktseiten, auf der in Salzburg ein Sack inklusive Handschuhe angeboten wird. Vor allem der Preis ist nach meinen Vorstellungen. Nur, wie komme ich dazu? Immer wieder bin ich im Mail-Kontakt mit der Verkäuferin. Mama fährt zu den Festspielen nach Salzburg und ich bitte sie, dass sie sich mit der Verkäuferin zusammen spricht, und es funktioniert tatsächlich.

Ein paar Tage später habe ich den Sack bei mir in der Wohnung. Aufhängen kann ich ihn noch nicht, denn ich habe noch keinen Deckenhaken.

Nach einem Besuch bei Dr. Sislak bleibe ich bei einem Bauhaus stehen und besorge mir einen Haken. Eine Stunde später hängt der Sack, und ich kann das erste Mal vorsichtig drauf hauen. Jetzt, wo der Boxsack hängt und ich die Möglichkeit hätte, mich auszupowern, funktioniert es nicht.

Mittlerweile habe ich mir auch ein Buch zugelegt, mit dessen Anleitung man sich im Selbststudium das Boxen beibringen kann. Dieses hilft mir jedoch nur bedingt. Ich weiß nun, wie ich die Schlaghaltung einnehme und wie ein Schlag auszuführen ist, doch schlagen kann ich nicht.

Dr. Sislak freut sich sehr, dass ich meinen Plan über die Anschaffung durchgezogen habe, und arbeitet mit mir daran, dass das Boxen ebenso funktionieren wird. Wir versuchen Wut in mir an die Oberfläche zu holen, und die soll ich dann am Sack abbauen.

Doch wir finden nichts. Ich habe über die Jahre hindurch gelernt, meine angestaute Wut durch Meditation ins Nichts verlaufen zu lassen. Dr. Sislak ist der Meinung, dass dies schon ein guter Ansatz ist, doch die Wut braucht manchmal einfach auch ein Gesicht. Ich soll meiner Wut ein Gesicht geben. Meine Wut bekommt ein Gesicht. Ich bin wütend auf die Mutter und die Schwester von Franka.

Seit die Beziehung beendet ist, haben sie sich nicht mehr bei mir gemeldet. Wir hatten ein sehr freundschaftliches Verhältnis, das einfach mit beendet wurde, und das macht mich wütend.

Zuhause angekommen, versuche ich diese Wut an den Sandsack zu bringen. Es gelingt nur ein wenig. Erst ein paar Versuche später merke ich, dass ich das Boxen nicht als Aggressions-, sondern als Bewegungstherapie sehen muss- und plötzlich funktioniert es.

Ich habe mir einige Lieder am Laptop zurechtgelegt und kann mich dreißig Minuten auspowern. Es ist unglaublich, wie stark ich dabei schwitze und wie sehr es reinigt. Ich bin wie in Trance und verbessere meine Technik bei jedem Training. Durch meine Beidarmigkeit verfeinere ich mein Boxen. Es wird fünf Minuten mit der rechten Führhand im oberen Drittel geschlagen, dann die Hand gewechselt, fünf Minuten ebenso in beiden Auslagen in der Mitte und später im Drittel ganz unten. Zum Abschluss noch einmal zurück in die Mitte und hier die letzten Reserven ausschlagen. Weil man dabei nur schwer auf die Uhr sehen kann, ist die Musikliste verfeinert worden. Jedes Lied, das gespielt wird, dauert zirka fünf Minuten. Wer jetzt denkt, dass ich hierbei Lieder höre, die die Aggressivität steigern, liegt falsch. Unter anderem höre ich dabei die Titelmusik von „Rocky" und „Sie nannten ihn Mücke", oder „Ausseer Hardbradler – Hoamweh nach B.A." und „Frank Sinatra – I do it my way", an. Am Beginn jeder Einheit brauche ich immer etwas, um warm zu werden, aber ab dem ersten Mal Mitte geht es besser. Seit Beginn des Trainings boxe ich fast jeden Tag, reduziere dann das Pensum auf jeden dritten Tag, da ich Schmerzen in den Handgelenken bekomme. Diese Schlagbewegungen sind sie nicht gewohnt, dafür entwickeln sich meine Brust- und Oberarmmuskeln hervorragend. Anfänglich habe ich sogar Muskelkater.

Eines Tages gibt es in einem Supermarkt Boxutensilien im Angebot. Um ein paar Euro kaufe ich mir Handgelenksbandagen, die ich aber sehr lange nicht verwenden kann, da ich einen Rheumaschub in der Schulter dazwischen bekomme. Er wird über mehrere Wochen anhalten und dies lässt kein Schlagen zu. Dr. Führnsinn verbietet es mir sogar.

Aber mein Boxsack hängt weiterhin im Wohnzimmer und ich freue mich auf den Moment, wo ich wieder boxen kann.
Ich werde munter, es ist Mittwochmorgen, vor meinem Geburtstag. Auf der Couch schalte ich mir den Laptop ein und steige ins Internet. Mein erster Weg ist auf die Seite von einem Elektromarkt.
Heute kaufe ich mir einen Fernseher, denke ich, als ich schon das Telefon in der Hand halte und meinen Cousin Flo frage, ob er Zeit hätte und mir tragen helfen könnte.
Eine halbe Stunde später sitzen wir im Auto und fahren nach Wien. Ich lasse mich kurz beraten und versuche, den Preis zu verhandeln. Leider ist das gewünschte Gerät preisreduziert und es geht nichts mehr. Also kaufe ich den Fernseher. So sind wir eine Viertelstunde später wieder am Weg zu mir nach Hause. Flo hat das Multifunktions-Gerät von sich mitgenommen, denn für meinen neuen hundertsiebzehn Zentimeter Diagonal-Plasmafernsehapparat muss ich meinen Kasten umbauen.
Beim in-die-Wohnung-Tragen wird mir noch einmal klar, warum ich Flo gebraucht habe. Ich hätte den Apparat vielleicht allein in das Auto heben, aber keinen Schritt tragen können. Hierfür ist meine Armspannweite einfach zu gering.
Den Kasten umzubauen ist keine Herausforderung, die Neuverkabelung allerdings schon. Ich habe zwar nicht auf die Uhr gesehen, denke aber, dass Flo vermutlich zwei Stunden hinter dem Kasten gesessen ist und mir alles zusammengeschlossen hat.
Jetzt kann ich den Laptop an den Fernseher anschließen, ebenso wie Homecinemacenter, DVD-Player und Analogvideorecorder. Einfach sensationell! Bis ich verstehe, wie alles funktioniert, wird es allerdings noch einiges an Zeit benötigen.
Dieser Fernseher ist ein Geburtstagsgeschenk, das ich mir selber gemacht habe. Und ich bin sehr froh, dass ich es getan habe.
Dr. Sislak und ich sind begeistert von meiner Spontaneität, weil spontanes Verhalten bei mir auch vor der Erkrankung kaum möglich war.

Warum schon wieder?

Der Sommer ist schon fast vorbei, und es nähert sich die Zeit, in der Georg und ich Geburtstag haben.
Ende August ist es schon recht kühl. Nachdem Georg heuer seinen Dreißiger feiert, plant er ein großes Familienfest bei den Stiels im Garten.
Die letzten beiden Wochen ist es mir merklich besser gegangen. Antrieb und Motivation sind etwas gestiegen. Ich denke, dass die neuen Medikamente nun greifen. Mein neuer Fernseher hat mir zusätzliche Freude gebracht. Je näher aber der Geburtstag kommt, umso mehr verfalle ich wieder. Alles, was in der letzten Zeit positiv war, verschwindet. Mein Termin bei Dr. Schubert ändert daran wenig.
Diese Feier wird für mich sehr emotionsgeladen und die Gedanken daran belasten mich. Erst bei Dr. Sislak entdecken wir, dass es nicht die Feier ist, sondern mein eigener Geburtstag.
Ich habe meinen Geburtstag noch nie gern gefeiert, zu meinem Dreißiger haben mich meine Freunde sehr lange sekkiert, bis ich endlich gesagt habe: „Na gut, dann mache ich eine Feier." Womit niemand gerechnet hat, war, dass ich mir eine Location in Bayern ausgesucht habe und die Anreise siebenhundert Kilometer betragen hat. Wir haben ein dreitägiges rauschendes Fest gehabt, das nicht viel mit Geburtstag zu tun hatte. Vor meinem Dreißiger war meine letzte Feier, als ich neunzehn Jahre alt geworden bin. Ich möchte einfach nicht im Mittelpunkt stehen.
Die Schlafprobleme kommen sofort wieder, und ich spüre diesen immensen eigenartigen Druck auf meiner Brust.
Mama ist in Griechenland, und scheinbar spielen diese Faktoren alle zusammen. Wir wissen es nicht.
Bei den Vorbereitungen helfen Anita und ich Georg trotzdem, so gut wir können. Anita ist sehr bemüht und mir geht es täglich schlechter. Ich kann wieder kaum aus dem Haus gehen und wenn, dann nur mit meiner üblichen Maskerade.
Georg hat die gesamte Familie eingeladen, und es haben fast alle zugesagt.

Der ominöse Tag X rückt immer näher und wir sammeln Stühle, Bänke und Tische in der Verwandtschaft ein, um sie in den Garten der Stiels zu bringen.
Die erwachsenen Stiels, Susi und Karli, sind an dem Tag der Feier auf Urlaub. Die jungen Stiels, Flo, Markus und Lisa unterstützen uns am Sonntagvormittag. Ich selbst fahre nach den Vorbereitungen am Vormittag heim, lege mich hin und versuche meine Kräfte zu sammeln. Einen Durchgang progressiver Muskelrelaxation vollziehe ich auch noch, bevor es wieder zu den anderen geht. Um fünfzehn Uhr soll es losgehen.
Tatsächlich kommen die ersten geladenen Gäste pünktlich, und bis halb vier sind alle da. Es sind zirka fünfundzwanzig Leute, die Feier beginnt mit Kaffee und Kuchen.
Mama möchte, dass ich bei ihnen am Tisch sitze, was ich anfänglich schaffe. Lange halte ich es nicht aus und ich merke, dass viele fragende Augenpaare mich beobachten. Niemand aus der Familie väterlicherseits weiß von meiner Erkrankung, im Gegensatz zur mütterlichen Seite, wo es alle wissen. Ich spüre die Spannung in der Luft, die sich erst dann etwas abschwächt, als Anita einen Fragebogen verteilt, in dem einige Antworten betreffend Georgs Leben gesucht werden. Fast alle spielen mit, nur unser Vater gibt den Bogen mit der Antwort: „Dazu kenn ich ihn zu wenig" zurück.
Obwohl ich mittlerweile ganz am Rand des Gartens, hinter den vorbereiteten Grillgeräten stehe, kann ich es hören. Leider hört er meine Antwort darauf offensichtlich nicht. „Das haben wir beide uns aber nicht ausgesucht!!" Innerlich spüre ich ziemlich massive Wut aufsteigen, und jetzt könnte ich den Boxsack gut gebrauchen. Da dies im Augenblick nicht möglich ist, erinnere ich mich an meine Fähigkeiten, die Wut im Nichts verlaufen zu lassen und werde mich zu einem späteren Zeitpunkt am Sandsack darum kümmern. Sogar unsere Oma und Opa, zu denen ich leider ein sehr gespaltenes Verhältnis habe, füllen einen Fragebogen aus. Zwar gemeinsam, weil Oma mit ihrer gebrochenen Hand nicht schreiben kann, aber sie machen einfach mit, genauso wie der Sohn von meinem Cousin Henning.
Der kleine Tali kann noch nicht einmal richtig lesen, aber er ist mit vollem Elan bei der Sache und erkundigt

sich überall nach den Antworten, und ebenso macht es Georgs Schwiegervater in spe.
Ohne Unterstellungen aussprechen zu wollen, aber man kann sich ohne Wissen erkundigen und sich Wissen aneignen oder kein Interesse haben.
Während die Griller gestartet und das vorbereitete Fleisch sowie die Würste gebraten werden, wertet Anita die Fragebögen aus. Trotzdem, dass ich Tali und dem Schwiegerpapa viele Antworten verraten habe, gewinne ich diesen Test mit 25 von 25 Punkten. Es gibt sogar einen ersten Preis, doch ich habe leider vergessen, was dies war. Alle essen nun, und es kehrt etwas Ruhe in den Garten. Wenn ich auf das WC muss, was durch die große Flüssigkeitsaufnahme sehr oft ist, überlege ich jedes Mal, ob ich durch den Garten an allen Leuten vorbei gehe oder doch außen herum und von vorne in das Haus. Je später und je finsterer es im Garten wird, umso leichter fällt mir diese Entscheidung in Richtung kurzer Weg durch den Garten.
Gegen Ende sind dann nur mehr eine Handvoll Leute anwesend und ich beschließe, mich ebenfalls zu verabschieden. Um halb elf bin ich ziemlich durchgefroren zu Hause. Überhaupt fällt mir auf, dass mir sehr oft kalt ist. Eigentlich ist das atypisch für mich, denn ich habe es lieber kalt als warm. Doch seit dem ersten Tag im Krankenstand hat sich das verändert.
Die Feier ist nun schon einige Tage vorbei, viel besser geht es mir jedoch nicht. Frau Dr. Sislak ist sehr besorgt, und Dr. Schubert lässt seine Idee mit der stationären Aufnahme wieder aufleben.
Für mich ist einfach alles Tun und alles Sein eine reine Qual. Ich fühle mich noch dazu sehr allein und plötzlich steht die Frage: „Warum schon wieder?" im Kopf.
Ich habe doch so gut gearbeitet, und es ist schon besser gegangen, warum jetzt nicht mehr? Was wirft mich so aus dem Tritt? Wie kann das alles passieren? Und wieso immer mir?
Am liebsten bin ich allein zu Hause und rede mit niemandem, brauche niemanden sehen oder Rechenschaft ablegen. Mein Telefon hebe ich gar nicht mehr ab. Auch der Appetit ist vollkommen verschwunden und meine Freundschaften leiden schon massiv.

Soweit es geht, bekomme ich jedoch weiterhin die Unterstützung, die sie mir geben können. Das Gerücht von meinem Burnout höre ich weiter von vielen Seiten, doch ich unternehme nichts dagegen.

Ich habe andere Sorgen, um die ich mich kümmere als um Gerüchte. Bei der nächsten Sitzung bei Dr. Sislak ist mein Gemütszustand Thema, ich spüre in mir, dass ich kurz davor stehe, alles hinzuwerfen und mir Scheuklappen aufzusetzen und mich ab morgen wieder irgendwie durchzuwursteln. Dr. Sislak spricht mir Mut zu und wiederholt, dass ich leider nie davor gefeit sein werde, Rückschläge zu erleiden. Sie können so intensiv wie jetzt gerade sein oder in der Zukunft so, dass ich sie erkennen werde und dagegen arbeiten, beziehungsweise sie so steuern kann, dass sie mich nicht mehr so aus der Bahn werfen werden. Sie hat früher schon gesagt, unser Minimalziel in der Therapie wird sein, dass ich Lebensfallen erkennen werde und aktiv entscheiden kann, ob ich hineintappe oder außen rundherum gehe.

Bei meinem Erdungsspaziergang sind die Gedanken an einen Abbruch der Therapie und an ein Leben, wie ich es früher gelebt habe, noch immer sehr stark vorhanden. Ich komme davon nicht los, ich fühle mich so kraftlos und erschöpft. Den Weg, den ich bis jetzt gegangen bin, sehe ich nicht mehr als den richtigen. Ich verliere jeden Glauben an eine Zukunft, in der ich gesund bin. Meine Geduld ist am Ende, ich möchte nur mehr im Leo stehen.

Das Unangenehmste an der Situation ist mein Wissen, dass ein Leo mit Medikamenten möglich wäre. Warum will mich Dr. Schubert nicht mehr mit diesen abhängig machenden Beruhigungsmitteln ins Leo schicken? Ich weiß es nicht.

Über die ganze Zeit, die letzten vier Monate, hatte ich von Beginn an das Gefühl, ich habe mich mit phantastischen Spezialisten umgeben, aber warum wollen sie mir nicht so helfen, wie ich es möchte?

Sislak spricht immer nur, dass es leider so ist, wie es ist und Schubert von Geduld. Ich will weder, dass es ist, wie es ist, noch habe ich die Kraft für Geduld.

So vergehen die Stunden weiter und weiter. Vier Monate bin ich also nun schon im Krankenstand, jeder Tag ist wie der Tag davor. Es gibt keine Highlights. Die meiste

Zeit verbringe ich auf meiner Couch und bereite mich auf das Schlafengehen vor, und trotzdem ist mir nie langweilig.
Mama und Georg kommen immer wieder auf Besuch und holen mich aus der Tristesse des Tages heraus.

Begegnungen

Immer wieder komme ich während der integrativen gestalterischen Therapie in die Situationen, dass wir Leute, die in meinem Leben eine große Rolle gespielt haben, in den Raum holen.
Der Klappsessel, der sonst in der Ecke steht, wird dafür in den Raum gestellt und ich suche die ideale Position für ihn. Dann versuche ich, mir die betreffende Person anstatt des Sessels vorzustellen. Es gelingt mir eigentlich sehr gut, auch wenn es hin und wieder sehr unangenehm ist, sich mit diesen Personen aufs Neue auseinanderzusetzen.
Franka mit einem sehr aktuellen Auftritt in meinem Leben war ebenso hier wie Nina, Henning, Großvati, deren Einfluss schon über zehn Jahre zurück liegt, oder Mama und mein Vater.
In den als Monolog gehaltenen Zwiegesprächen spüre ich sehr viele Emotionen, die ich so noch nie zugelassen habe. Was mich an diesen Besuchen viel mehr beunruhigt, ist die Tatsache, dass danach immer etwas passiert.
So war ich, nachdem Nina da war, mit zwei Freunden abends im Fintscherl, um das Champions-League-Finale anzusehen. Andere, darunter auch Georg und Edi, werden später nachkommen.
Wir sitzen am letzten freien Tisch und plaudern, ich erzähle von meinen Fort- und Rückschritten, als mein Blick in Richtung Bar wandert. „Wenn die hinter der Bar zirka vierzig Kilogramm weniger hätte, dann könnte das meine Ex-Freundin sein", sage ich zu den beiden, und dabei wird mir erst bewusst, was ich da gesagt und beobachtet habe. Ist sie das wirklich? Ich weiß es nicht. Ich rechne nach und es stimmt, ich habe sie zehn Jahre nicht mehr gesehen. Ist das ihr typischer Gang oder täusche ich mich? Naja egal, ich messe dem keine Bedeutung zu und unterhalte mich weiter.
Erst als Georg und Edi da sind, wird meine Vermutung bestätigt. Die beiden waren mit ihr in der Klasse und hatten darum auf diversen Klassentreffen über die Jahre immer wieder Kontakt mit ihr. Sie wussten, dass Nina etwas in die Breite gegangen war. Sie kommt an unseren Tisch und begrüßt die Zwei mit Bussi hin und

Bussi her. Sie fühlt sich scheinbar auch genötigt, die anderen am Tisch zu begrüßen, also werden die Hände geschüttelt. Mehr Kontakt will ich gar nicht mit ihr haben und bin froh, als das Finale vorbei ist und wir wieder heimfahren.
Dr. Sislak ist sehr überrascht, als ich ihr in der nächsten Therapiestunde von meiner Begegnung erzähle. Sie will natürlich wissen, was in mir bei diesem Treffen vorgegangen ist oder wie es mir geht. Ehrlich und nüchtern erzähle ich ihr, dass es mir vollkommen egal war. Ich finde es nur erschütternd, wie sie jetzt aussieht und dass ich der Meinung bin, so weit wäre es nicht gekommen, wenn unser weiterer Lebensweg ein gemeinsamer gewesen wäre.
Doch was-wäre-wenn ist eine Hirnwichserei, der ich mich nicht stelle. Am selben Tag erfahre ich von Georg noch, dass sie später am Abend noch einmal mit Nina gesprochen haben und sie erzählt hat, dass sie nun Psychologie studieren und nebenbei im Fintscherl weiterhin arbeiten möchte. Diese Information entlockt mir ein kleines Lächeln, da ich mir denke, manche Personen sollten für manche Berufe ein Ausübungsverbot bekommen. Und ich meine jetzt nicht den Beruf als Kellner! Ein Zahnarzt kann sich selber auch keine Löcher bohren.
Bei einer anderen Sitzung bei Dr. Sislak ist die in dem Kapitel Lebensliste schon angesprochene Geschichte mit meinem Cousin Henning passiert. Bei ihm war es so, dass erst er sich melden musste, damit er dann Thema werden konnte. Mama war ebenso schon in den Einheiten, da ist der Kontakt jedoch so intensiv, dass es hier keine außergewöhnliche Begegnung gibt, zumindest keine, die so nachhaltig in Erinnerung geblieben ist. Mit Mama spreche ich regelmäßig über die Vorkommnisse in der Therapie.
Dr. Sislak ist seit Anfang unserer Arbeit der Meinung, dass auch mein Vater eine große Rolle in meinem Leben spielt. Ich kann mich mit diesem Gedanken nicht anfreunden, doch eines Tages ist es soweit, dass wir ihn in die Stunde holen.
Der Sessel steht mir gegenüber und die Entfernung passt nach einigem Hin- und Herrücken. Es ist ein sehr kühles und nüchternes Gespräch. Ich spüre, dass ich

mit ihm spiele- und dieses Spiel fordert mich nicht. Es langweilt mich. Dr. Sislak erfährt das erste Mal, wie ich wirklich zu ihm stehe.
Er hat mich vermutlich so verletzt, dass ich diese Verletzung nicht verzeihen kann, mittlerweile bin ich wohl zu alt und mein Inneres ist so sehr verfahren, dass ich gar nicht mehr verzeihen möchte.
Ich weiß auch nicht, ob ich mich überhaupt noch irgendwann mit diesem Thema befassen möchte. Als ich von der Einheit nach Hause fahre, vibriert mein Telefon. In großen Buchstaben steht zu lesen: „Vater". Es vibriert weiter und weiter. Ich hebe nicht ab.
Später erzählt mir Georg, dass sich Vater bei ihm gemeldet und nachgefragt hat, was mit mir los ist. Im Zuge seines Gespräches, das eigentlich wegen der großen Geburtstagsfeier geführt wurde, stellt der Vater die Bedingung, dass er nur kommt, wenn wir uns vorher mit ihm zu dritt treffen. Davon erfahre ich jedoch nur von Georg und lasse mich breit schlagen.
Es ist ein lauer Augustabend, als wir uns im Fintscherl treffen, und ein oberflächliches Gepländel entsteht. Schnell spüre ich, dass seine Worte wie immer ohne viel Aussage sind. Ich erkenne bald, dass die Geburtstagsfeier und das vorhergehende Treffen nur ein Vorwand für etwas sind. Was es ist, kann ich momentan nur vermuten, doch ich werde es gleich erfahren. „Und was ist mit dir los? Wenn man dich anruft, dann hebst du nicht ab, dachte mir, du hast vielleicht eine neue Telefonnummer. In deinem Büro wurde mir gesagt, du seist im Krankenstand", sagt er und ich denke mir, endlich ist es heraußen, was er wirklich will.
„Ja, ich bin im Krankenstand, ich bin in guter Behandlung und es geht mit mir bergauf", ist meine knappe, aber ehrliche Antwort.
Sichtlich verdutzt sitzt er mir gegenüber, und Georg bezieht sofort Schutzhaltung vor mir, indem er das Gespräch und weitere Erklärungen an sich zieht. „Und was hast du?", gibt der Vater jedoch weiter keine Ruhe.
„Das ist nicht wichtig. Es geht bergauf!", kontere ich erneut. „Ich bin dein Vater und du willst mir nicht sagen, was du hast?" „Richtig, ich werde dir nicht sagen, was ich habe", ist mein verbaler Schlussstrich. Georg versucht das Gespräch nun in eine andere Richtung zu

drängen, doch der Vater lässt weiterhin nicht locker und versucht nun über Georg, an Informationen zu kommen. „Weißt du, was er hat?" „Ja, ich weiß es und ich weiß auch, dass er in sehr guter Behandlung ist und ich kann es auch erkennen, dass es ihm wieder etwas besser geht", bestätigt Georg genau meine Aussage.
Jetzt nervt mich dieses Gespräch und ich denke, das strahle ich aus. „Und wo bist du in Behandlung?", probiert er es nun über diese Schiene.
„In Hietzing, und können wir dieses Thema nun endlich lassen? Schließlich hast du das Treffen wegen des Geburtstages haben wollen. Das heißt, wir reden über die kommende Geburtstagsfeier", ist meine klare Antwort.
Wer nun denkt, das war es, irrt. „Wie kommst du zu den Behandlungen? Wie oft sind die und wo?", löchert er mich nun wirklich.
„Mit meinem Auto, zweimal in der Woche und in Hietzing", antworte ich schon sehr unfreundlich. Georg hat sich für den Augenblick aus dem Gespräch gestohlen und beobachtet. „Und bist du dort allein, oder sind da andere Personen auch?", stößt es nun aus dem Vater. Aha, also das ist die Wurzel des Übels. Jetzt verstehe ich, was er möchte. Er hat scheinbar große Angst, dass es um ihn gehen könnte, und er will vermutlich nicht schlecht da stehen, denke ich mir und gebe zur Antwort: „Es sind so viele Personen dort und nie ist jemand anwesend!"
Ich kann erkennen, wie über seinem Kopf ein riesiges Fragezeichen aufsteigt, und er sieht mich nun einfach nur mehr zweifelnd an.
Mein Mund bleibt stumm. Mehr Informationen bekommt er nicht mehr. Die Stille durchbricht Georg und führt die Diskussion nun endgültig wieder zurück zum Vorwandthema Geburtstagsfeier, doch dieses Thema ist für mich nicht mehr weiter wichtig.
Ich spüre, dass ich mit dieser letzten Aussage einen Prozess in mir gestartet habe, der noch etwas länger dauern wird, bis er abgeschlossen ist. Irgendwann ist jedoch auch dieses Gespräch erschöpft und wir gehen.
Ich bin schon sehr müde und freue mich auf mein Bett und hoffe, dass ich bald einschlafen kann.
Noch ein weiteres Mal kommt Vater auf Anraten von Dr. Sislak mit dem Sessel in den Raum. In der Einheit zuvor

war Mama da und ich habe das Gefühl, als wäre es ausgleichende Gerechtigkeit.

In dem Buch „Die Kraft, die aus der Herkunft stammt" wird darauf hingewiesen, dass die Energieströme von beiden Elternteilen kommen. Man stellt sich ein Flugzeug vor, das in der Luft betankt wird. Es gibt nur die eine Richtung, aus der der Treibstoff fließen kann. Das Flugzeug, das betankt wird, ist man selbst und man hat aber zwei Tankrüssel und im Normalfall fliegen immer zwei Maschinen mit Treibstoff über einem.

So wie in meinem Fall war das zweite Flugzeug nicht da und ich bekam den Sprit nur von einer Maschine. Ich konnte zwar weiter fliegen, doch die Treibstoffmischung war nicht vorhanden. Das daraus resultierende Stottern des Motors habe ich selbstständig regulieren gelernt und mein Flug wurde im Laufe der Zeit ein ruhiger.

Mit diesem Wissen stehe ich dem Wunsch, den Vater zu holen, etwas aufgeschlossener gegenüber.

Diesmal steht der Sessel noch viel weiter von mir weg als beim ersten Mal. Das Zwiegespräch ist von meiner Seite sachlich, aber bestimmt. Als ich die Position wechsle und nun in die Rolle des Vaters schlüpfe, spüre ich eine Hilflosigkeit und Verwirrtheit. Ein Gefühl von Versagen und Resignation.

In der Rolle von mir spüre ich Zufriedenheit und Wohlbefinden. So sehr ich durch den Wind war, als Mama letztes Mal der Sessel war, so kalt lässt es mich heute.

Beim Erdungsspaziergang merke ich, dass ich nicht weit gehen muss, um wieder zurück in der Realität zu sein. Was mich wieder etwas stutzig macht, dass beim Heimfahren mein Telefon vibriert. „Vater" steht oben und ich lasse es wieder läuten.

In den letzten Monaten habe ich ihm oft genug gesagt und geschrieben, dass er mich per Mail kontaktieren soll, weil ich sehr oft keine Zeit zum Telefonieren habe. Bis heute weiß ich nicht, was er wollte.

In der Therapie erfahre ich von Dr. Sislak, dass Aggressionen etwas Positives sein können, wenn sie richtig angewandt und verstanden werden. Über die Jahre habe ich durch die Meditation gelernt, meine Aggressionen zu erkennen und diese in das Nichts verlaufen zu lassen.

Sie meint, es ist jedoch sehr wichtig, der Aggression ein Gesicht zu geben und sie zuzulassen.
Schließlich leitet sich Aggression vom lateinischen Wort aggredi ab, das bedeutet „heranschreiten, sich nähern" mit dem Ziel, Konflikte zu lösen. Erst im mitteleuropäischen Sprachgebrauch ist es mit den Negativa wie Hass, Brutalität, Gewalt behaftet.
Ich lerne, mein Leben mit Aggression zu führen und viele Dinge damit in Angriff zu nehmen.
Eines Tages wird der Sessel zu Franka, und als ich zuhause meine Mails kontrolliere, hat sie mir eine sehr eigenartige und komische Nachricht geschrieben.
Ein paar Tage später erzähle ich Dr. Sislak davon und von meinen Überlegungen, keine Person mehr holen zu wollen, denn wer weiß, wohin das noch führt, wenn es zukünftig so weiter gehen wird. Auch Dr. Sislak ist mittlerweile nicht mehr sonderlich überrascht, dass sich wieder jemand gemeldet hat, der in der Therapiestunde war, sie erkennt jedoch, dass ich die Aussage nicht ernst gemeint habe, und ist auf weitere Erlebnisse gespannt.

Immer wieder Herausforderungen

So schwer mir das Verlassen meiner Wohnung fällt, gibt es immer wieder Termine, die ich nicht absagen sollte.
Georg und einige Freunde schauen, dass ich regelmäßig die Wohnung verlasse und am gesellschaftlichen Leben teilnehme, und es gibt einige wenige Termine, die ich selbst wahrnehmen möchte.
Einer davon ist die Sponsionsfeier von Alex.
Die Einladung ist schon vor langer Zeit ausgesprochen worden. Dass dieser Termin genau am Freitag nach meiner Diagnose ist, damit hat niemand gerechnet. Eine Feier, bei der viele Bekannte von mir anwesend sind.
Georg und Anita haben mich im Auto mitgenommen und kümmern sich den ganzen Abend um mich. Gegen Mitternacht fahren wir heim, ich kann nicht mehr. Zu diesem Zeitpunkt gibt es Dr. Sislak noch nicht in meinem Leben und damit kein Briefing. Im gemeinsamen Freundeskreis sind viele noch im Unklaren und wundern sich, warum ich so still und introvertiert bin.
Was ich weiterhin nicht versäumen möchte, sind die Heimspiele von den Wienerwestlern.
Als Edelfan gelingt es mir, bei diesen Spielen immer wieder auf meine Krankheit zu vergessen. Es sind zwei Stunden, wo ich mitfiebere und abgelenkt bin. Weil sie heuer so gut gespielt haben, glückt ihnen der Wiederaufstieg in die höchste Liga.
Zum Saisonabschluss feiern sie diesen Aufstieg mit den Fans. Der Verein lädt zu Freibier und Buffet ein, und es wird ein Meet and Greet stattfinden. Mit den Harts kann ich mitfahren, da ich noch immer nicht weiß, wie die Medikamente auf mich und die Stresssituationen wirken.
Den Kapitän der Mannschaft habe ich in der Woche vor dem Spiel über meine Situation informiert.
Mit dem Schlusspfiff fallen alle Besucher über das Buffet her. Georg nimmt mir etwas zu essen mit, und als die Zapfanlage frei ist, schenke ich mir einen sehr sommerlichen Radler ein. Ich habe seit zwei Wochen keinen Alkohol mehr getrunken und riskiere es. Allerdings entschließe ich mich nach ein paar Schlucken, wieder auf Wasser umzusteigen.

Als die Harts nach Hause fahren, schließen sich Georg und ich an.
Ich verabschiede mich vom Trainer und zu meiner Überraschung spricht er mich direkt an: „Stimmt das, ich habe gehört, du hättest ein Burnout?"
Vermutlich sieht er meine Überraschung - erstens, weil er mich überhaupt auf so ein Thema anspricht und zweitens, dass er mich mit der Aussage Burnout konfrontiert. Ich sage ihm, dass ich eine Depression habe und es mich interessiert, woher er das gehört habe.
Bis zu diesem Zeitpunkt habe ich mich ein wenig als Bindeglied zwischen den Fans und der Mannschaft gesehen, hatte auch außerhalb der Hallen Kontakt mit manchen Spielern und dem Trainer, aber es waren bis jetzt immer oberflächliche Gespräche.
Der Trainer blickt mir in die Augen und sagt, dass er sich nächste Woche bei mir rühren wird.
Beim Heimfahren denke ich über die letzten Minuten nach, und es keimt Ärger über das falsch verbreitete Gerücht auf.
Tatsächlich meldet sich der Trainer und wir plaudern lange am Telefon. Ein Gespräch, das mir Mut gibt.
Seit über fünfzehn Jahren fahren wir zu Pfingsten in die Hütte vom Dicken.
Sie liegt in der Steiermark. Seit wir dorthin fahren, bin ich so etwas wie ein Mitinitiator. Natürlich wird dort viel getrunken. Ich möchte gern mitfahren, da ich mir denke, es ist weg von meinem Alltag und trotzdem sind vertraute Personen um mich. Innerlich spüre ich, dass ein ganzes Wochenende für mich jedoch nicht infrage kommt.
Edi fährt am Samstagnachmittag hin, und ich kann bei ihm mitfahren. Angekommen, schlafen die Leute, doch wir machen uns bemerkbar. Kaum sind alle munter, werden sofort die Spielkarten gezückt und wir beginnen mit „Herzln".
Es ist ein Spiel mit großer Tradition, das ich selbst von meinem Großvati gelernt habe.
Der einzige Unterschied zu den vielen Jahren zuvor, ich trinke keinen Alkohol.
Wie genau die Situation entstanden ist, weiß ich nicht mehr. Ein Wort ergibt das andere und plötzlich ziehe ich alle Tabletten und Tropfen aus meinem Rucksack.

Von den Bekannten sind zwei dabei, die noch nichts von meiner Erkrankung wissen und die nun sehr überrascht sind.
Ich werde von Manu ziemlich direkt gefragt, was ich denn hätte. Genauso direkt antworte ich. Auch David ist sehr überrascht, die Stimmung ist kurz gedrückt, aber als alle sich vom Schock erholt haben, spielen wir mehr oder weniger vergnügt weiter.
Meine Abstinenz führt dahin, dass ich in die Pizzeria und wieder zurück fahren kann. Obwohl ich die Strecke auswendig kenne und vermutlich schon über hundert Mal gefahren bin, fahre ich vorsichtig und langsam und fühle mich dabei unwohl.
In der Hütte ist bald Ruhe, aber mein Stammbett ist belegt. Ich schnappe meinen Schlafsack und begebe mich in den oberen Stock. Trotz aller Medikamente kann ich nicht einschlafen. Der Dicke und Manu sind die Letzten, die sich hinlegen und ich höre, dass es bei ihnen keine fünf Minuten dauert, bis sie schlafen.
Jetzt sitze ich im Bett und muss weinen. Ich versuche, dies ohne Geräusch zu machen. Ich bin verzweifelt und brauche einen Fernseher. Ich kann nicht mehr anders, schnappe meinen Schlafsack und wandere nach unten, doch vor dem Fernseher liegt Edi und schläft.
Ich stehe vor seinem Bett und überlege, ob ich ihn etwas auf die Seite schieben soll, um mich danebenzulegen und den Fernseher einzuschalten. Es ist vier in der Früh, was spielt es jetzt wohl im Fernsehen?
Ich trinke etwas frisches, klares Gebirgswasser, im Haus herrscht absolute Ruhe.
Aus der Küche zurück, lege ich mich auf die vierzig Zentimeter breite Ofenbank. Ich bin mittlerweile auch körperlich total erschöpft und irgendwann schlafe ich auch ohne Fernseher endlich ein.
Als der erste Urlauber auf das WC geht, bin ich wieder munter und bereite das Frühstück vor.
Später habe ich meine Tasche gepackt und warte nur mehr auf die Reise nach Hause, bis dahin wird es jedoch noch dauern.
Edi bringt mich bis vor die Haustür, ich bedanke mich für das Mitfahren und stürme in meine Höhle.
Sofort lege ich mich auf die Couch und schlafe ein.

Einige Tage später spreche ich sowohl mit Manu als auch mit David noch genauer über die Krankheit. Die beiden bringen mir sehr viel Verständnis entgegen, und bei David ist es sogar so, dass er mir erzählt, selbst in Psychotherapie zu sein und mit seiner Therapie sehr gute Erfahrungen gemacht zu haben. Er ist davon überzeugt, dass ich auf einem guten Weg bin.
Die nächste Herausforderung stellt sich, als wir vom Turnverein aus auf Jahrestreffen fahren.
Bis jetzt waren diese Jahrestreffen sehr informativ, und das angebotene Seminarspektrum hat immer viele Möglichkeiten geboten, sich weiterzubilden und Spezialgebiete zu vertiefen. Diese Fortbildung ist dringend notwendig, da sich die Trainingsmethoden sehr schnell ändern.
Wenn man diese Seminarmöglichkeiten nicht ausnutzt, muss man in vielen mühsamen Abendterminen das Wissen auffrischen.
Heuer findet das Treffen in Niederösterreich statt, somit ist es nicht weit und ich weiß, dass abends immer wieder Leute heimfahren, bei denen ich mich anschließen könnte, sollte ich mich im Zimmer bei Anita und Georg nicht wohlfühlen.
Also fahre ich mit Grete mit. Sie ist erst vor Kurzem Trainerin geworden, ich kenne sie jedoch schon lange. Habe sogar schon nette Erfahrungen mit ihr gemacht, und so ist der Draht zueinander recht schnell gefunden. Sie fragt mich: „Wie hast du es geschafft, so viel abzunehmen? Und wie viele Kilo hast du abgenommen?" „Die Methode kann ich nicht empfehlen, es sind vierzehn Kilo und du hast es sowieso nicht notwendig", ist meine Antwort. Es ergibt sich ein sehr nettes Gespräch. Sie erzählt mir, dass sie selbst in Therapie war.
Im Hotel angekommen, geht es gleich mit den Seminaren los und so ist der Tag schnell um.
Vor der Tür treffe ich den Uralttrainer Rudi. Vor ein paar Tagen erst habe ich Rudi ein Mail geschrieben, dass ich gehört hätte, ihm geht es nicht so besonders und ob er Lust hätte zu einem Meinungsaustausch. Wir beginnen sofort zu reden. Ich erfahre, dass er genau drei Tage länger im Krankenstand ist als ich mit derselben Diagnose. Wir sprechen über unsere Erfolge und Misserfolge. Über unsere Methoden, wie wir gesund

werden möchten. Er probiert es mit Homöopathie und kaum Psychotherapie.

Ein Satz aus dem Gespräch wird mir immer in Erinnerung bleiben: „Wir beide wissen, wie es ist, wenn man vor dem Joghurtregal steht und zehn Minuten überlegt, ob man das Erdbeer- oder Kirschjoghurt nimmt, und dann doch keines in den Einkaufswagen legt". Dieser Satz gibt mir das erste Mal seit Langem das Gefühl, es weiß jemand, wie es mir geht.

Es ist tatsächlich so, dass wir so viele Parallelen finden, dennoch geht jeder einen eigenen, anderen Weg. Das Gespräch ist sehr tiefgründig und aufrührend.

Rudi fährt heim und wird am nächsten Tag auf einen Berg steigen. Er findet seinen Ausgleich im Wandern und ich kann nicht einmal aus der Wohnung gehen, denke ich bei mir.

Ich kann wieder nicht einschlafen. Stunde um Stunde vergeht. Anita kommt ins Zimmer und geht ins Bett und irgendwann kommt Georg. Ich habe schon mehr Medikamente als normal genommen und nichts hilft.

Nach fünfundzwanzig Runden Solitär am Handy lege ich es weg und beginne wieder zu lesen.

Um vier Uhr sehe ich das letzte Mal auf die Uhr.

Der nächste Tag beginnt um halb acht in der Früh mit einem feinen Frühstück. Das Seminarangebot geht heute noch bis Mittag und Grete und ich haben ausgemacht, dass wir sofort nach der letzten Einheit abfahren.

Zuhause ist, wie schon gehabt, der erste Weg auf die Couch- und hier schlafe ich augenblicklich ein.

Das Wochenende war sehr interessant für mich und ich weiß nun, was der Grund war, warum ich dort hin wollte. Es war einfach die Hoffnung auf ein Gespräch mit Rudi.

Situationen mit vielen Leuten versuche ich tunlichst zu vermeiden. Ich fühle mich nicht wohl, und es macht mich nervös, und ich spüre eine Unruhe in mir.

In Schrotterbach gehe ich überhaupt nicht mehr weg, das ersparte Geld brauche ich allerdings für Therapien und Medikamente.

Der dreißigste Geburtstag von Georg wird nicht nur mit der Familie groß gefeiert, sondern auch mit Freunden.

Edi und Georg sind beste Freunde, und weil ihre Geburtstage drei Tage auseinanderliegen und Edi ebenfalls den Runden anstehen hat, haben sie beschlossen, die Feier zusammen abzuhalten. Gefeiert wird in einem Lokal in Wien.
Es sind sehr viele Leute eingeladen und die Menge wird unüberschaubar. Ich halte mich bei den Freunden auf, die Bescheid wissen.
Gegen Mitternacht fahre ich nach Hause. Es ist ein sehr anstrengender Tag für mich gewesen.
Als ich im Bett liege, fühle ich mich, als ob ich in einen Ameisenhaufen schaute. Vor meinem Auge rennen noch immer alle Personen auf und ab.
Am Sonntag bin ich um fünf Uhr in der Früh wieder munter und auf den Beinen.
Etwas, wo ich wirklich hingehen möchte, ist ein Europa-League Fußballspiel.
Allein schaffe ich es nicht, Emil unterstützt mich und spricht mir gut zu.
Mir fällt das erste Mal auf, dass sich mein Blick sehr fokussiert. Ich kann vieles rundherum ganz ausgezeichnet ausblenden.
So bekomme ich kaum etwas von den Schreiereien der Hardcore-Fans mit, dafür sehe ich versteckte Fouls und sogar Handbewegungen von einzelnen Anhängern, die mitten unter vielen sitzen. Diese Konzentration erfordert unheimlich viel Energie, und ich bin nach dem Match vollkommen erschlagen.
Im Nachhinein bin ich sehr froh, dass ich dort war, auch wenn es mir in der Situation nicht sonderlich gut ging.
Vor einiger Zeit haben wir Leute aus Hofstadt kennengelernt. Paul und Rita haben drei Kinder, wovon die vierzehnjährige Evelyn in mich verschossen ist.
Eine ganz liebe Schwärmerei, und wenn ich noch jünger wäre....!
Paul feiert seinen vierzigsten Geburtstag und lädt uns ein. Bevor ich jedoch zusage, erzähle ich von meiner Erkrankung. Er ist Personal Coach und hat sehr großes Verständnis.
Dort geht es mir dann wieder etwas schlechter und ich falle auf. Sie kennen mich als jemanden, der gern ein oder fünf Biere getrunken hat. Mir selbst wird bei sei-

nem Fest klar, dass sich eine Wesensveränderung eingestellt hat.
Ich spreche wesentlich weniger, und wenn ich etwas sage, dann denke ich viel mehr darüber nach.
Der Buddhist sagt, wenig reden zeigt von ruhigem Geist. Ruhiger Geist ist ein glücklicher. Die Frage, die sich mir stellt: Werde ich jemals wieder glücklich?
Die Theatergruppe von Schotterbach spielt jedes Jahr ein Stück im Steinbruch.
Die Harts und ich sehen: „Der Zauberer von OZ". Es ist das einzige Mal in der Zeit des Krankenstandes, wo ich in Schrotterbach in die Öffentlichkeit gehe.
Das Stück ist wirklich sehr nett inszeniert und die Laiendarsteller spielen ihre Rollen gut. Wenn ich mich auch sehr unwohl und beobachtet gefühlt habe, angsterfüllt und verfolgt, bin ich trotzdem froh, dieses gespielte Märchen gesehen zu haben.
Ich habe mich immer schon für den Boxsport und seine schillernden Persönlichkeiten interessiert. Seit ich meinen Boxsack hängen habe, wird diese Leidenschaft noch größer.
Es gibt in Österreich einen jungen aufstrebenden Boxer, der unter Vertrag bei einem großen, renommierten deutschen Boxstall steht. Sein erster Profikampf in der Heimat findet Anfang Oktober in Wien statt.
David ist ebenso ein großer Fan dieser Sportart und so beschließen wir beide, diese Veranstaltung zu besuchen.
Je später es wird, umso halbseidener wird das Publikum. Es ist scheinbar wirklich so, dass Boxen untrennbar mit dem Rotlicht-Milieu verbunden ist. Ich spüre zwar weiterhin Angst und Unbehagen in mir, diese Empfindungen kommen aber nicht von den Zusehern.
Mir hat der Besuch sehr gut gefallen und ich werde wieder zu Boxkämpfen gehen.
Eine der größten Herausforderungen, der ich mich gestellt habe, war, bei einem Benefizfußballturnier als Schiedsrichter zu pfeifen.
Das Schiriteam ist ein sehr tolles, und auch hier habe ich zwei Personen, die über alles Bescheid wissen.
Ich bin nach diesem Tag sehr müde und erschöpft, aber auch froh, dass ich es geschafft habe.

Mit „Wichtigkeit von mir" und meinem Leben habe ich immer schon Probleme gehabt. Es ist nicht einfach zu beschreiben.
Ich stehe also am Parkett mit einer Pfeife im Mundwinkel, mit einer gelben und einer roten Karte im Hosensack, und es liegt in meiner Macht, ein Tor oder Foul zu geben oder nicht.
Somit bin ich für die Spieler sehr wichtig. Für mich selbst ist es wichtig, diese Situation zu meistern.
Von allen Mannschaften bekommen wir sehr gute Kritiken und wir werden für etwaige weitere Turniere vorgemerkt, obwohl keiner von uns eine Schiedsrichterausbildung hat.
Immer wieder stehe ich vor solchen Herausforderungen und kann mich über jede geschaffte sehr freuen. Sie bringen mich weiter, auch wenn sie in der augenblicklichen Situation sehr großes Unbehagen, Angst und Unruhe auslösen.
Abends im Bett bin ich erschöpft, aber stolz.

Ich bin nicht allein

Von Anbeginn meines Krankenstandes anstelle ich bei allen Personen, mit denen ich spreche, klar, dass ich die Erkrankung vermutlich schon mein ganzes Leben habe. Der massive Ausbruch ist jetzt erst gekommen ist, als ich einen Punkt erreicht habe, an dem ich mir selbst nicht mehr helfen konnte. Ich hatte keinen Boden mehr unter den Füßen und das Licht am Ende des Tunnels war für mich nicht mehr sichtbar.

Bei meinen Recherchen im Internet habe ich einige Informationen erhalten, die ich an mir erkannt und in Selbstregie weiterhin beobachtet habe. Einer dieser Punkte war, dass ich versucht habe, einen vernünftigen Schlafrhythmus beizubehalten. Ein anderer ist, dass ich an mir festgestellt habe, dass ich eine imaginäre Maske trage und Theater spiele. Nun spiele ich nicht mehr, ich lebe mein Leben und es ist so, dass ich traurig und verzweifelt bin. Der Zustand am Anfang war so schlimm, dass ich nicht gedacht habe, jemals wieder glücklich zu werden.

Mit ein wenig Abstand kann ich sagen, ich bin noch immer traurig und teilweise verzweifelt, aber es verändert sich täglich. An einem Tag ist die Traurigkeit größer, am anderen die Verzweiflung und am nächsten Tag ist alles wieder ganz anders.

Ich habe gelernt, nicht daran zu denken, was in den nächsten zehn Minuten ist, denn es ist nicht vorhersehbar.

Dadurch, dass ich mich immer wieder öffne und bei sehr direkten Fragen sehr direkt antworte, komme ich immer wieder in Situationen, dass die Gesprächspartner sich auch mir öffnen oder meine Aussagen hinterfragen. Sehr oft denken die Personen dann über ihr Leben nach. Immer wieder erfahre ich, dass es so viele Menschen gibt, die ebenfalls betroffen oder selbst in Behandlung sind.

Aus diesen Gesprächen entwickeln sich sehr tiefe Freundschaften. Es sind keine, bei denen man auf ein Bier geht oder einen Spieleabend gemeinsam verbringt, sondern, in denen man sich gegenseitig hilft. Einem gesunden Menschen zu erklären, warum man die Woh-

nung nicht verlassen kann, erscheint mir unmöglich. Einem Betroffenen muss man das nicht erklären.
Meine Cousine Lisa ist so ein Fall, anfänglich sehr verschlossen und doch interessiert. Im Laufe der Zeit hat sie immer mehr von mir und meiner Situation wissen wollen. Einmal hat sie zu mir gesagt: „Wie hast du den Mut aufgebracht, zu einem Arzt zu gehen?" Eine Frage, über die ich lange nachdenken musste. Ich weiß nicht, woher ich den Mut hatte. Es war anders nicht mehr möglich. Irgendwann ist auch sie zum Arzt gegangen. Heute haben wir fast täglich Kontakt, und wenn sie sich hin und wieder verschließt- sie hat den Schritt gesetzt und sich gestellt und ich kann einige Fortschritte bei ihr erkennen.
Ihr Bruder sagte: „Du bist immer irgendwie ein Vorbild für mich, so, wie du immer einen Ausweg und immer eine Möglichkeit für die Lösung von Problemstellungen findest." Ein großer Druck ist mit dieser Aussage verbunden, wenn man sie falsch versteht. Für mich bedeutet es, dass ich auf einem guten Weg bin und als Vorbild dienen kann.
Bei David ist es ähnlich, er ist in Behandlung, weil er eine Trennung nicht verkraftet hat.
Er schafft es soweit, dass seine Psychotherapie ein momentanes Ende findet. Ich freue mich mit ihm und hoffe, dass es auch bei mir Veränderungen geben wird. Das Verhältnis zu David ist mittlerweile ein sehr tiefes, indem ich oft von ihm gehört habe, dass er jederzeit für mich da ist.
Vor Kurzem hat sich Julian, der Mitbewohner von Oxi, von seiner Freundin getrennt. Er ist in eine tiefe depressive Verstimmung gefallen. Von sich aus startet er eine Psychotherapie.
Dadurch, dass ich so offen meine Umgebung mit der Krankheit konfrontiere, öffnen sich die Gesprächspartner und viele hatten schon Berührungen mit erkrankten Menschen. Manche Personen sind Opfer, andere sind Angehörige und andere haben Freunde, die in ähnlichen Situationen sind.
Am stärksten ist es bei Rudi. Nach unserem langen Abendgespräch schreiben wir uns immer öfter. Wir berichten einander von unseren Fort- und Rückschritten. Das erste Gespräch im Juni bleibt uns beiden für immer

in Erinnerung. Rudi versucht weiterhin, mit Hilfe von homöopathischen Mitteln gesund zu werden.
Es wird Herbst. Mit meinem Krankheitsverlauf sind sowohl ich als auch Dr. Sislak zufrieden. Anders bei Rudi. Es geht ihm merklich schlechter.
Im Fernsehen sehe ich heute eine Flashnachricht, in der zu lesen ist: „Robert Enke von Zug überrollt". Im ersten Moment weiß ich nicht, wohin ich diesen Namen geben soll, das ändert sich, als kurz darauf Foto und Bericht im Fernsehen ausgestrahlt werden. Es ist der Nationaltorhüter Deutschlands. Der Reporter berichtet, dass es sich um einen sehr mysteriösen Todesfall handelt. Dann blenden sie ein anderes Foto ein und ich sage laut zu mir: „Dieser Mensch hatte Depressionen."
Am nächsten Tag sitze ich wieder auf der Couch und lasse die Zeit vergehen. Irgendwann wird Robert Enke plötzlich zum Thema im Fernsehen. Ich habe die Geschichte schon vergessen gehabt. Es gibt eine Pressekonferenz, in der seine Frau davon berichtet, er habe unter schweren Depressionen gelitten. Woher habe ich das gewusst? Ich beginne, etwas nachzuforschen. Alles, was im Fernsehen über ihn gebracht wird, sauge ich auf. Mit Rudi bespreche ich diesen Vorfall ebenso wie mit Dr. Sislak und Dr. Schubert.
Sislak ist etwas beunruhigt, dass ich mir darüber so viele Gedanken mache. Schubert meint nur, dass man dieser Sache nicht zuviel Bedeutung zuwenden soll, denn ich sei schon drei Schritte weiter als Enke. Ich war bei ihm und sei medikamentös sehr gut eingestellt, bei meinem Hausarzt und bei Dr. Sislak bin ich sehr gut aufgehoben. Sehr nüchtern, allerdings ehrlich. Diese Worte bauen mich auf und andererseits machen sie mich aber traurig, dass es viele kranke Personen gibt, die nicht so tolle Hilfe haben. Ich bin auch traurig darüber, dass Enke sein Leben beendet hat, aber wie viele Menschen tun dies, ohne dass die Öffentlichkeit Notiz davon nimmt? Und eine sehr beunruhigende Frage taucht auf: Wie sieht es bei mir aus, bin ich vor solch einem endgültigen Schritt gefeit?
Die Zeit vergeht, die Live-Übertragung vom öffentlichen Abschied von Enke ist vorbei und langsam kehrt auch in die Deutsche Bundesliga wieder der Alltag ein. Rudi beschäftigt dieses Thema allerdings aus einem anderen

Grund. Rudi spielt selbst mit den Gedanken, seinem Leben ein Ende zu setzen. Er versichert sich, dass ich damit kein Problem habe. Mittlerweile habe ich gelernt, in solchen Ausnahmesituationen zuerst an mich zu denken. Er erzählt mir daraufhin, er sei schon im Auto gesessen und habe sich auf der Autobahn den passenden Brückenpfeiler gesucht. Wenn man solche Informationen bekommt, dann würde wohl jeder denken, man setzt alles in Bewegung, um diesen Schritt zu verhindern. Ich kann das nicht. Ich weiß nicht warum. Ich weiß, dass er sich von niemandem an seinem Vorhaben hindern lassen wird. Natürlich möchte ich nicht, dass er sich das Leben nimmt und ich sage ihm sogar: „Ich werde nicht auf dein Begräbnis gehen!" Diese Aussage stimmt ihn traurig, er versteht mich aber und das macht es für mich leichter. An diesem Tag bin ich sehr verwirrt und müde. Wir wissen beide, dass dieses Thema noch nicht fertig ausgeredet ist. Es geht weiter um die Überschrift „Selbstmord". Ich habe festgestellt, dass ich seit April nicht mehr in der Nähe der Eisenbahntrasse war. Ich bin der Meinung, dass mein innerstes Ich es vermieden hat, dorthin zu gehen. So wie Enke hat Rudi seine Frau über seine Erkrankung informiert, die letzte Wahrheit hat er aber ebenso ausgelassen. Erst als er ihr vollkommen am Boden zerstört von seinem Vorhaben auf der Autobahn berichtet, hat sie es ein klein bisschen realisiert, wo er in seinem Leben steht. Während wir uns unterhalten, meldet sich Jaqui bei mir. Sie schreibt mir folgende Sätze: „Mein Lieber, ab jetzt hast du eine große Verantwortung! Du bist, wie ich weiß, Rudi eine große Unterstützung in unserer allerschwersten Zeit. Rudi hat mir gesagt, dass du nicht für ihn die Verantwortung übernehmen kannst. Du trägst aber maßgeblich dazu bei, wie für uns die Geschichte ausgeht. Bitte gehe sorgsam damit um!" Ich antworte: „Liebe Jaqui! Wie du richtig sagst, ich kann für Rudi keine Verantwortung übernehmen, aber ich bin sehr gern für ihn da. Ich hoffe und ich denke, dass ich diese Unterstützung auch weiterhin sein kann und ich möchte das auch sein. Rudi und ich sitzen im selben Boot. Mein Telefon wird für ihn und auch dich immer aufgedreht sein und mein Ohr immer offen! Für alle Anliegen, die da sind und die kommen werden. Ich kann mit ihm meine Erfahrungen austauschen und versuchen, ihn zu motivieren. Ich kann aber leider für ihn keine Entscheidungen treffen oder nicht treffen. Glaub mir, wenn ich es könnte, dann würde ich es tun. Aus meiner eigenen Erfahrung kann ich sagen: Die Sonne scheint immer, nur manchmal sind Wolken davor und manchmal ist es Nacht! Ich wünsche uns allen das Allerbeste! Und die Kraft, die wir für unseren Weg brauchen! In der Seilschaft geht es sich jedoch leichter!" Diese Sätze sind die schwersten, die ich jemals gesagt habe. Selbst in dieser Situation wäre nichts einfacher, als Jaqui anzulügen und zu sagen, dass alles gut wird. Doch ich weiß, was in Rudi vorgeht und ich kann ihn verstehen. Ich verstehe, was Rudi sagen will und er braucht es nicht zu sagen. Ich wünsche mir, dass Rudi kein Ende macht - und für mich die Kraft, meinen Kampf mit vollem Elan weiter zu kämpfen.

Susi, Lisa, Rudi, Jaqui und ich besuchen einen Vortrag, der etwas später im Schrotterbacher Gemeindesaal abgehalten wird: Mit Hilfe durch die Depression. Beim anschließenden Plaudern stellen wir fest, dass für Susi und Jaqui der Vortrag von großem Nutzen war, für uns drei Betroffene war es langweilig. All das, was wir hier gehört haben, haben wir selbst durchgemacht.

Mit Rudi geht es leider weiterhin bergab bis zu dem Moment, als er sich in stationäre Behandlung begibt. Er denkt nur mehr an den Tod. In mir hat sich auch etwas getan. Ich überlege, doch auf Kur zu gehen. Den notwendigen Antrag bekomme ich von Dr. Führnsinn. Er steht hinter meinem Plan, denkt aber, dass auch Dr. Schubert diesen Antrag unterstützen sollte.

Weihnachten und der Jahreswechsel stehen kurz bevor und ich werde von Dr. Sislak auf diese Tage gut vorbereitet. Weihnachten blende ich vollkommen aus. Stress gibt es keinen. In dieser Zeit beschäftige ich mich aufs Neue mit Robert Enke. Im Fernsehen sehe ich einen Jahresrückblick, der ebenfalls diese tragische Geschichte als Thema hat. Immer und immer wieder sehe ich mir den Beitrag an. Zwei eingeweihte Freunde von Enke berichten davon, dass er sie in Sicherheit gewogen hat. Keiner von beiden hätte jemals gedacht, dass er sich das Leben nehmen würde. Er hat alles dafür getan, dass ihm niemand auf die Schliche kommt. Ich lese wieder

viele Artikel und finde den Namen Guido Erhard. Ebenfalls Fußballprofi. Ebenfalls schwere Depressionen und ebenfalls sein Leben auf den Schienen beendet. Zwischen dem Freitod von Erhard und Enke gab es noch Sebastian Deisler. Er hatte ebenfalls Depressionen und seine junge Karriere deswegen beendet.
Ich hoffe, dass Enkes Tod jetzt dazu beiträgt, dass das Tabuthema Depression endlich mehr Aufmerksamkeit erhält.
Im Gegensatz zu diesen drei Spitzensportlern habe ich einen Dienstgeber, der mir die Möglichkeit geboten hat, meine Krankheit anzupacken. Es ist eine heimtückische, aber behandelbare Krankheit. Für mich werden Enke und Erhard nicht in Vergessenheit geraten. Sie sollen sich nicht umsonst umgebracht haben. In mir reifen der Zorn über jeden unnötigen Tod und ein noch größerer Drang, offensiv mit meiner Krankheit umzugehen. Vielleicht schafft es die Gesellschaft eines Tages, Depression als Krankheit anzuerkennen und nicht mehr zu verschweigen. Ich weiß, dass ich nicht allein unterwegs bin.
Sei es die Frau von einem Chef einer Partnerfirma, sei es ein berühmter Kabarettist in Österreich, sei es der Mann in der U-Bahn neben dir, man kann diese Krankheit nicht sehen- und das macht sie so unbegreiflich.
Jemand, der nicht betroffen ist, kann sie auch nicht verstehen. Selbst Dr. Sislak sagt mir eines Tages: „Ich bin nicht betroffen. Ich habe zwar über viele Jahre einen großen Erfahrungsschatz ansammeln können, aber ich kann es auch nicht verstehen".
Mit Georg gibt es eines Tages eine Auseinandersetzung. Ich versuche ihm zu erklären, dass mein Ich und mein Denken anders sind. Eigentlich geht es um meine Therapiestunden. Georg meint, es sei nicht mehr notwendig, zweimal in der Woche zur Therapie zu gehen. Oder ob es nicht besser wäre, die Termine auf den Abend zu verlegen und weniger Zeit zum Nachdenken aufzuwenden. „Sicher wäre mir lieber, das Problem mit der Klimaerwärmung und den Weltfrieden in den Griff zu bekommen", ist meine Antwort. Damit hat er nicht gerechnet, aber er dürfte erkannt haben, wie wichtig mir die Therapie ist. Doch im Großen und Ganzen kann ich sagen: „Ich bin nicht allein", und einen Weg wie ich

müssen viele Leute beschreiten. Jeder geht ihn auf seine Art.
Ich wünsche mir und allen Betroffenen, dass eines Tages die Krankheit ihren Stellenwert bekommt, dass diese Krankheit mehr Akzeptanz in der Gesellschaft findet und dass wir alle gesund werden. Sei es über bessere Medikamente oder über jede andere Möglichkeit. Nah-Tod-Erfahrungen sind welche, die für einen gesunden Menschen entweder mit Ablehnung oder mit Unverständnis belegt werden, für mich sind diese Erfahrungen einfach sehr interessant. Im Fall Enke fesseln sie mich so sehr, dass ich nicht mehr davon loskomme. Beim weiteren darüber Nachdenken merke ich, dass ich große Angst davor habe, weil ich nicht weiß, was die Zukunft bringt.

Die erste Reihe

Es ist eine weitere Sitzung bei Dr. Sislak.
Heute ist etwas Thema, das aus meiner frühesten Kindheit stammt. Als Georg auf die Welt kam, war ich drei Jahre alt und habe mich auf seine Ankunft gefreut. Als Mama mit ihm nach Hause gekommen ist, war ich sehr angetan und interessiert. Jedoch nur für einen kurzen Zeitraum. Nach ungefähr einer Woche habe ich gesagt: „Ich kenn ihn jetzt schon, wir können ihn wieder zurückgeben."
Immer wieder hört man von solchen Fällen und Aussagen älterer Geschwister, heute sehe ich das aber als kindliche Eifersucht. Da mir dieser Wunsch nicht erfüllt wurde, habe ich irgendwann Georg Soletti und Äpfel gefüttert. Da er noch keine Zähne hatte, war das kein kluger Plan. Vermutlich war es damals diese oben erwähnte Eifersucht, die mich dazu getrieben hat. In der Sitzung erzähle ich davon und ich stelle fest, dass ich Georg damals wohl in die erste Reihe gestellt habe. Diese Entscheidung hat aber weitreichende Auswirkungen auf mein gesamtes Leben. Ich lasse Georg den Vortritt, steuere aber von der zweiten Reihe aus mit allen Fäden in der Hand.
Es ist eine manipulative Position, die ich innehabe. Nur als Beispiel ist die Arbeit beim Turnverein zu nennen. Georg ist zwar stellvertretender Obmann und präsentiert die öffentlichen Belange, aber ohne einen funktionierenden Trainerstab im Hintergrund könnte er diese repräsentativen Aufgaben nicht übernehmen. Er weiß, was er an seinen Trainern hat und lässt uns das immer wieder wissen- und trotzdem weiß ich, dass ich im Hintergrund die Fäden gezogen habe, dass er in diese Position kommen konnte.
Auch in der Kinderzeit war es sehr oft so, dass wir Streiche gespielt haben, wo Georg das ausführende Organ war, ich der Denker und Lenker.
Jetzt gerade muss sich Georg einer Operation unterziehen und natürlich drehen sich unsere Gedanken um ihn und seine Genesung. Trotzdem oder gerade deswegen fühle ich mich augenblicklich wieder in die zweite Reihe gedrängt. Und ein Drängen ist etwas anderes, als wenn man sich selbst nach hinten versetzt.

Bin ich wieder in der Situation wie vor vielen Jahren, wo Georg in mein Leben getreten ist? Hat Mama die Kraft für uns beide?

Ich sitze bei Sislak und mir fließen die Tränen in Strömen. Es ist lange Zeit her, dass ich in der Therapie geweint habe. Dabei war es immer so reinigend und hat mir so gut getan.

Zusätzlich zu Georgs Operation ist die Zeit, in der Mama eine Dankesmesse lesen lässt, dass er damals die Schwammerlvergiftung überlebt hat. Es ist ein Ritual in unserer Familie. Ein Ritual, das mystisch behaftet ist. Alles ist mit Gottglauben verbunden, und jede Messe hat etwas Unbegreifliches an sich. Dr. Sislak ist der Meinung, dass so etwas Mystisches wie eine Messe sehr wohl mein Stimmungstief beeinflusst, und weil gerade Allerheiligen war, der Nahtod durch Georgs damalige Erkrankung und jetzige Operation im Raum steht, trägt alles dazu bei, dass es mir einfach zu viel ist.

Das Ergebnis unserer bisherigen Arbeit bei Dr. Sislak bestätigt die Vermutung, dass ich die Depression schon mein ganzes Leben habe. Auch wenn die Geburt meines Bruders sicher nicht der Auslöser war, so ist sie ein Teil des Ganzen.

Und noch etwas sehr Positives hat diese Therapiestunde. Erstmals wird mir der sekundäre Krankheitsgewinn näher gebracht und erklärt. So ist mein Krankheitsgewinn der, dass ich durch den massiven Ausbruch der Depression den Erfolg habe, Dinge zu klären, die vorher offensichtlich nicht zu erkennen gewesen sind.

Es werden nebenbei auch Verhältnisse geklärt, die meine Depression nicht beeinflusst haben: Die Probleme mit den Knien sind verschwunden. Ebenso ein Zeichen für sekundären Krankheitsgewinn. Der primäre Krankheitsgewinn ist und bleibt jedoch mein klares NEIN zu meiner Krankheit. Ich möchte gesund werden und werde es.

Stimme

Die Handballsaison hat wieder begonnen und am Samstag ist das erste Heimspiel der Wienerwestler.
Aus diesem Grund habe ich dem Trainer eine Mail geschrieben, ob er mir Karten organisieren könnte. Wir telefonieren und plaudern kurz über meinen allgemeinen Zustand. Die Karten gehen in Ordnung. Nachdem wir den Treffpunkt für die Übergabe ausgemacht haben, will ich mich verabschieden. Der Trainer unterbricht mich und sagt zu mir: „Du, wir suchen einen Hallensprecher. Würdest du das machen wollen?"
„NEIN" ist meine unüberlegte spontane Antwort. „Na, weißt was, du überlegst bis Samstagvormittag und gibst mir dann Bescheid, ob du es nicht doch machen willst".
Nach dem Gespräch versuche ich, mich wieder aufs Autofahren zu konzentrieren.
Es gelingt mir schwer, die Frage nach dem Hallensprecher spukt mir zu sehr im Kopf herum. Ich überlege, was man in dieser Position tun muss. Aus den unzähligen Handballspielen, die ich schon gesehen habe, rufe ich mir die einzelnen Hallensprecher in die Erinnerung.
Bei den Wienerwestlern hat im letzten Jahr die Trude mit ihren siebzig Jahren gesprochen. Allerdings wusste sie kaum, wie man die Namen der Legionäre ausspricht, geschweige denn die der Gästemannschaften. Und ihre Emotionen bei der Moderation waren dem Alter entsprechend. So möchte ich es nicht wieder haben.
Wie würde ich es gern hören? Ich hätte gern zu jedem Spieler einen eigenen Charakterzug dazu. So zum Beispiel beim Tormann mit der Nummer eins – Unser Mann im Kasten, oder für unseren neuen rechten Flügel – Die chilenische Zaubermaus.
Je länger ich fahre, umso mehr Eigenschaften fallen mir ein. Ich versuche mir die meisten zu merken und zuhause angekommen, schreibe ich die Texte auf.
Es dauert nicht lange und schon habe ich jeden Spieler der Mannschaft betitelt. Ich bin mir nicht sicher, ob ich den Job nicht doch machen möchte und darum schreibe ich dem Trainer die Texte auf und schicke sie ihm.
Ein paar Minuten später bekomme ich seine Antwort: „Ja, genauso würde das perfekt passen". Doch auch

diese Aussage macht mir die Entscheidungsfindung nicht leichter.
Immer wieder lese ich mir meinen Text durch und überlege. Der Gegner in der nächsten Runde kommt aus der Steiermark und ich beginne mir die Namen der Gäste durchzulesen, und die schwierigen lerne ich auszusprechen. Immer mehr reizt mich diese Aufgabe.
Am Freitagnachmittag sage ich dem Trainer zu. Ich möchte es probieren, und wenn es nicht klappt, dann war es ein Versuch und nicht mehr. Er ist begeistert, freut sich sehr und ist der Meinung, dass ich das schaffen werde.
Die Karten für das Meisterschaftsmatch habe ich nicht nur für mich, sondern auch für einige Freunde organisiert, von denen ich einen ausgewählten Kreis über den neuen Hallensprecher informiere.
Es wird Samstag und meine Nervosität steigt. Die Karten wurden mir gestern schon übergeben und ich habe als kleines Dankeschön eine Saisonkarte und ein Trainingsshirt bekommen.
Der Weg zur Halle ist ein langer und unangenehmer. Zu allem Überfluss staut es noch, doch ich schaffe es. In der Halle angekommen, spaziere ich zum Richtertisch und begrüße den Hauptverantwortlichen von Wien-West.
Er bedankt sich bei mir, dass ich mich bereit erklärt habe, den Job als Hallensprecher zu übernehmen. Er drückt mir ein Trikot der Mannschaft in die Hand mit der Rückennummer neunzehn, die in dieser Saison nicht vergeben wurde. Ebenso bekomme ich eine VIP-Saisonkarte überreicht.
Es geht los. Ich begrüße das Publikum und dann die Gästemannschaft. Nun kommt der Einlauf unserer Mannschaft, und das Publikum ist begeistert.
Leider spielen wir nur unentschieden, doch beim anschließenden Treffen mit der Mannschaft bekomme ich auch von allen Spielern positives Feedback. Meine Nervosität und mein Zittern sind mittlerweile komplett verschwunden, doch jetzt übermannt mich absolute Müdigkeit und ich fahre heim. Die Premiere ist gelungen und ich treffe die Entscheidung, dass ich den Hallensprecher auch in Zukunft weiter machen möchte.

Von Georg werde ich immer wieder gefragt, warum ich in der Halle so in die Öffentlichkeit trete, aber in Schrotterbach so zurückgezogen lebe.
Ich versuche, es ihm zu erklären. In der Halle in Wien bin ich nicht ich selbst. Ich spiele eine reizvolle Rolle und bin im Genuss, mich weiterhin hinter der Leistung der Mannschaft zu verstecken. Und trotzdem bin ich in der ersten Reihe, weil ich den Besuchern die vielleicht wichtigen Informationen zukommen lasse. Außerdem ist es für mich eine Möglichkeit, mich beim Trainer und beim Kapitän für ihre Unterstützung zu bedanken.
Natürlich kann ich Georg und seine Frage verstehen, selbst für mich ist es ja nicht hundertprozentig schlüssig, doch es ist in mir so drinnen, wie es ist.
Ich fühle mich in der Halle nicht unwohl. In meiner Höhle zuhause sowieso nicht. Sobald ich aus der Wohnung in die Öffentlichkeit gehe, dann nur mit Kapuze, mit Kapperl und nur zum Auto.

Sie hatte wieder recht

Am ersten Juni hatte ich einen Versuch gestartet, wieder arbeiten zu gehen.
So schwer es für mich war, dies als Versuch zu sehen, so dankbar bin ich im Nachhinein, dass es bei einem Versuch geblieben ist. Schließlich ist es mir damals nicht gelungen, wieder ins Büro zu gehen.
Seit Juni sind nun weitere drei Monate ins Land gezogen. Drei Monate, in denen ich im Krankenstand ein ziemlich tristes Dasein gefristet habe. Viel Geld wurde in Therapien, in Medikamente und in Arztrechnungen investiert. Viele Gedanken wurden hin- und hergewälzt und großartige Fortschritte gemacht. Dennoch wünsche ich mir nichts sehnlicher, als endlich wieder ein normales Leben zu führen.
Der vermutlich größte Schritt in die Normalität könnte der sein, der mich wieder an den Arbeitsplatz führt. So bereiten wir den ganzen September den Tag X vor. Wir haben uns dafür den ersten Oktober ausgesucht. Fünf Monate war ein tägliches Arbeiten unmöglich. Auch jetzt habe ich Angst davor, mich ins Auto zu setzen und ins Büro zu fahren. So wie ich die Medikamente schleichend absetze, so soll mich der Alltag schleichend wieder bekommen. Dr. Sislak hatte mit einer ihrer ersten Aussagen vollkommen recht gehabt. Sie hatte damals gesagt: „Ein normaler Krankenstand dauert drei bis sechs Monate." Ich bin nun fünf Monate zu Hause gewesen, doch keinen Tag früher wäre zu arbeiten möglich gewesen. Vielleicht hätte es funktioniert, wenn ich meinen eingeschlagenen Weg verlassen hätte und mich nicht mehr der Krankheit gestellt hätte.
Der erste Oktober fällt auf einen Donnerstag und in die Zeit, in der Dr. Sislak auf Urlaub ist.
Ich habe am Dienstag davor Cranio-Therapie, den Mittwoch um Kräfte zu sammeln und dann einen ganzen Arbeitstag am Donnerstag und einen halben am Freitag. Wie immer bin ich um dreiviertel sieben im Büro und harre der Dinge. Bei manchen Besuchen im Büro habe ich immer wieder Arbeit vom Tisch mit nach Hause genommen, um mir den Wiedereinstig zu erleichtern. Somit war dieser erste Moment nicht ganz so schlimm.

Jetzt erst gehe ich in die Tiefe und entdecke die wirklich schwierigen Aufgaben, die niemand anderer erledigen wollte. Dazu sind wir alle viel zu sehr auf unser Fachgebiet spezialisiert.
Meine Kollegen haben sich zwar wirklich redlich bemüht, doch mehr war nicht möglich. Ein Kollege nach dem anderen kommt ins Büro, und ich werde sehr herzlich begrüßt, teilweise sogar mit langen Umarmungen.
Bis zu diesem Augenblick waren sie sich nicht sicher, ob es wirklich heute sein wird. Als alle anwesend sind, setzen wir uns im Archiv zusammen, und ich erzähle sehr oberflächlich von meinen Erlebnissen, und dann erkläre ich meinen vorgefassten Masterplan und die Vorstellungen, wie ich ihn umsetzen kann.
Der Masterplan beinhaltet, dass ich weiterhin zweimal in der Woche in Psychotherapie gehen werde. Nach diesen Sitzungen werde ich jedes Mal aufs Neue entscheiden, ob ich danach ins Büro komme oder nicht. Weiter geht es im Plan, dass ich eines Tages so gefestigt bin und das Arbeiten danach selbstverständlich ist. Sobald dies funktioniert, werden wir die Therapieeinheiten auf den Nachmittag verlegen und später auf eine Stunde pro Woche reduzieren.
Die Kollegen lauschen meinen Ausführungen und sind erschüttert über all das, was ich bis jetzt durchgemacht habe. Ich versuche nichts schön zu reden, das würden sie merken. So verstreichen die ersten Stunden des ersten Arbeitstages.
Mein Abteilungsleiter, der Kirveliavitius, ist sichtlich froh darüber, dass ich wieder da bin, auch wenn ich im Laufe der Zeit merke, dass er nicht weiß, wie und wie sehr er mich belasten kann. Schön langsam merken auch die anderen Mitarbeiter im Haus, dass ich wieder fleißig bin, und natürlich haben alle hundert Probleme, und alle wollen gleich am ersten Tag etwas von mir.
Am darauffolgenden Montag ist es schon das erste Mal soweit, dass ich wieder in die Therapieeinheit gehe. Es ist schon dringend notwendig, und ich nehme es mir heraus, heute nicht in der Arbeit zu erscheinen.
Die letzten fünf Monate habe ich gelebt wie ein Eremit. Das Einzige, das sich in meiner Wohnung bewegt hat, waren meine Katze und der Fernseher. Und seit ein paar Tagen werde ich mit vielen fremden Stimmen kon-

frontiert. Dauernd bewegt sich etwas und ich brauche diese Pause dringend.
Nach meinem Erdungsspaziergang fliege ich fast nach Hause. Ich will nur noch Ruhe und meine Couch.
Am nächsten Tag geht es weiter im Büro. Das Telefon läutet in einer Tour, und es bringt mich jedes Mal aus der eben erst gefundenen Konzentration. Diese Aufmerksamkeit für die Arbeit fällt mir nach jeder Störung schwerer. Gegen Nachmittag ist es mir fast unmöglich. Wenn ich endlich zuhause bin, bin ich so fertig, dass ich einschlafe. Das Einschlafen in der Nacht fällt mir dafür schwerer. Vor den Augen sehe ich diese vielen Menschen, mit denen ich tagsüber zu tun hatte.
Der Schlaf, der im September schon halbwegs gut funktioniert hat und ich halbwegs ausgeruht war, ist verschwunden. So vergehen die Tage, bis ich wieder in Psychotherapie bin. Ich freue mich riesig darauf und erzähle Sislak von meinen Problemen. Wir besprechen die eventuellen Lösungen für die Aufgabenstellungen. So werde ich mit meinen Kollegen besprechen, ob ich nicht mein Telefon umleite und sie mir die Gespräche abnehmen könnten.
Gesagt, getan, und sie kommen mir damit entgegen. Es ist ein kleiner Schritt für die Kollegen, aber ich glaube, ein sehr großer für mich. Die Motivation, ins Büro zu gehen, finde ich nun viel leichter.
Nach meinen Therapiestunden gelingt es mir nun fast immer, dass ich den Wind spüren, die Wiese riechen und die Vögel singen hören kann und ich genieße diese Stunde so sehr, dass ich sie nie wieder aufgeben möchte.
Das Spazierengehen gelingt mir in Schrotterbach noch immer nicht, nur im Wagner-Park fühle ich mich wohl und vertraut. Hier ist die Gefahr gleich null, dass ich jemanden treffen könnte.
Irgendwo lese ich, was Depression wirklich bedeutet: „Unfähigkeit des Handelns". Fast jedes Handeln ist mit Bewegung verbunden, und jede dieser Bewegungen fällt mir schwer. Teilweise ist es noch immer unmöglich. Mit dem Rhythmus, Montag und Donnerstag Therapiestunden, vergeht der Oktober wie im Flug.
Die Kollegen und ich erkennen jedoch, dass die Umsetzung des Masterplanes noch einige Zeit dauern wird.

Bei mir zeigt sich diese Zeitverzögerung ganz deutlich, da ich in fast jeder Einheit die tagesaktuellen Probleme behandeln muss und die Abarbeitung der Lebensliste auf Eis liegt.
Einige Stunden vergehen ebenso damit, dass wir über schon Geleistetes resümieren. Ich muss mir immer wieder vor Augen halten, was ich schon geleistet habe. Ich muss mir sozusagen selbst Honig ums Maul schmieren, um die Lust am Weitermachen nicht zu verlieren.
In gewohnt souveräner Manier drängt Sislak in keiner Weise, sondern erkennt die Notwendigkeit, die neuen Lebensaufgaben zu bewältigen, mich zu schulen, zu trainieren und zu briefen. Nun ist die Zeit gekommen, in der das Thema Vater wieder präsent wird.
Ich dachte nie, dass es so massiv sein wird, aber es ist der Zeitpunkt gekommen, damit endlich abzuschließen. Bis Weihnachten habe ich es geschafft. Er spielt keine Rolle mehr in meinem Leben.
Im November beginne ich nach Rücksprache mit Dr. Schubert, die Depakine zu nehmen. Dieses Medikament ist ein Stabilizer. Es soll die Tiefs abfangen, anderseits wird es auch die Höhen nicht mehr in diesem Ausmaß zulassen. Die Anlaufzeit beträgt vier bis sechs Wochen, doch dann spüre ich die Wirkung.
Die Tiefs kommen zwar weiterhin, aber nachdem ich diese Lebensfallen nun erkenne und entscheide, ob ich hineintappe oder nicht, sind sie gemeinsam mit Depakine nicht mehr so extrem wie vor einiger Zeit.
Eine dieser Lebensfallen, die plötzlich auftaucht, ist die schwere Erkrankung meiner Oma und die falsche Fürsorge meines Opas und Vaters.
Die gesamte Familie väterlicherseits wird von diesem Wahn der Heimpflege infiltriert und vermutlich irgendwann kaputtgemacht. Dieses Pflegen geht schon so weit, dass eine meiner Tanten körperlichen Schaden nimmt, doch niemand will es ändern. So hart es nun klingen mag, denke ich trotzdem, dass es für Oma eine Erlösung sein wird, wenn sie den Kampf gegen die Krankheit verliert.
Ihre Knochen zerbröseln und jede gut gemeinte Unterstützung ihrer Bewegungen kann einen weiteren Bruch hervorrufen. Bei meinem Opa rieselt seit langer Zeit der

Kalk und er versteht es einfach nicht, dass Oma nicht mehr so kann wie noch vor zwei Jahren.
Meiner Meinung nach wäre ein Pflegeheim für beide die beste Lösung, wo sie die verbleibende Zeit vollkommen unbeschwert gemeinsam verbringen können.
Die Lebensfalle besteht darin, dass ich in diese Geschichte hinein wachse oder gezogen werde. So versuche ich alles, um dieses Thema nicht weiter an mich heranzulassen. Meinen Standpunkt dazu habe ich gefunden und den werde ich behalten.
Zu einer weiteren Falle zähle ich den Verkauf unseres Grundstückes in der Nachbarortschaft. Mama will dies tun, denn erstens hat der Garten sehr viel Arbeit verursacht und zweitens können wir das Geld sehr gut gebrauchen.
Ich habe sehr viele Kindheitserinnerungen an den Garten und an die längst vergangene Zeit. Am Tag, als der Garten tatsächlich verkauft wird, treffen wir uns in kleiner Runde noch einmal am Grund.
Georg, Anita, Mama, Edi, Rufzeichen, Miki und der Dicke kommen und es werden die alten Geschichten ausgepackt. Gemütlich trinkt jeder seine zwei bis drei Biere und Rufzeichen hat sogar eine „Ode an den Garten" geschrieben und trägt diese vor.
Mama stehen die Tränen in den Augen und ich kämpfe ebenfalls. Beim Verlassen des Grundstückes urinieren ein paar Leute von uns noch in eine Ecke und ich nehme ein letztes Mal Abschied.
Dr. Sislak hat mich auf die Idee gebracht, mich mit den Freunden zu verabschieden und dieser Plan geht voll auf.
Die Macht der Lebensfalle wurde in positive Energie umgewandelt und ich kann davon für den Abschied zehren. Ich konnte die Falle erkennen und ging außen herum.
Eine Falle, die ich allein erkenne, aber mich entscheide hineinzufallen, ist und bleibt die tragische Geschichte mit Robert Enke. Immer wieder stehe ich vor Aufgaben, immer wieder tauchen Situationen auf, deren Entscheidungen erst in späterer Zukunft Auswirkungen haben werden, immer wieder treten die gestellten Prognosen von Dr. Sislak ein, beziehungsweise behält sie recht.

Sei es durch ihre langjährige Erfahrung oder weil sie mich nun schon gut kennt, es ist egal und gibt mir in einigen Punkten Sicherheit.

Eine Zwischenbilanz – Die Rechnung, die kein Ergebnis hat!

In der Vorbereitung auf Weihnachten resümieren wir in der Psychotherapie oft die Fortschritte, die ich schon geschafft habe. Dr. Sislak ist sehr zufrieden mit meiner Arbeit und guter Dinge, dass ich nicht nur das minimale Ziel – Erkennen der Lebensfallen – sondern die Lebensqualität, die gemeinhin als Gesundheit bezeichnet wird, erreichen werde.
Jeder Mensch ist Stimmungsschwankungen ausgesetzt, nur kann ein gesunder Mensch damit besser umgehen als ich.
Meine Schwankungen haben solche Intensität, beziehungsweise bin ich so instabil, dass ich damit nicht umgehen kann, und sie werfen mich immer noch aus der Bahn. Die Schwere wird jedoch mit den Deparkine gedämpft.
Im Gesamten geht es mir besser als vor fünf Monaten. Die Medikamente passen sehr gut und ich vertrage sie hervorragend. Schön langsam habe ich mich daran gewöhnt, die Tabletten zu nehmen und sehe sie nicht mehr als Feind, sondern als Freund. Das ändert aber nichts daran, dass ich mit Schummelzettel und Strichliste arbeiten muss.
Bei den Wanderungen durch die nahe Erinnerung fließen jetzt wieder Tränen. Doch ich bin soweit, dass ich es zulasse und bejahe. Es ist ein reinigendes und angenehmes Gefühl, diese Erfahrungen noch einmal mit größerer Distanz zu machen.
Nachdem ich eine Auszeichnung der Gemeinde erhalten habe, habe ich die Urkunde stolz zu Dr. Sislak mitgenommen und sie hat sich wirklich mit mir gefreut. „Sehen Sie, ich habe noch nie eine Auszeichnung erhalten", sind ihre Worte und für mich die Aufgabe, in der nächsten Sitzung eine selbst gebastelte Urkunde mitzubringen. Sie ist sprachlos vor Freude. „Für die weltbeste Therapeutin" habe ich darauf geschrieben.
Grundsätzlich spreche ich nur ungern Wertungen aus, ich mache das eigentlich schon gar nicht, wenn ich keinen Vergleich habe, aber in dem Fall ist es so, Dr. Sislak ist die weltbeste Therapeutin, die es gibt! Für mich. Mein Gefühl bei ihr geht soweit, dass ich sie sogar

weiter empfehle. Nicht an Personen in meinem direkten Umfeld, aber an Dritte. So zum Beispiel an die Mutter einer guten Freundin von mir.
Auch diese Mutter fühlt sich bei Dr. Sislak sehr gut aufgehoben. Während der Zeit des Resümierens entwickelt sich in mir der Wunsch, ein Buch zu schreiben, soweit, dass ich damit beginne.
Es gibt auch Veränderungen, die nicht nur meine Psyche und mein Denken betreffen, sondern ebenso meine Wohnung.
So male ich mein Vor- und Badezimmer in wunderschönem Meeresblau aus. Es ist eine Spontanaktion, die an einem Freitagnachmittag beginnt und in erster Linie eigentlich nur für das Vorzimmer geplant war. Alles wird abgepickt und dann ausgemalt. Eine neue Lampe habe ich mir ebenso gekauft. Den ganzen Samstag arbeite ich weiter, bis ich auf eine Geburtstagsfeier gehe. Eigentlich möchte ich dort nicht lange bleiben, weil ich doch ziemlich müde bin. Trotzdem wird es halb eins in der Früh.
Zuhause angekommen übermannt es mich noch einmal, und ich klebe das Badezimmer ab. Bis ich endgültig ins Bett komme, ist es halb drei.
Am Sonntag ist der erste Weg ins Bad, das ich sofort ausmale. Woher und wieso dieser Arbeitsanfall kommt, weiß ich nicht. Während des Abends zuvor plauderte ich nett mit einem Freund und erzählte ihm von meinem Vorzimmer, dass es fast griechisch aussieht. Die Säulen fehlen.
Und in meinem Kopf entwickelt sich eine Idee. Etwas später habe ich im Internet die richtigen Säulen gefunden und ausgedruckt. Lisa hilft mir beim Ausschneiden der Schablonen und ich entfalte dabei meine künstlerische Freiheit.
Nun hat mein Leben auch eine optische Veränderung erfahren. Gerade für das Badezimmer eine sehr notwendige, denn das Duschen und der Aufenthalt im Bad fallen mir nun leichter.
Meine Körperhaltung hat sich verändert. Die Unsicherheit ist durch eine automatische Abwehrhaltung des Körpers erkennbar und bei angeregten Gesprächen halte ich meinen Kopf schief.

So gern habe ich gekocht, jetzt merke ich, dass es für mich nur eine unnötige Patzerei ist und es mir überhaupt keinen Spaß mehr macht. Es gibt hauptsächlich Nudelgerichte.
Bis jetzt hatte ich mit dem Wetter immer Glück bei meinen Erdungsspaziergängen. Doch es ist nun Herbst und ich spaziere das erste Mal bei Regen. Eine weitere wunderschöne Erfahrung. Regentropfen auf meinem Gesicht. Im Wagner-Park hat man die Futterwiesen umgeackert und es riecht nicht mehr nach Gras. Dafür habe ich jetzt den Regen.
Meine Gedanken kreisen weiter um die Frage, warum die Krankheit so eine Massivität erreichen konnte. Es dauert lange, bis ich die Antwort finde, dabei ist sie so banal.
Ich habe es zugelassen.
Ich habe die Krankheit zugelassen und mich nicht mehr versteckt, beziehungsweise mir keine Scheuklappen mehr aufgesetzt. Mit dem Ergebnis, dass ich die komplette Gewalt der Krankheit über mich ergehen lassen musste. Aber es ist nicht mehr anders gegangen. Das Fass war übergelaufen.
Ich sitze bei Dr. Sislak und sie sagt zu mir: „Sie haben Gedanken, die passen nicht zu Ihrem Alter. Sie denken wie ein Fünfzigjähriger".
Ist das so? Ich kann nicht anders. So habe ich doch immer gedacht. Gilt es dies loszulassen? Wie kann ich das?
Diese Fragen beschäftigen mich dann so lange, bis ich eine akzeptable Antwort gefunden habe. Diese Nachdenkzeit gönne ich mir ausnahmslos. Der Drang danach ist immer wieder spürbar und ich muss einfach diesem Verlangen nachgeben.
Für die Bilanz ist von großer Bedeutung, dass ich fünf Monate meine Wohnung kaum verlassen habe.
Das Eremitendasein war einerseits eine sehr große Belastung für einen umtriebigen Menschen wie mich, andererseits die einzige Möglichkeit, mit der Angst umzugehen. Ich konnte im Gegensatz zu Enke, Erhard und Millionen ungenannter Menschen mit meiner Erkrankung offen umgehen, aber die Angst in mir besteht genauso. Meine Traurigkeit über die Hilflosigkeit der Selbsttötungsopfer werde ich vermutlich nicht so leicht

verlieren können, da es nicht in meinen Händen liegt.
Das erste Bild von Enke ist wie die Aussage von Dr. Schubert „Sie sind kein Prophet, jedoch besteht eine natürliche Sensibilisierung" in meiner Hirnrinde eingebrannt.
Es wird für meine Zukunft eine brauchbare, abrufbare Erinnerung darstellen, die mir weiter helfen wird. Davon gehe ich aus. Deutschland will umdenken, und ich werde noch offensiver in die Öffentlichkeit und nicht den Weg des geringsten Widerstandes gehen. Dr. Sislak empfiehlt mir hierbei aber, einen distanzierten und achtsamen Weg zu gehen.
Eine weitere Option für die Zukunft stellt die Familienaufstellung dar. Dr. Sislak ist ihr gegenüber augenblicklich sehr reserviert, weil die Methode eine Ursachenerkennung, aber ohne psychologische Betreuung keine Problembehebung darstellt.
Ich erinnere mich an die Zeit, wo ich den Freunden mein Gehirn verkaufen wollte oder mich in die Runde gestellt habe und gesagt habe, ich sei nun Napoleon.
Es waren damals schon laute Hilferufe, die ich selbst nicht erkannt habe. Heute bin ich gescheiter, heute kann ich es klar deuten. Heute würde ich diese Hilfeschreie allerdings nicht mehr so ausstoßen, sondern heute werde ich die Hilfe nehmen, die ich brauche.
Grundsätzlich werden die Phasen zwischen gutem und schlechtem Befinden länger und die Sprünge sind nicht mehr so einschneidend. Allerdings kommen dafür meine körperlichen Beschwerden zurück. Zum Beispiel schmerzt mich mein Knie wieder.
Georg meint, ich sehe wieder besser aus.
Scheinbar dürfte das Notprogramm, das mein Bewegungsapparat eingespielt hat, nun abgelaufen sein. Selbst in der Schulter bekomme ich intensive rheumatische Schmerzen, die mir kein Arzt erklären kann.
Das spürbarste innerliche System-Reset erfahre ich bei Dr. Sislak. Es ist ein totales innerliches Zusammenräumen und Sortieren.
Bei dieser Reise ins Ich treffe ich den Kämpfer wieder. Ich spreche kurz mit ihm und erkläre, dass ich ihn nicht vergessen habe und seine Zeit kommen wird. Augenblicklich habe ich die Zeit für ihn nicht. Damit gibt er sich zufrieden und ich kann mit meiner Arbeit wei-

termachen. Bei dieser Reise befinde ich mich in tranceähnlichem Zustand.
Es ist eine von Dr. Sislak geführte Meditation, die mich ins Leo bringt. Das erste Mal bin ich im Leo, so wie ich mir das immer vorgestellt habe.
Wie viele Einheiten hatte ich schon bei ihr? Es ist nicht wichtig.
Ich bekomme mein erstes Glas Wasser von Dr. Sislak. Es ist wichtig, um aus dem Leo zurückzukommen. Nach dieser Meditation sehe ich viele Dinge klarer, allerdings werden neue Fragen aufgeworfen. Warum wird jemand depressiv? Warum werden immer mehr Leute depressiv? Hat es früher keine Depressionen gegeben?
Ich denke, Depressionen hat es immer schon gegeben, doch bis vor ein paar Jahren wurden sie nicht erkannt oder behandelt.
Wenn man mit älteren Leuten spricht, so hört man oft: „Bei uns hat es so was nicht gegeben, wir haben immer gearbeitet!" Das stimmt schon, die Leute mussten schwere körperliche Arbeit leisten und dies länger als acht Stunden pro Tag. Der Leistungsdruck war ein anderer. Meine große Erkenntnis ist so: Ein wenig habe ich zwar bei meinem Fahrschullehrer abgekupfert, doch die Umlegung ist mir selbst eingefallen.
Er sagte damals sinngemäß: „Der Mensch darf eigentlich nicht Autofahren. Er ist ausgelegt auf Schrittgeschwindigkeit. All seine Bewegungen und Reaktionen sind für diese Geschwindigkeit oder maximal Laufgeschwindigkeit konzipiert. Und wir setzen uns ins Auto und fahren mit hundertdreißig über die Autobahn. Das kann nur in die Hose gehen".
Recht hat er. Für mich gilt auch: „Die Psyche des Menschen ist nicht für diese Informationsflut, der wir unbestritten ausgesetzt sind, ausgelegt. Wenn wir möchten, drehen wir den Fernseher auf und sehen live, wie der Vulkan in Ecuador ausbricht oder der Massenmörder von Texas am Elektrischen Stuhl hingerichtet wird. Das Konzept des Menschen liegt jedoch bei verbalem Informationsaustausch, Aug in Aug.
Diese Geschwindigkeit kann unsere Psyche locker verarbeiten. Evolution hin und her, die Technik ist schneller".

Meine Quintessenz daraus ist, dass ich bei Nachrichtensendungen im Fernsehen umschalte und im Internet keine Seiten mit „diesen lebensnotwendigen" Nachrichten mehr besuche.
Es geht mir damit besser und vor allem – es geht mir nichts ab.

Nachwort – eine persönliche Bitte

Lieber Leser, mein Buch ist nun soweit als möglich fertig.
Richtig fertig kann es nicht werden, da ich selbst, während ich es geschrieben habe, weiterhin in psychotherapeutischer Behandlung bin und laut heutigem Stand der Dinge nicht erkennbar ist, wie die Heilung aussehen wird.
Mein Glaube ist ungebrochen darin, dass ich vollkommene Lebensqualität erhalten werde. Das Buch ist ein Teil des Gesamten. Anfänglich war das Schreiben eine große Herausforderung für mich. Ich habe jedoch schnell erkannt, dass es sehr befreiend sein kann. Und zum Schluss war ich fast schon traurig, dass ich mein Vorhaben umgesetzt habe.
Ich habe das Buch in zirka drei Monaten geschrieben. In manchen Wochen waren es zwei Seiten, in anderen vier Kapitel.
Ich habe nie das Gefühl gehabt, es belastet mich, eigentlich bestand die Schwierigkeit höchstens darin, meine Erlebnisse in Worte und Text zu fassen.
Natürlich gäbe es die Möglichkeit, weiterhin Geschichten und Kapitel hinzuzufügen und auszuschmücken, doch irgendwann musste ein Strich gezogen werden. Das habe ich mir von Anfang an so vorgenommen. Ich kann mir auch nicht vorstellen, wie und ob es eine Fortsetzung geben kann. Prinzipiell macht mir das Schreiben großen Spaß, also könnte es eines Tages wieder ein Buch geben. Festlegen möchte ich mich aber in keine Richtung und nirgendwo hin.
Mein größter Wunsch mit diesem Buch ist die Sensibilisierung der Menschheit. Depression ist eine Krankheit wie jede andere auch. Sobald man sich mit dieser Materie beschäftigt hat, sei es, weil man selbst oder nur sekundär betroffen ist, wird man dies erkennen. Eine psychische Erkrankung kann man leider nicht sehen.
Ich bin der Meinung, dass die Sensibilisierung ein großer Schritt aus dem Tabu-Thema ist und die Krankheit damit den Stellenwert in der Gesellschaft bekommt, den sie verdient.
Für alle erkrankten Personen sei gesagt: Du bist nicht allein! Sprich darüber und versteck dich nicht. Du wirst sehen, die Menschen haben nur deswegen ein Problem

mit Depressionen, weil kaum jemand weiß, wie man damit umgehen kann.

Es gibt so tolle Hilfen. Nimm sie in Anspruch! Ich weiß, wie schwer der erste Schritt ist, aber glaube mir, es ist der letzte ganz schwere!

In diesem Sinne, auf in eine bessere Welt – alles im Leben ist Veränderung, das ist fix!

Frederik Smolston